Leichte Hochtouren in den Alpen

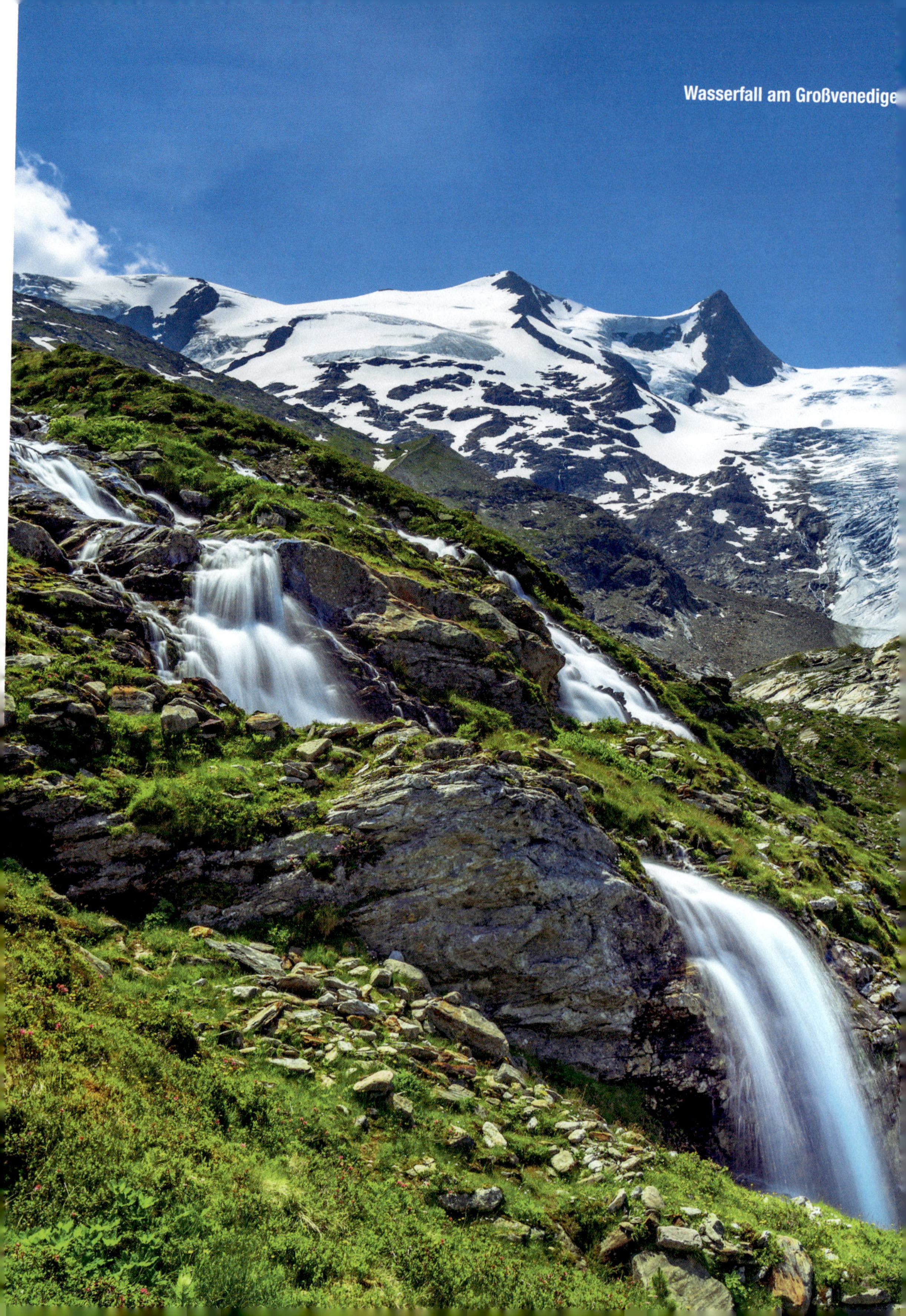

Wasserfall am Großvenedige

Markus und Janina Meier

LEICHTE HOCHTOUREN IN DEN ALPEN

Die 40 schönsten Touren in Fels und Eis

BRUCKMANN

Inhalt

Abstieg von der Marmolada

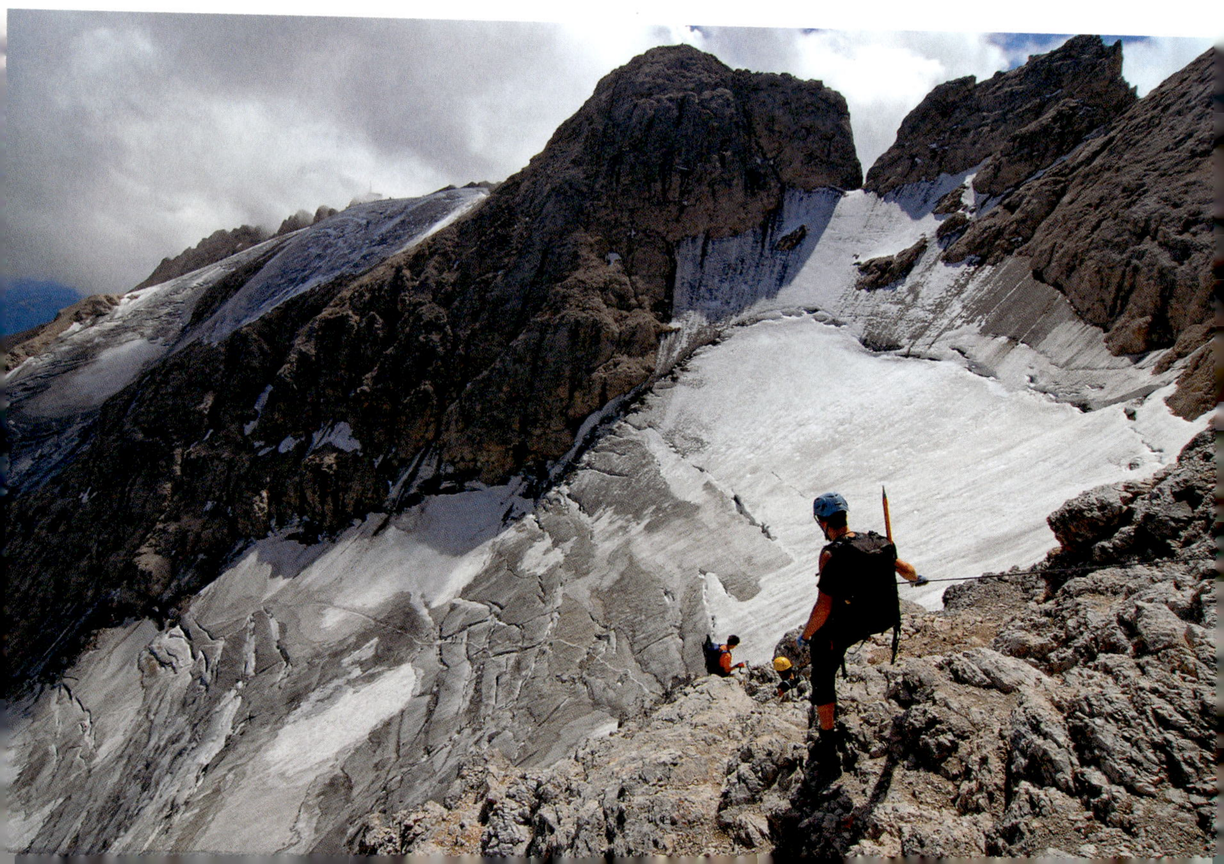

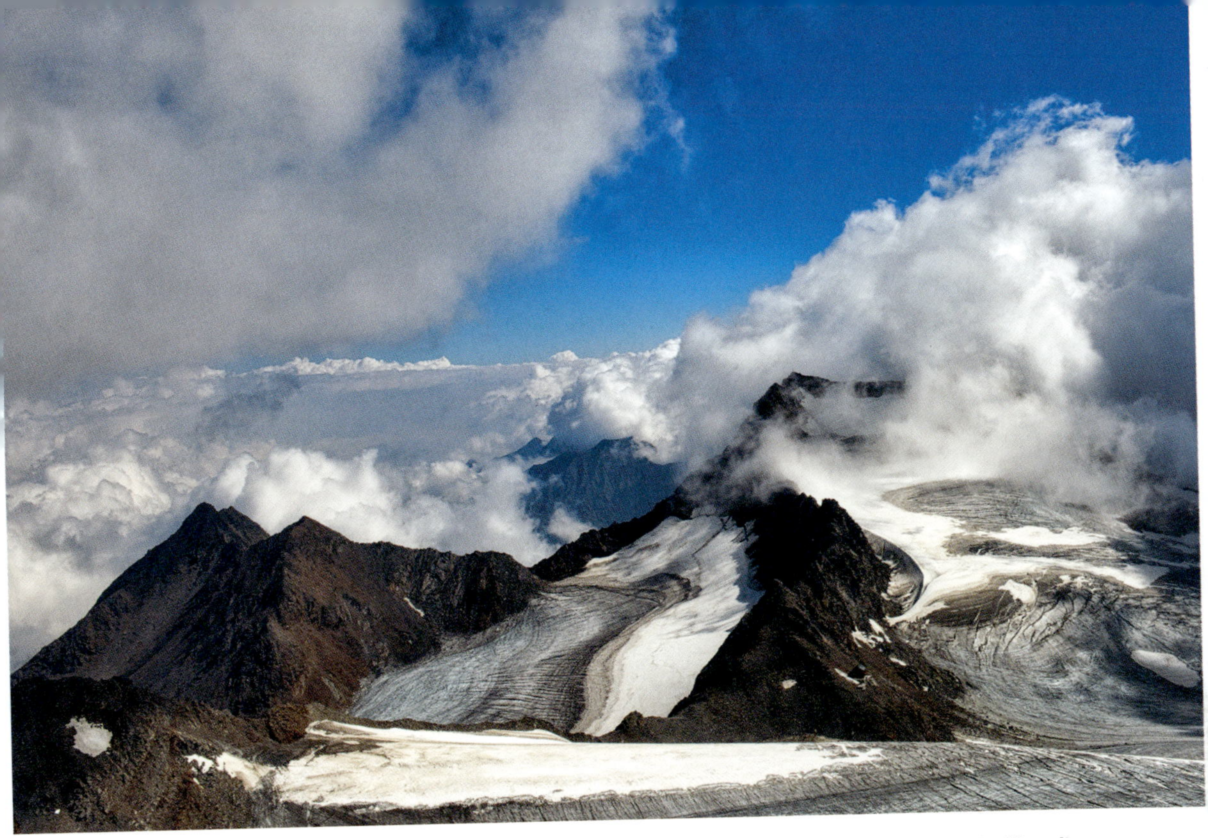

Toller Blick von der Sonklarspitze zum Wilden Freiger

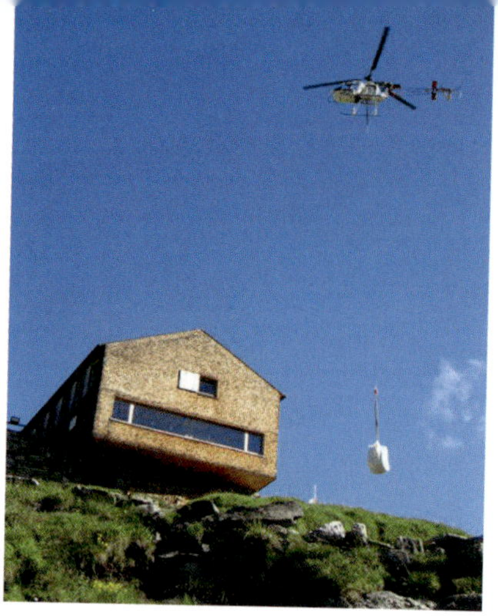

Die Olpererhütte wird gerade beliefert

Vom Habicht zur Weißseespitze 50

Rast an der Siegerlandhütte

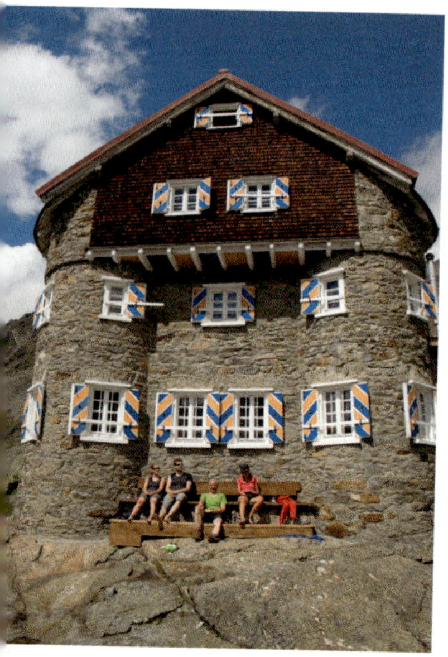

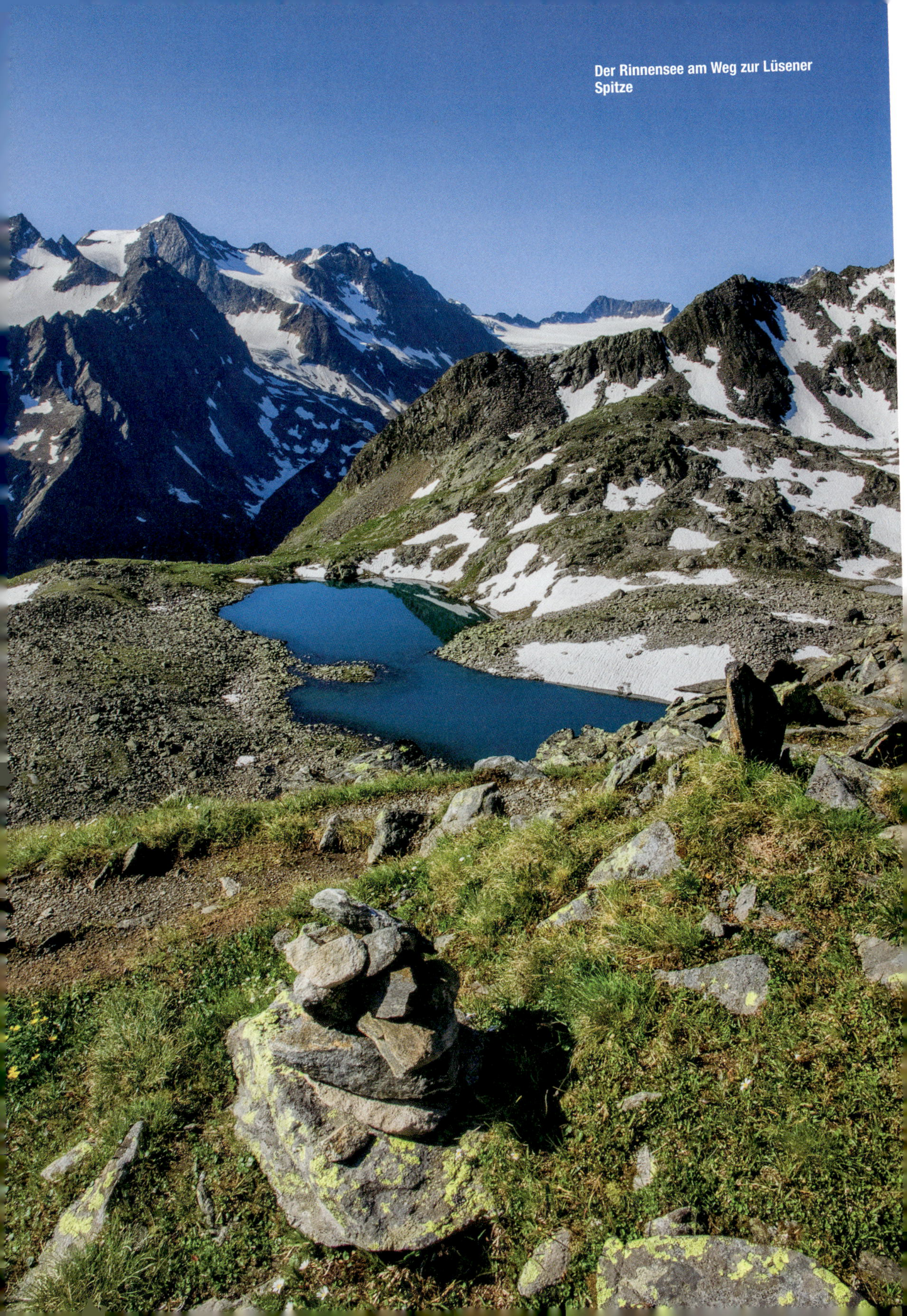

Der Rinnensee am Weg zur Lüsener Spitze

Von der Dreiländerspitze bis zum Monte Cevedale

Gemütlich: Die Hauerseehütte am Luibiskogel

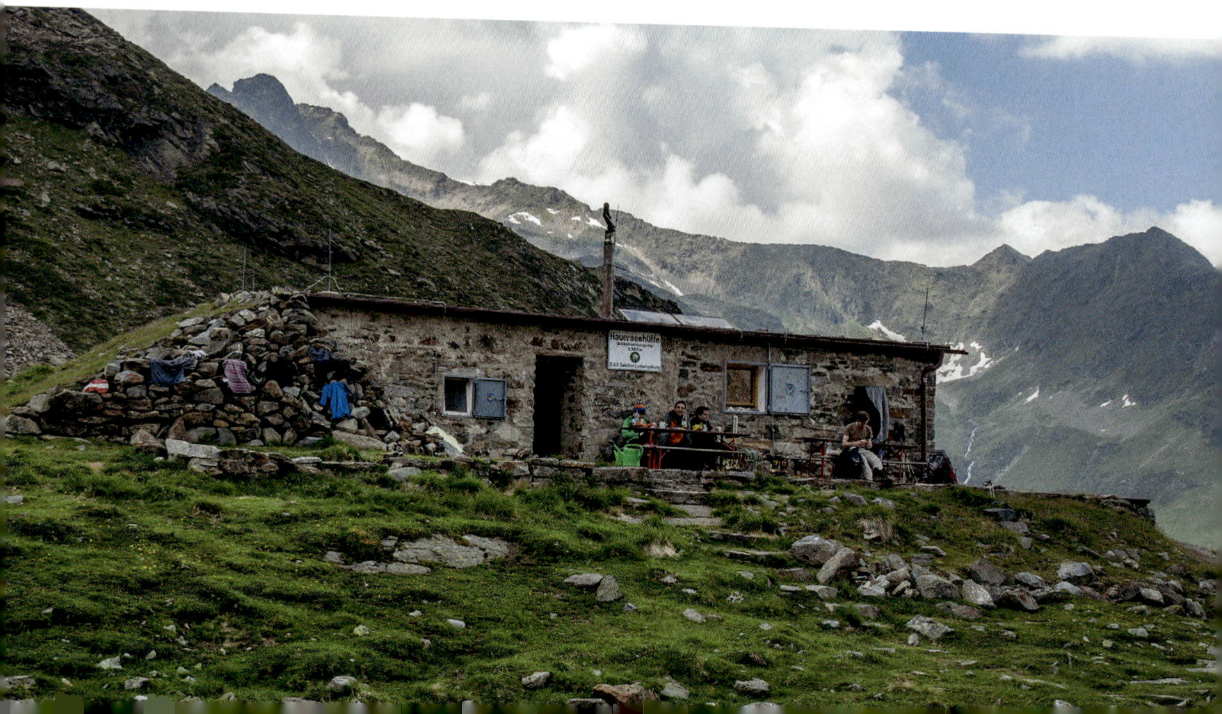

Vom Piz Tschierva zum Balmhorn 120

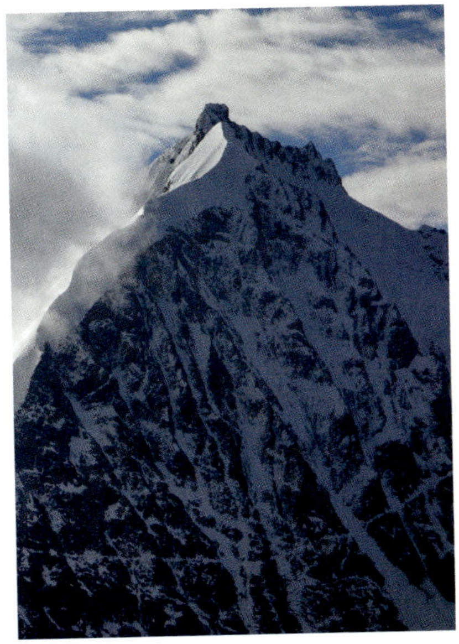

Schneidig – der Biancograt vom Weg zum Piz Tschierva

Vorwort

Genussreiche Touren auf hohe Gipfel

Hochtouren sind die ursprüngliche Form des Bergsteigens. Begonnen hat alles 178[illegible] mit der Besteigung des Ankogels, der dann 1786 die Besteigung des Mont Blanc folgte. In den folgenden Jahren wurden die prominentesten Alpengipfel wie Großvenediger, Großglockner und Ortler erstbestiegen. Auch heute erfreuen sich Hochtouren noch immer großer Beliebtheit, die Teilnehmerzahlen unserer Gletscherkurse und leichten Hochtouren für unsere Alpenvereinssektionen zeigen das ganz deutlich. Dadurch ist 2012 die Idee zu diesem Buch entstanden. Oft schon wurden wir gefragt, welche Touren wir direkt nach dem Kurs empfehlen. Immer haben wir eine Liste erstellt, von eigenen Erfahrungen erzählt, zu- oder abgeraten. Dann gab es die erste Auflage dieses Buches, mit zahlreichen Empfehlungen für die ersten selbstständigen Schritte in Fels und Eis. Aber auch der erfahrene Genießer wird schöne Touren für sich darin finden.

Der Andrang an manchen bekannten Zielen zeigt die Beliebtheit von Hochtouren. Wer einmal an einem schönen Sommertag am Ortler oder Großglockner im »Stau« stand, weiß, was wir meinen. Das soll jetzt aber keineswegs abschrecken, wir haben beim Begehen der Touren für dieses Buch viele sehr schöne Momente erlebt. Wir stellen hier eher leichte Hochtouren mit nur wenigen schweren Passagen vor, außerdem sind nur einige berühmte Namen dabei. Vielmehr haben wir Wert auf Genuss gelegt. Eine schöne Hütte, ein gut zu bewältigender Anstieg und eine wunderschöne Aussicht sind die Rahmenbedingungen. Von der Schwierigkeit gehen wir nicht höher als ZS- der Hochtourenskala. Die Touren liegen in einem Gebiet zwischen dem Hohen Dachstein im Osten und dem Mönch im Berner Oberland. Obwohl in den weiter entfernteren Gebirgsgruppen sicher noch geeignete Hochtouren zu finden sind, so bleiben wir doch mit unseren Empfehlungen in einem Radius, in dem die Fahrzeiten (zumindest aus dem süddeutschen Raum) noch einigermaßen erträglich sind.

Unsere Begeisterung für Hochtouren besteht, seitdem wir uns mit dem Thema Bergsteigen auseinandersetzen. So unterschiedlich unsere ersten Touren und Erfahrungen waren – sei es an Piz Buin, Cevedale, Gran Paradiso oder Mont Blanc de Tacul – so groß ist unsere Faszination für das Hochgebirge. Nicht umsonst nimmt man die Mühen (schwerer Rucksack, enges Lager, Frühstück um vier Uhr) gerne auf sich. Großartig sind das Erwachen des Tages auf Tour, die Hochgebirgslandschaft mit zerrissenen Gletschern und schmalen Felsgraten und die Aussicht auf die umliegenden Berggipfel. Wir haben die Touren im Vergleich zur Erstauflage etwas erweitert und natürlich aktualisiert. Leider ändern sich die Verhältnisse aufgrund der warmen Sommer von Jahr zu Jahr. Gerade der Sommer 2018 war extrem warm und führte zu einem weiteren Abschmelzen der Gletscher. Daher möchten wir an die Selbstständigkeit der Bergsteiger appellieren, sich vorab über die Verhältnisse zu informieren und vor Ort auf die Bedingungen und die beste Route zu achten. Dann lassen sich mit entsprechender Vorsicht immer noch genussvoll Hochtouren erleben.

Besonders im Frühsommer trifft man auf den von uns vorgestellten Gletschertouren häufig noch gute Verhältnisse an. Aber auch ein durch den Gletscherrückgang inzwischen eisfreier Zugang wie an Hochfeiler oder Wiesbachhorn kann eine sehr genussreiche Tour bieten. Es ist nun, wie wir finden, eine sehr schöne Auswahl von 40 Hochtouren in diesem Buch vereint: kürzere und längere Touren, mehr im Fels, mehr im Eis, Touren auf bekanntere und auf unbekanntere Gipfel.

Wir wünschen allen Bergfreunden viel Spaß und Freude bei der Erkundung der Touren in diesem Buch.

Frühwinter 2021
Janina und Markus Meier

Gipfelglück: die Autoren auf dem Gipfel des Ofenhorns

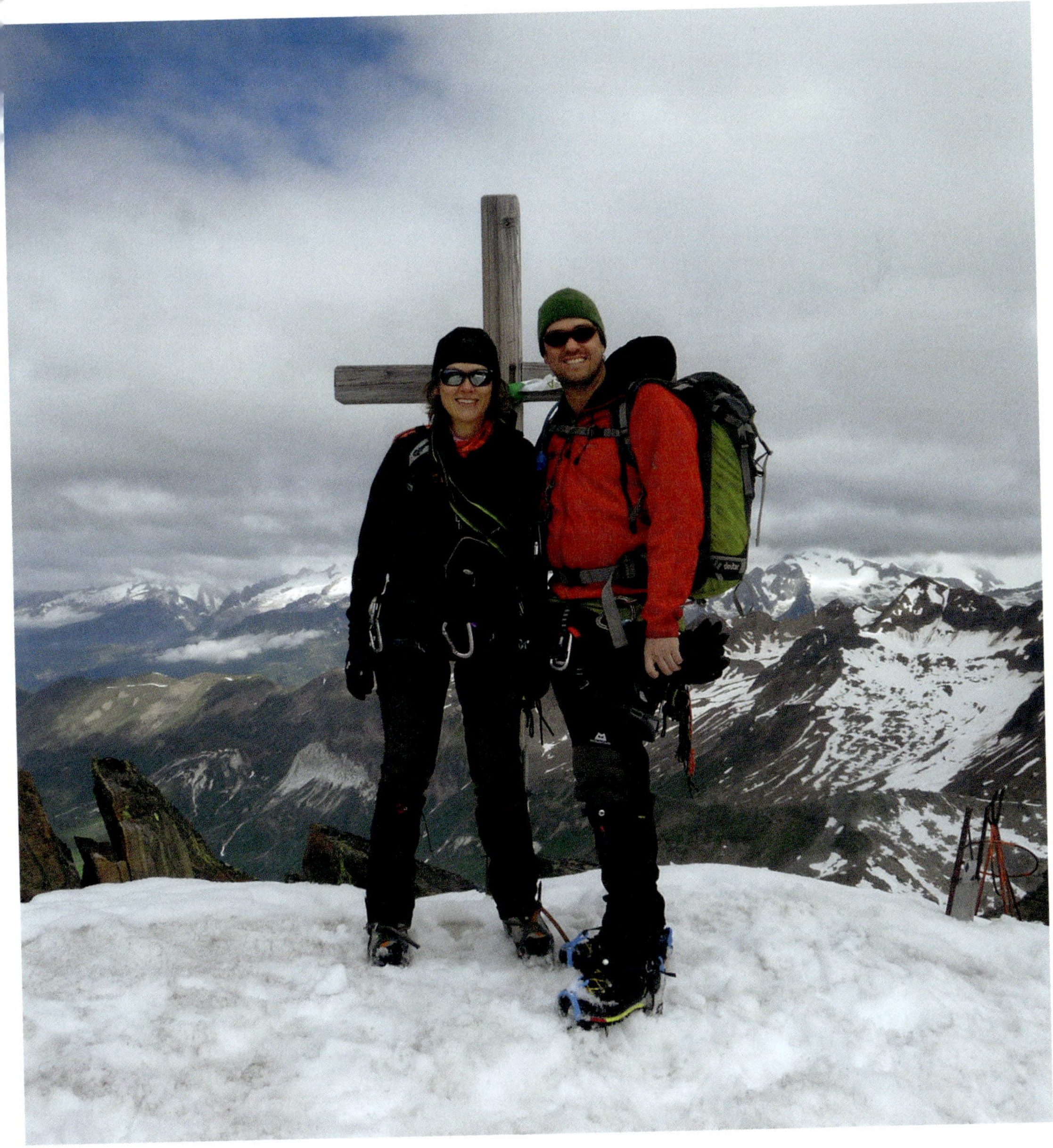

Leichte Hochtouren zwischen Großvenediger und Mönch

Dieses Buch beschreibt 40 Hochtouren im Schwierigkeitsbereich L (Leicht) bis ZS- (Ziemlich schwierig) der Hochtourenskala. Wir haben uns bewusst nicht nur auf den Schwierigkeitsbereich L der Skala konzentriert, da dies sehr schnell zu langweilig geworden wäre. Im Bereich ZS- sind nur drei Touren enthalten, der Schwerpunkt liegt vor allem auf dem mittleren und unteren Schwierigkeitsbereich. Insgesamt können die Touren aber doch noch als leichtere Hochtouren bezeichnet werden, wenn man bedenkt, dass die Skala bis SS geht.

Die Touren sind vor allem für Einsteiger gedacht, die nach einem Gletscherkurs erstmals selbstständig auf Hochtour gehen möchten, aber auch der erfahrene Bergsteiger, der einfach genussvoll einen hohen Gipfel besteigen möchte, wird seinen Spaß an den Touren haben. In der regionalen Auswahl haben wir uns auf einen Bereich konzentriert, der von Süddeutschland gut erreichbar ist, sodass die meisten Touren an einem Wochenende oder an drei Tagen möglich sind. Folglich beginnen wir im Osten mit dem Dachstein und den Hohen Tauern und enden im Westen mit dem Berner Oberland und den östlichen Walliser Alpen. Deshalb haben wir bewusst auf die weiter entfernten Gebirgsgruppen in den Westalpen verzichtet.

Logenplatz: die Autorin im Berner Oberland

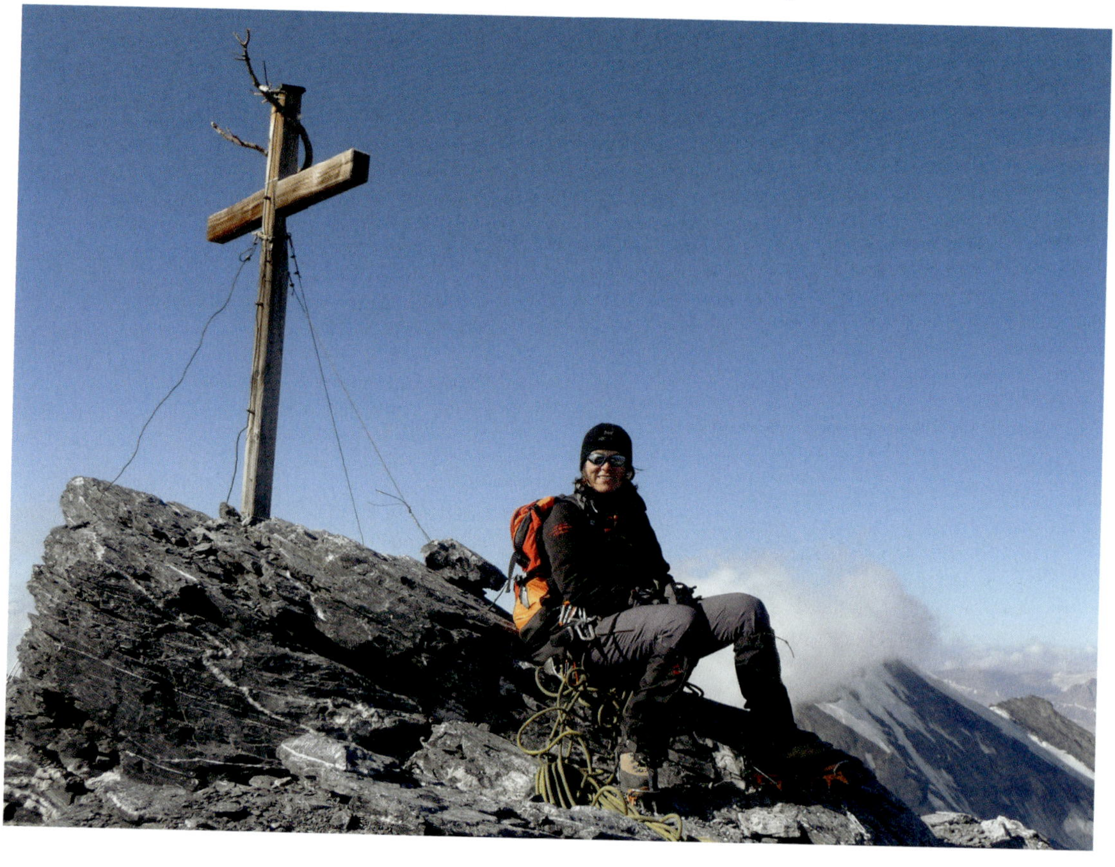

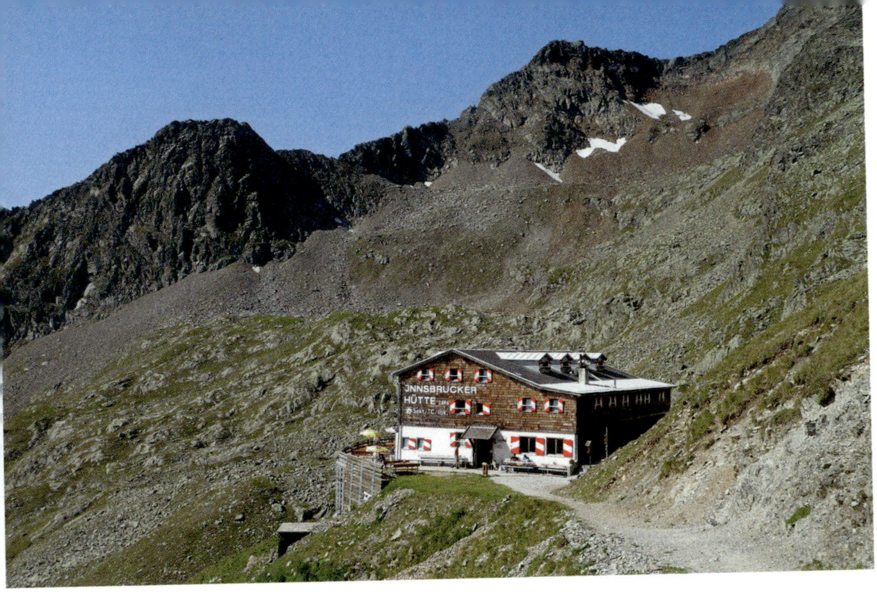

Innsbrucker Hütte: Stützpunkt am Weg zum Habicht

Um eine große Abwechslung zu gewährleisten, sind lange und kurze Touren, reine Gletschertouren, reine Felstouren und kombinierte Touren dabei, ebenso wie bekannte und eher unbekannte Gipfelziele. Alle Routen wurden von uns begangen, aber nicht alle in diesem Jahr. Die Verhältnisse ändern sich auf Hochtouren ständig, deshalb kann es durchaus sein, dass sich gegenüber der Beschreibung etwas verändert hat. Auch können die Verhältnisse im Lauf der Jahreszeiten sehr unterschiedlich sein. Ist im Frühsommer ein Gletscher noch gut eingeschneit, kann man problemlos über die Spalten gehen, während man im Spätsommer durch ein Labyrinth navigieren muss. Dementsprechend informiert man sich immer vor Ort, am besten beim Hüttenwirt, über die aktuellen Verhältnisse.

Tourenplanung

Sorgfältige Tourenplanung bildet die Grundlage für eine sichere und gelungene Tour. Hierzu nutzt man gute topografische Karten – die jeweils beste Karte ist im Vorspann jeder Tour angegeben. Hier handelt es sich um Schweizer Landeskarten für die Schweiz, AV-Karten für Österreich und Tabacco-Karten für Italien. Aufgrund

Die Schwierigkeiten der Touren

Die Touren sind in drei Schwierigkeitsstufen eingeteilt:

- **Leicht:** Leichte Hochtouren entsprechen der Schwierigkeit »L – Leicht« der Hochtourenskala. Es handelt sich dabei um einfaches Gehgelände im Fels beziehungsweise einfache Firnhänge und ganz wenige Spalten.
- **Mittel:** Mittelschwere Hochtouren entsprechen der Schwierigkeit »WS – Wenig schwierig« der Hochtourenskala. Es handelt sich dabei noch um Gehgelände im Fels, das aber Trittsicherheit erfordert, mit kurzen Kletterstellen, die nicht sehr ausgesetzt sind. Die Gletscher sind nicht besonders steil, beziehungsweise die Steilpassagen sind kurz. Der Gletscher hat noch wenig Spalten.
- **Schwierig:** Schwere Hochtouren entsprechen der Schwierigkeit »ZS- – Ziemlich schwierig« der Hochtourenskala. Hier muss im Fels gesichert werden, was eine effiziente Seilhandhabung notwendig macht. Im Gletscher können steilere Hänge vorkommen, die eventuell ein Sichern im Eis erfordern. Die Gletscher haben viele Spalten.

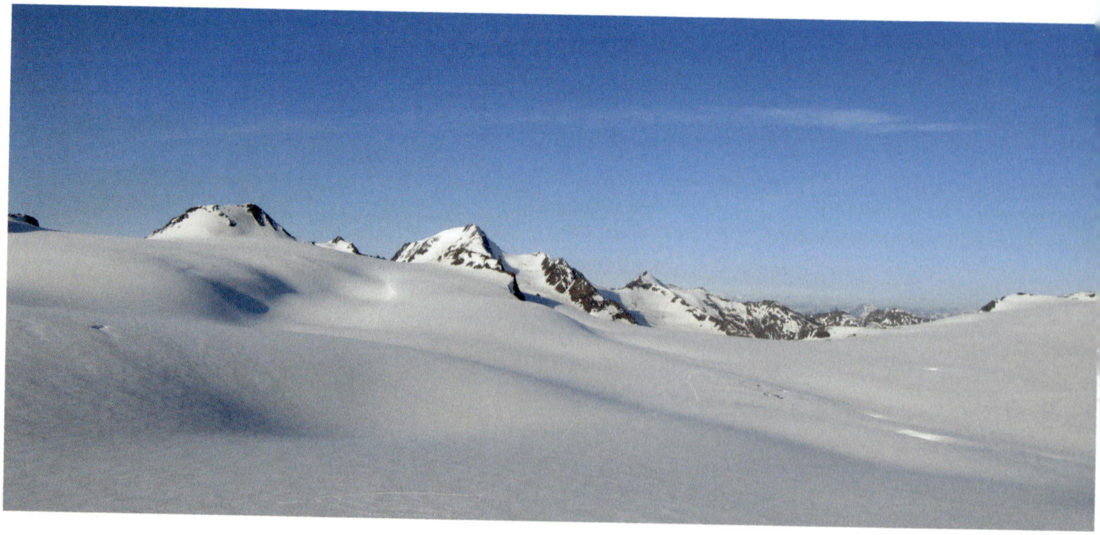

Meer: Gepatschferner am Weg zum Fluchtkogel

der Routenbeschreibungen in diesem Buch kann auf weitergehende Literatur verzichtet werden. Zur konkreten Planung holt man unbedingt Erkundigungen über die aktuellen Verhältnisse ein. Dies kann man inzwischen im Internet in diversen Tourenforen tun, zum Beispiel bei der Alpinen Auskunft des Deutschen Alpenvereins unter www.alpine-auskunft.de.
Gezielte Auskünfte erfragt man wie schon beschrieben unbedingt bei den Hüttenwirten vor Ort. Zur Tourenplanung gehört immer eine Alternative, falls die geplante Tour so nicht durchgeführt werden kann.

Wetter

Da man sich beim Bergsteigen in der freien Natur bewegt, spielt das Wetter eine entscheidende Rolle. Heute sind die Wetterprognosen für die nächsten 24 beziehungsweise 48 Stunden sehr genau. Informationen bekommt man über den Alpenvereinswetterbericht unter www.alpenverein.de oder telefonisch unter 089/290 50 70.

Notfälle

Obwohl die Bergunfallstatistik besagt, dass bei leichten Hochtouren die Unfallzahlen zurückgehen, kann es trotzdem zu einem Unfall kommen. Dann heißt es: »Ruhig bleiben und Erste Hilfe leisten.« Es ist wichtig, schnell Hilfe zu holen. Das Mobiltelefon, das inzwischen auf jeder Tour im Rucksack dabei ist, macht das Herbeiholen von Hilfe deutlich schneller. Die internationale Notrufnummer lautet 112. Folgende Angaben sind erforderlich:

- Wo ist der Unfall passiert? (Eindeutige Ortsangabe (Koordinaten, Kartenblatt))
- Was ist passiert? (Art des Notfalls)
- Wie viele Personen sind verletzt?
- Welche Verletzungen haben die Personen? (Art und Schwere der Verletzung)
- Warten auf Rückfragen!

Nach dem Absetzen des Notrufes bleibt das Handy angeschaltet und man telefoniert nicht mehr damit. So hat die Rettungsleitstelle die Möglichkeit, bei Nachfragen zurückzurufen. Vor dem Anruf empfiehlt es sich, die eindeutige Ortsangabe unmissverständlich zu ermitteln.

Alpines Notsignal: Hat man einmal keinen Handyempfang, so sendet man das Alpine Notsignal, um Hilfe zu holen.

- Sechsmal in einer Minute ein optisches oder akustisches Signal geben (Pfeifen, Rufen, Lichtsignal). Diese wiederholt man nach einer Pause von einer Minute solange, bis man Antwort erhält.
- Die Antwort besteht aus 3 Signalen innerhalb von einer Minute.

Hubschraubereinsatz: Beim Hubschraubereinsatz signalisiert man mit der YES-Position, dass man Hilfe benötigt. Der Hubschrauber ist einzuweisen. Hierzu steht der Einweiser mit dem Rücken zum Wind und bewegt sich nicht, auch wenn der Hubschrauber sehr nahe kommt (gegebenenfalls in die Knie gehen). Der Landeplatz muss frei von losen Gegenständen sein.

Alpine Gefahren

Absturz: Bei ausgesetzten Passagen geht man immer langsam und aufmerksam. Schwächere Gruppenmitglieder werden unter Umständen gesichert. Kommen mehrere Faktoren wie Nässe, harter Schnee, Zeitdruck oder Müdigkeit zusammen, so ist erhöhte Vorsicht angebracht. Eventuell verzichtet man besser auf die Tour.

Abrutschen: Vor allem auf steilen Firnfeldern und Gletschern ist ein Abrutschen besonders gefährlich. Hier muss man immer die Konsequenzen eines möglichen Ausgleitens einschätzen und entsprechende Sicherungsmaßnahmen treffen.

Lawinen: Selbst im Sommer nach Neuschneefällen sind Lawinen eine ernstzunehmende Gefahr. Bereits wenig abrutschender Schnee kann zu einer Absturzgefahr werden. Nach stärkeren Neuschneefällen im Sommer wird zumindest in der Schweiz ein Lawinenlagebericht herausgegeben. Ansonsten achtet man genau auf die Anmerkungen im Wetterbericht.

Leichte Hochtouren: Gebiet um die Franz-Senn-Hütte

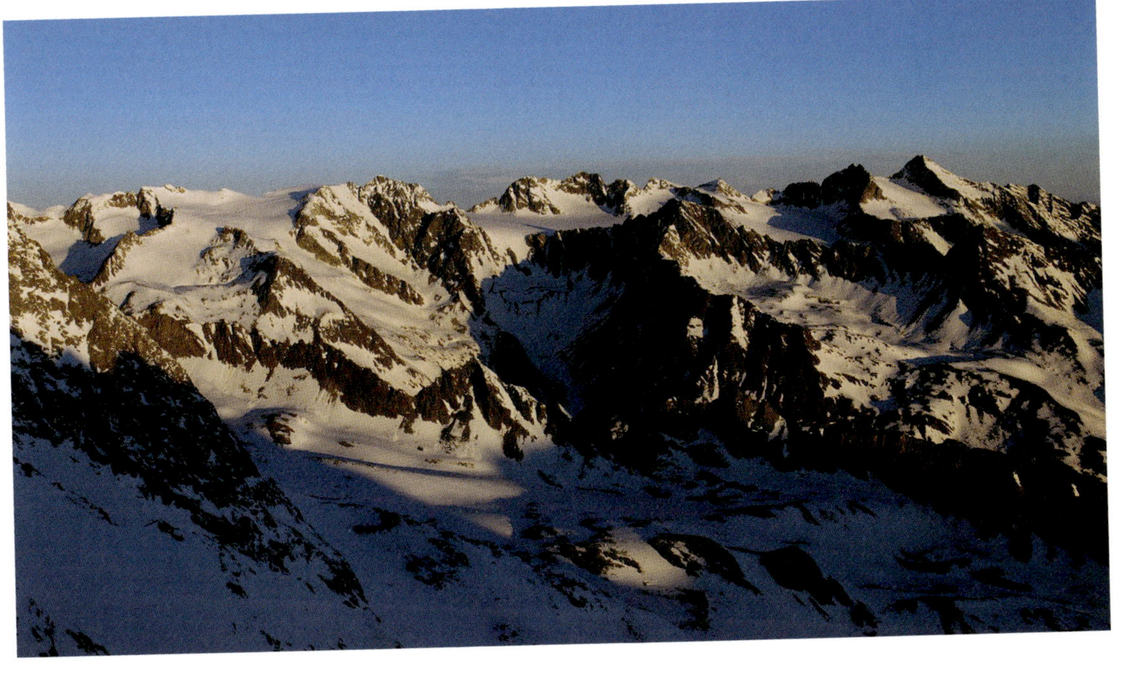

Steinschlag: Im steilen Felsgelände besteht auf Hochtouren Steinschlaggefahr. Diese nimmt vor allem bei starker Wärme zu. Im Vorspann haben wir immer angegeben, wenn sich die Mitnahme eines Helms empfiehlt. Zudem sollte man dann immer früh zurück sein, nach Möglichkeit steile Rinnen und Flanken meiden und eher über Rücken und Grate steigen.

Eisschlag: Kommt auf leichteren Hochtouren eher selten vor, kann aber nicht ausgeschlossen werden, wenn man sich im Bereich von Seracs (Eistürmen) bewegt. Diese Bereiche meidet man nach Möglichkeit oder passiert sie möglichst schnell.

Schlechtes Wetter: Bei widrigen Witterungsbedingungen wird auch eine einfache Tour gleich um ein Vielfaches risikoreicher. Besondere Vorsicht ist bei Gewittern und Kaltfronten geboten. Im Gewitter meidet man unbedingt exponierte Standorte und Höhlen. Stattdessen setzt oder kauert man sich auf eine isolierende Unterlage (z. B. Rucksack).

Wechtenbruch: Gerade im Frühsommer können auf den Graten von höheren Gipfeln Wechten ausgeprägt sein. Hier geht man nie ganz auf dem Grat, sondern lieber etwas unterhalb. Auf den Gipfeln bewegt man sich vorsichtig.

Subjektive Gefahren: Man berücksichtigt bei der Auswahl der Touren die konditionelle Verfassung und das persönliche Können der gesamten Gruppe. Kondition kann man sich durch regelmäßiges Training aneignen. Lieber eine kleinere Tour wählen, als bei einer größeren überfordert zu sein und sich in Gefahr zu bringen. Während der Tour ausreichend Pausen einlegen und genügend trinken. Notfalls lieber die Tour abbrechen. Das persönliche Können erwirbt man durch Üben, zum Beispiel mit einem erfahrenen Begleiter auf einer Tour, oder noch besser durch entsprechende Kurse in den Sektionen des Deutschen Alpenvereins.

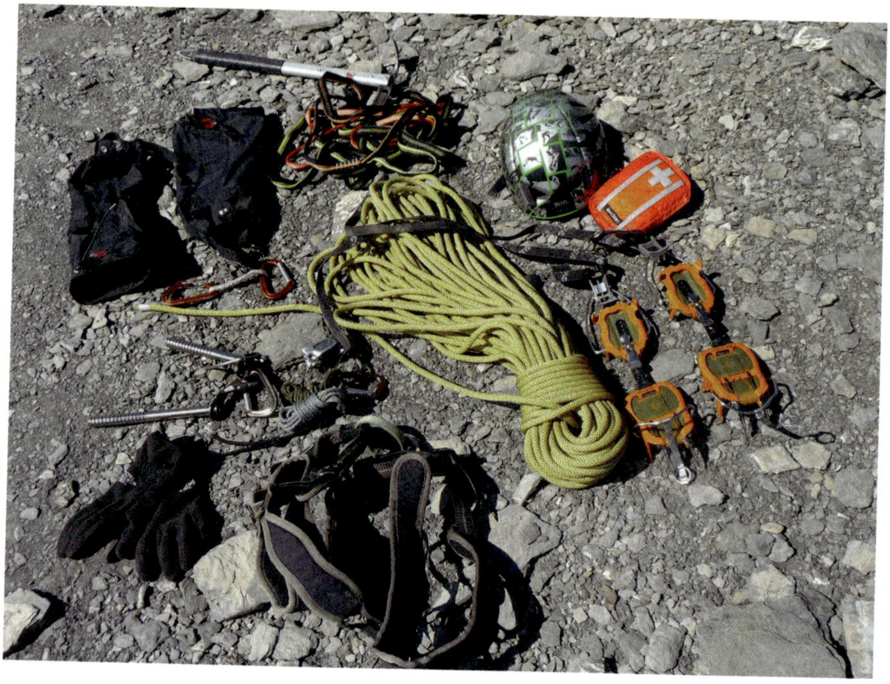

Hochtourenausrüstung: alles Notwendige an »Hardware« für die Touren in diesem Buch

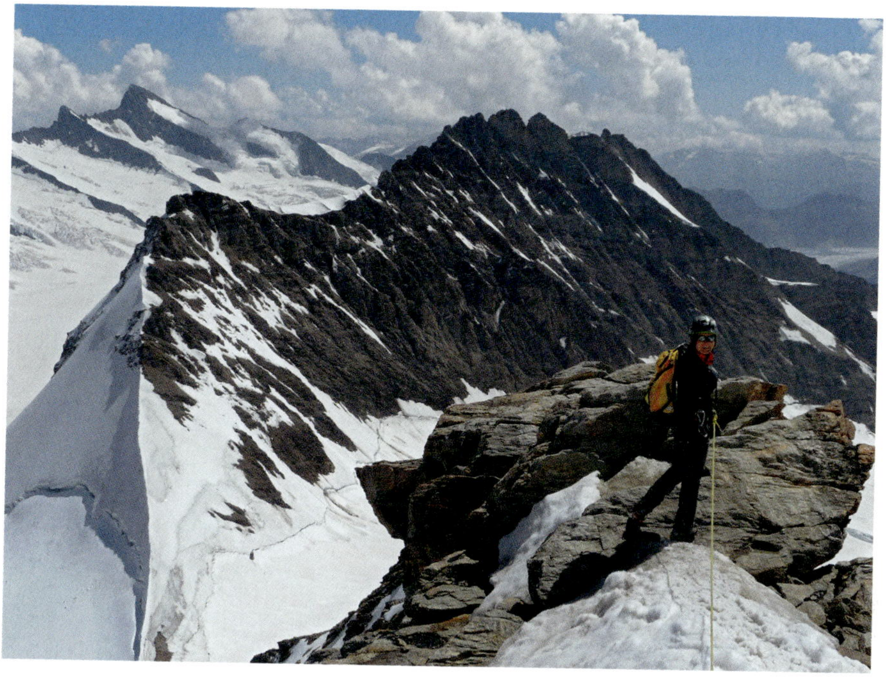

Gesichert: Abstieg vom Mönch, direkt dahinter der Trugberg

Ausrüstung

Gletscherausrüstung:

Die Touren erfordern fast alle Gletscherausrüstung: Hüftgurt, Prusikschlingen-Set (1 m, 2 m, 4 m), 2 Bandschlingen, 2 HMS-Karabiner (nach Möglichkeit 1 Safebiner), 2 Normalkarabiner, 1–2 Eisschrauben, Pickel, Steigeisen, dafür passende Hochtourenschuhe sowie ein Seil. Die Steigeisen haben mindestens zehn Zacken. Ebenso empfiehlt sich eine Kipphebelbindung an der Ferse. Auf einfachen Gletschertouren ohne Fels reicht ein 50-Meter-Halbseil, inzwischen sind aber sehr dünne Einfachseile auf dem Markt, die bei minimalem Mehrgewicht eine zusätzliche Sicherheit bieten und sich deshalb bewährt haben. Auf einigen Touren ist zudem das Tragen eines Steinschlaghelms sehr empfehlenswert.

Rucksack:

Der Hochtourenrucksack hat eine entsprechende Größe, sodass die Ausrüstung gut hineinpasst. Er ist aber auch nicht zu groß, da er sonst unter Umständen beim Klettern stört. 40–45 Liter haben sich hier als optimal erwiesen.

Bekleidung:

Bei der Unterwäsche kommen in letzter Zeit häufig Textilien aus Merinowolle zum Einsatz, die auch feucht noch wärmen und selbst nach Tagen noch immer nicht unangenehm riechen. Darüber trägt man eine Hochtourenhose und auf dem Gletscher ein langärmliges Shirt. Ein Fleecepullover, eine Softshelljacke und für Schlechtwetter eine Gore-Tex-Jacke haben sich ebenfalls bewährt. Weiterhin notwendig sind Handschuhe, davon am besten ein dünnes und ein dickes Paar, und eine Mütze.

Bergschuhe:

Die Bergschuhe müssen steigeisenfest sein und gut passen. Zumindest im hinteren Sohlenbereich können sie die Kipphebelbindung der Steigeisen aufnehmen.

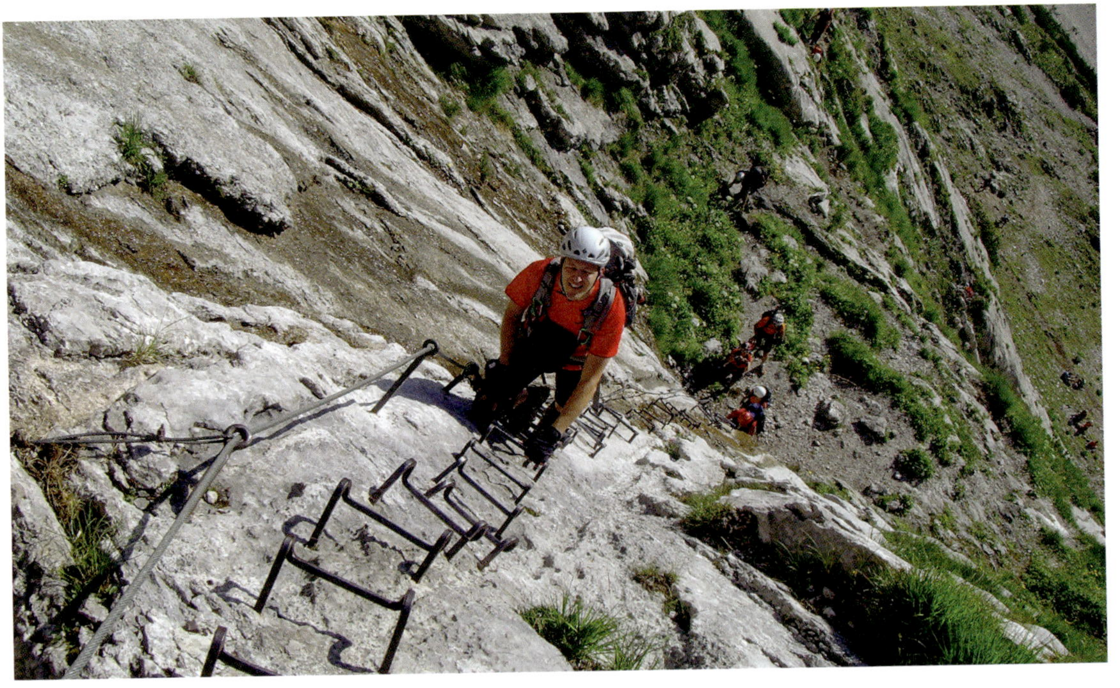

Die Leiter auf dem Weg zur Zugspitze

Weitere wichtige Ausrüstung:
Unerlässlich ist zudem noch Sonnenschutz (Gletscherbrille, Hut/Kappe, Sonnencreme mit hohem Lichtschutzfaktor), sowie Erste-Hilfe-Material, Handy für den Notfall, eine Stirnlampe (für den morgendlichen Start), Biwaksack, Brotzeit und Getränke. Für schlechtes Wetter ist unbedingt immer ein Kompass und ein Höhenmesser dabei. Ein GPS kann man mitnehmen, muss man aber nicht, wobei es uns bei der einen oder anderen Tour schon gute Dienste geleistet hat. Bei langen Touren können Teleskopstöcke von Vorteil sein, um die Gelenke im Abstieg deutlich zu entlasten. Für die Hüttenübernachtung benötigt man einen Hüttenschlafsack.

Wichtige Telefonnummern und Internetseiten:
Alpenvereinswetterbericht: www.alpenverein.de
Wetterbericht Schweiz: www.meteoschweiz.ch Tel. 0041/(0)900/162333
Wetterbericht Südtirol: www.provinz.bz.it/wetter/home.asp
Alpine Auskunft des DAV: www.alpine-auskunft.at
Notrufnummer (europaweit) 112
Bergrettung (Österreich) 140
Flugrettung REGA (Schweiz) 14 14

Umweltschutz:
Unsere Alpen sind wegen des Tourismus einer immer stärkeren Belastung ausgesetzt. Hier können wir durch eine Anreise mit öffentlichen Verkehrsmitteln einen kleinen Beitrag zur Entlastung leisten. Deshalb haben wir bei jeder Tour – wo es möglich und sinnvoll ist – die Anreise mit Bus oder Bahn angegeben. Es versteht sich natürlich von selbst, den eigenen Müll wieder mit ins Tal zu nehmen (auch Apfelreste und Eierschalen sind Müll). Genauso wie man die Blumen – und sind sie noch so schön – auf der Blumenwiese stehen lässt. Man will ja selbst auch nicht durch Müllhalden oder über abgerupfte Wiesen laufen.

Literatur zum Hochtourengehen:
Peter Geyer, Andreas Dick: Alpin-Lehrplan Band 3, Hochtouren – Eisklettern, Bergverlag Rother
Tobias Bach, Franz Hölzl: Hochtouren. Praxiswissen vom Profi. Ausrüstung, Technik und Sicherheit, Bruckmann Verlag
Kurt Winkler, Hans-Peter Brehm, Jürg Haltmeier: SAC Bergsport Sommer: Ausbildung. Technik, Taktik, Sicherheit, SAC-Verlag

Danke!
Wir möchten uns bei allen Bergfreunden bedanken, die mit uns gemeinsam auf den Touren unterwegs waren und uns mit Bildern für dieses Buch unterstützt haben. Vielen Dank an: Jens Eckert, Familie Fankhauser (Franz-Senn-Hütte), Sebastian Friedlein, Martin Hainz, Ines Jaehnert, Stefan und Susanne Kaufmann, Helmut Kober, Manfred Kostner, Beate Lever, Thomas Meinhart, Alexander Neumeir, Barbara Plaschka, Melanie Rossi, Rolf Syring, Sebastian Talmann, Veronika Vitzthum, Susanne Weiß, Rolf Wizgall, Thomas Zanker, Benni Zimmermann sowie die Kollegen der ehemaligen VR-Bank Steinlach-Wiesaz-Härten.

Hinweise:
Wie schon angedeutet, ändern sich die Verhältnisse auf Hochtouren ständig. Die Autoren und der Verlag sind nicht unfehlbar. Deshalb freuen wir uns über jeden Hinweis auf etwaige Unstimmigkeiten und sind dankbar dafür. Wir wünschen allen Lesern eine sorgfältige Tourenplanung und die richtige Auswahl der Touren. Besonders aber wünschen wir viel Freude auf den beschriebenen Touren und ein gesundes Nachhausekommen.

Auf dem Klettersteig zur Marmolada

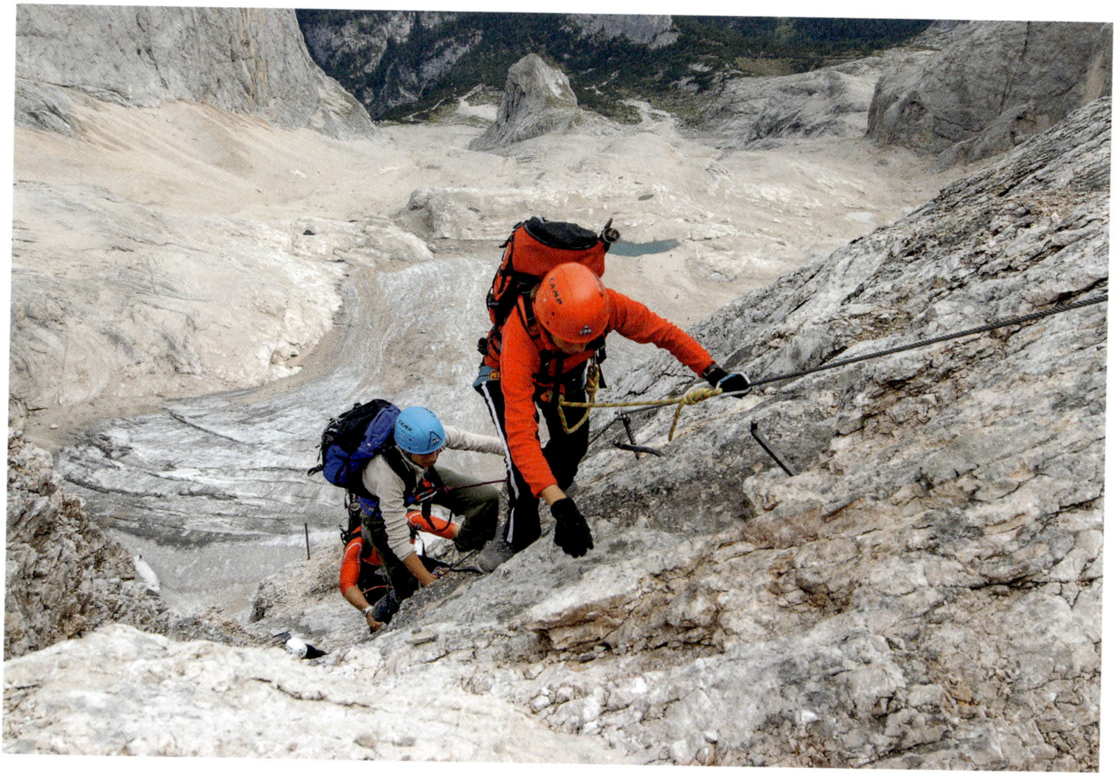

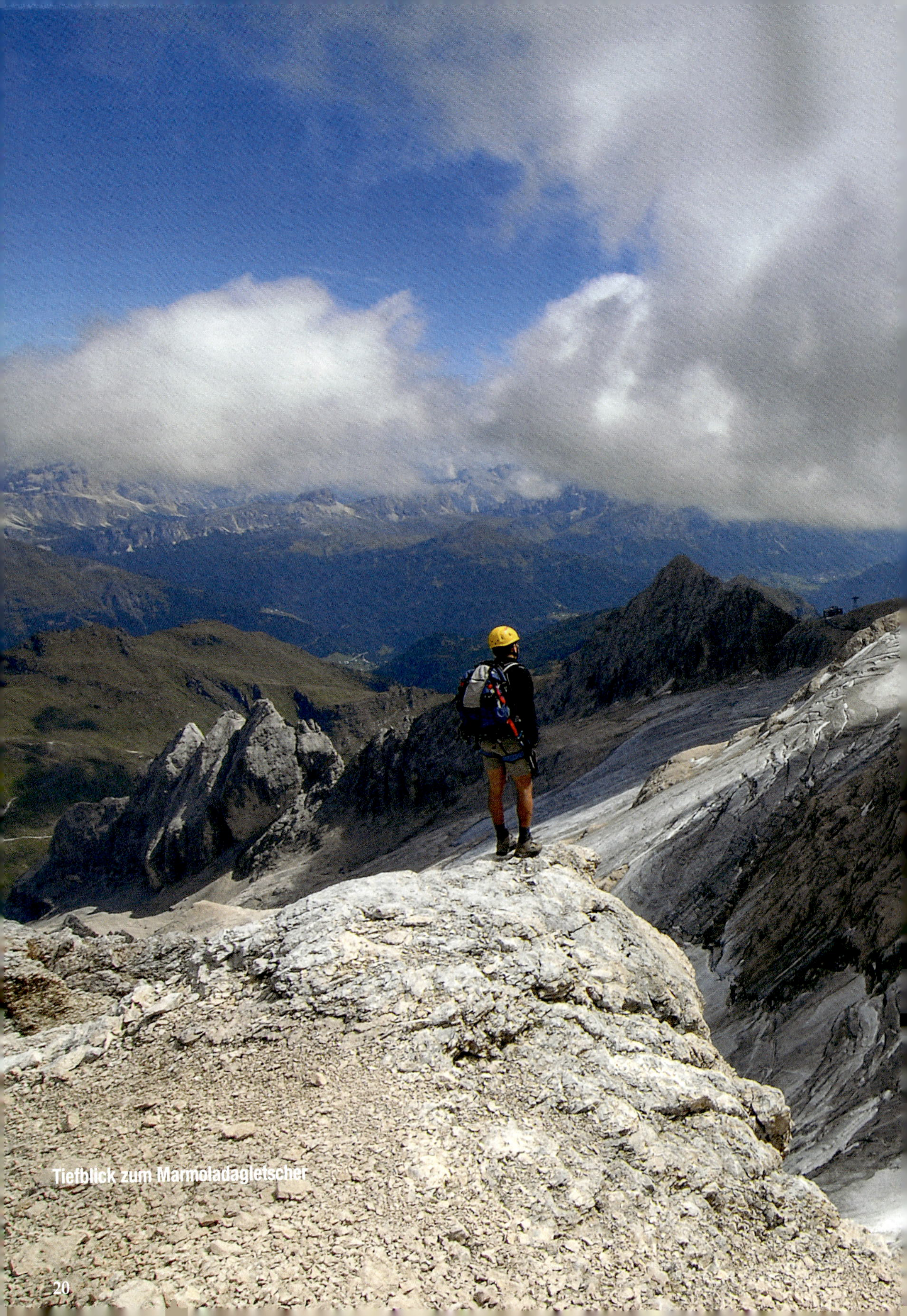

Tiefblick zum Marmotadagletscher

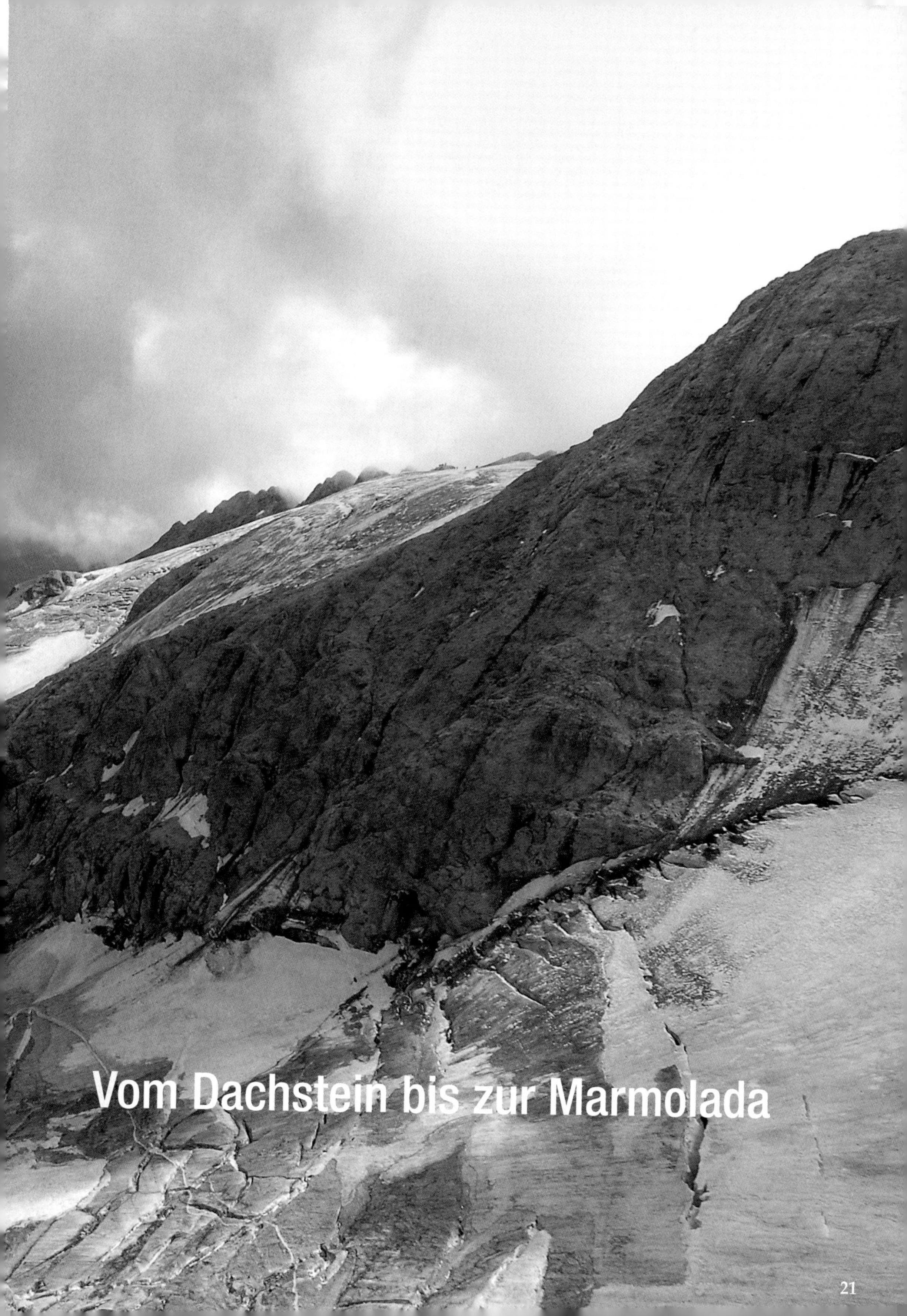

Vom Dachstein bis zur Marmolada

1

Hoher Dachstein vom Gosausee

Landschaftlich großartig

L+ 13:00 Std. 2220 Hm

Tourencharakter:
Leichte Hochtour über einen – trotz Spalten – recht zahmen Gletscher und einen zum Klettersteig ausgebauten Grat

Höchster Punkt:
Hoher Dachstein (2993 m)

Ausgangs-/Endpunkt:
Parkplatz unterhalb des Vorderen Gosausees (937 m)

Anfahrt:
Auto: Über Salzburg und die Tauernautobahn bis zur Ausfahrt Golling. Über Abtenau nach Gosau, dort rechts ab zum Gosausee.
Bahn und Bus: Nach Gosau und weiter mit dem Bus zum Vorderen Gosausee

Gehzeiten:
Vorderer Gosausee–Adamekhütte 4:30 Std., Adamekhütte–Hoher Dachstein 3 Std., Hoher Dachstein–Adamekhütte 2 Std., Adamekhütte–Vorderer Gosausee 3:30 Std.

Übernachtung:
Adamekhütte (2196 m), OeAV-Sektion Austria, Anfang Juni bis Ende Sept., Tel. 0043/(0)664/547 34 81, www.adamek.at

Karte:
Alpenvereinskarte 1:25 000, Blatt Nr. 14 »Dachsteingebirge«

Tourismus-Info:
Wanderregion Dachstein West, Tel. 0043/(0)50/140, www.dachstein.at

Ausrüstung:
Gletscherausrüstung, für den Westgrat evtl. Klettersteigset

Der Dachstein ist sowohl der höchste Gipfel Oberösterreichs als auch der Steiermark. Während beim kurzen Anstieg von der Hunerkogel-Seilbahn der Dachstein zur Halbtagestour degradiert wird, möchten wir den landschaftlich fantastischen Anstieg über die Gosauseen, die Adamekhütte und den Gosaugletscher vorstellen.

Der **Hohe Dachstein** wurde bereits wenige Jahre nach seiner Erstbesteigung 1843 »verkabelt«. Der Randkluftsteig gilt somit als ältester Klettersteig der Alpen. Heute führt der kurze Anstieg von der Bergstation über ihn und sorgt für entsprechenden Andrang. Weniger los ist dafür am Anstieg über den Gosaugletscher. Die Wanderung zur Hütte ist lang, landschaftlich aber fantastisch. Es geht zuerst an den beiden Gosauseen vorbei. Anschließend wird der Weg mit jedem Höhenmeter aussichtsreicher, bis man zur wunderschön gelegenen Hütte gelangt. Am nächsten Morgen steigt man hoch zum Gletscher und über diesen zur Oberen Windlegerscharte. Von dort führt der ebenfalls versicherte Westgrat zum Gipfel.

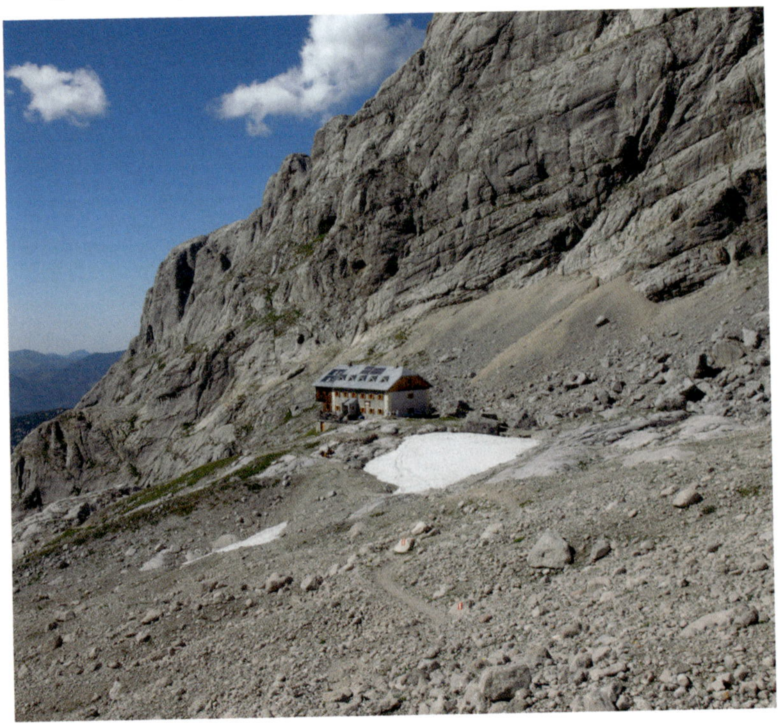

Felswüste: Die Adamekhütte steht in einer sehr kargen Landschaft.

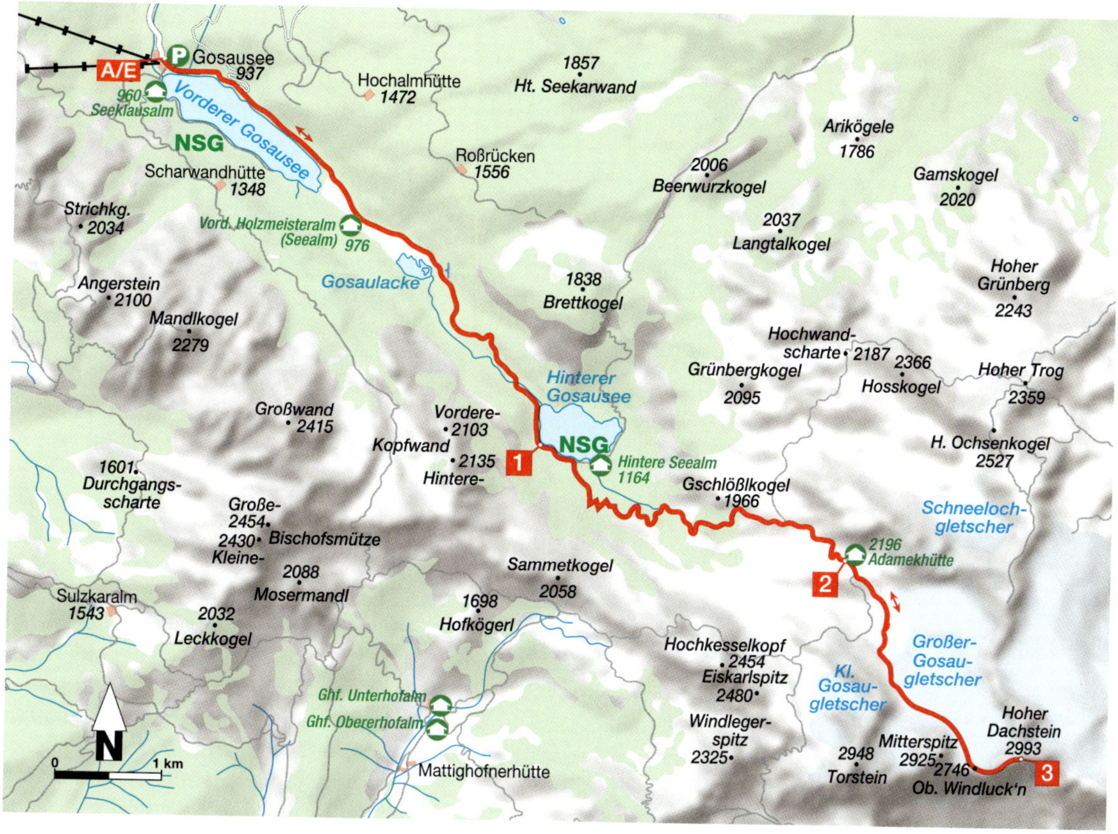

Zur Adamekhütte Vom Parkplatz am Vorderen Gosausee wandern wir hoch zum See (937 m). Bereits von hier erkennen wir den Gipfel des Hohen Dachsteins mit dem vorgelagerten Gosaugletscher. Der Weg dorthin ist allerdings genauso weit, wie er scheint. Wir nehmen den linken geteerten Uferweg. Nach einer Abzweigung wird der Untergrund schottriger, und bald kommen wir zu einer Felswand. Dort befindet sich der Einstieg des Laserer Alpin Klettersteiges. Wir lassen den Klettersteig unberücksichtigt und wandern auf dem Forstweg weiter zum Ende des Vorderen Gosausees. Dort taucht der Weg in den Wald ein, wir passieren die Gosaulacke und wandern auf dem zwischenzeitlich steileren Weg hoch zum ❶ Hinteren Gosausee (1164 m). Wir halten uns rechts und spazieren am See entlang bis zur bezeichneten Abzweigung zur Adamekhütte. Der Fahrweg bis hierher wäre eigentlich ideal für Mountainbikes, allerdings ist dessen Befahrung nicht erlaubt.

Der gut angelegte Weg führt nun in Richtung der Felswände. Wir überqueren auf einer kleinen Brücke den Kreidenbach, der aber nur im Frühjahr bei Schneeschmelze Wasser führt. Der Weg zieht nun steiler bergan, einige Stellen sind dabei versichert. Auf 1638 Metern entdecken wir am Weg eine Tafel, die auf die verfallene Grobgesteinhütte hinweist. Sie wurde 1878–1879 errichtet und war bis zum Bau der Adamekhütte Ausgangspunkt für die Touren im Dachsteingebiet.

In zahlreichen Serpentinen schlängeln wir uns bis zum »Hohen Riedl« (Hinweisschild) hinauf. Von hier sehen wir das erste Mal die Adamekhütte. Der Weg legt sich nun etwas zurück und führt nicht mehr so steil zur Abzweigung des Weges zur Simonyhütte. Von hier sind es nur noch 30 Minuten zur ❷ Adamekhütte (2196 m), die wir zuletzt in einigen Serpentinen erreichen.

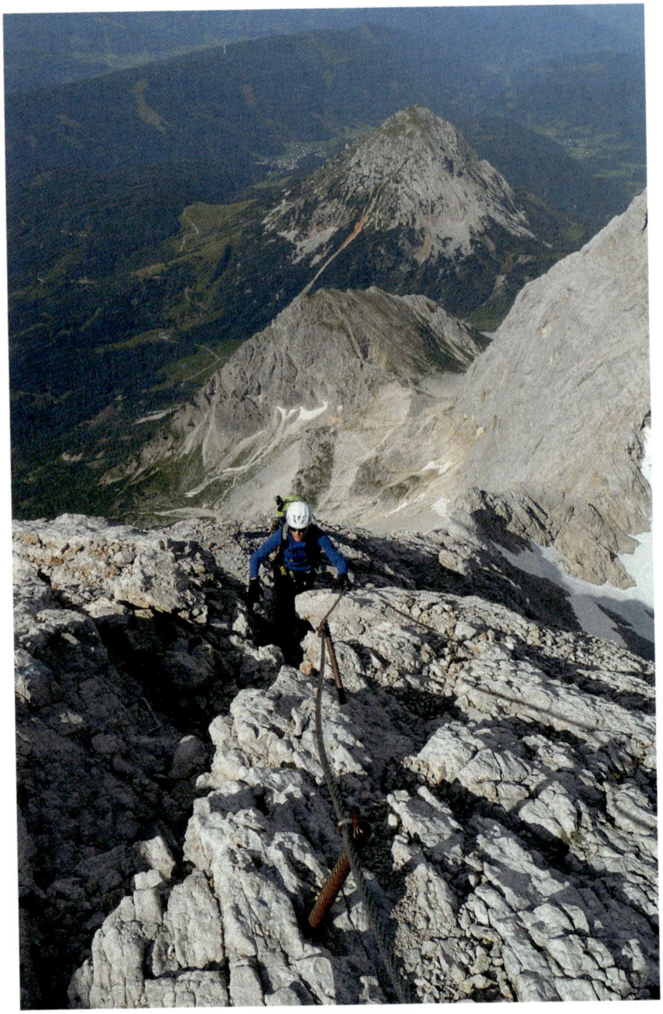

Tiefblick: am gesicherten Westgrat zum Dachsteingipfel

Auf den Hohen Dachstein Am nächsten Morgen wandern wir von der Hütte auf gut markiertem Weg in Richtung Gletscher. Bald zeigt ein Schild »Hoher Dachstein« nach links. Wir folgen den sehr guten Markierungen ein wenig bergauf, um dann bald nach rechts abzudrehen und unterhalb des Gletschers nach rechts zu queren. Nach einem kurzen steileren Anstieg halten wir uns links und wandern teilweise versichert hoch zum Gosaugletscher. Dort seilt man sich an, und je nach Schneelage werden die Steigeisen angezogen. Wir steigen im steileren Hang unterhalb des Mitterspitz empor und halten ziemlich direkt auf die Obere Windlegerscharte (2746 m) zu. Die Scharte erreichen wir über eine etwas steile Rinne. Dort können wir Pickel und Steigeisen deponieren und gegebenenfalls das Klettersteigset anziehen. Der Grat führt gleich steil in die Höhe, ist aber gut mit Stiften und Drahtseilen gesichert. Wenig später legt er sich ein wenig zurück, wir queren kurz in die Nordseite und kraxeln steil und ausgesetzt wieder hoch zum Grat. Im Wesentlichen folgen wir diesem, bis wir endlich das Gipfelkreuz sehen. Kurz vor Erreichen des Gipfels müssen wir ein paar Meter in ein kleines Schartl absteigen, umgehen einen Felsblock und stehen bald am großen Gipfelkreuz auf dem ❸ Hohen Dachstein (2993 m). Leider ist man auf dem Gipfel nie allein, zu viele Bergfreunde kommen von der nahen Seilbahn am Hunerkogel herüber. Man sollte sich davon aber nicht abschrecken lassen, denn die Aussicht ist einfach fantastisch.

Abstieg Für den Abstieg kraxeln wir am bekannten Anstiegsweg zurück zur Oberen Windlegerscharte. Bei der Umgehung des Felsblockes im Gipfelbereich bleiben wir einmal kurz stehen und schauen nach links hinab in die Dachstein-Südwand. Schaurig ist der senkrechte Tiefblick.

Von der Oberen Windlegerscharte (2746 m) gehen wir zurück zum Gletscher und über diesen zum markierten Wanderweg, der uns zur ❷ Adamekhütte (2196 m) bringt.

Will man es gemütlich angehen, bleibt man noch eine Nacht in der schönen Hütte und steigt am nächsten Tag in Ruhe ab zu den Gosauseen. Natürlich kann man nach einer Pause am gleichen Tag hinabwandern, allerdings macht sich neben dem beträchtlichen Höhenunterschied auch die Länge der Tour bemerkbar. Verliert man vom Hohen Riedl zum Hinteren Gosausee noch recht schnell an Höhe, so zieht sich die Strecke vom Hinteren Gosausee bis zum Parkplatz am Vorderen Gosausee (937 m) doch gewaltig in die Länge.

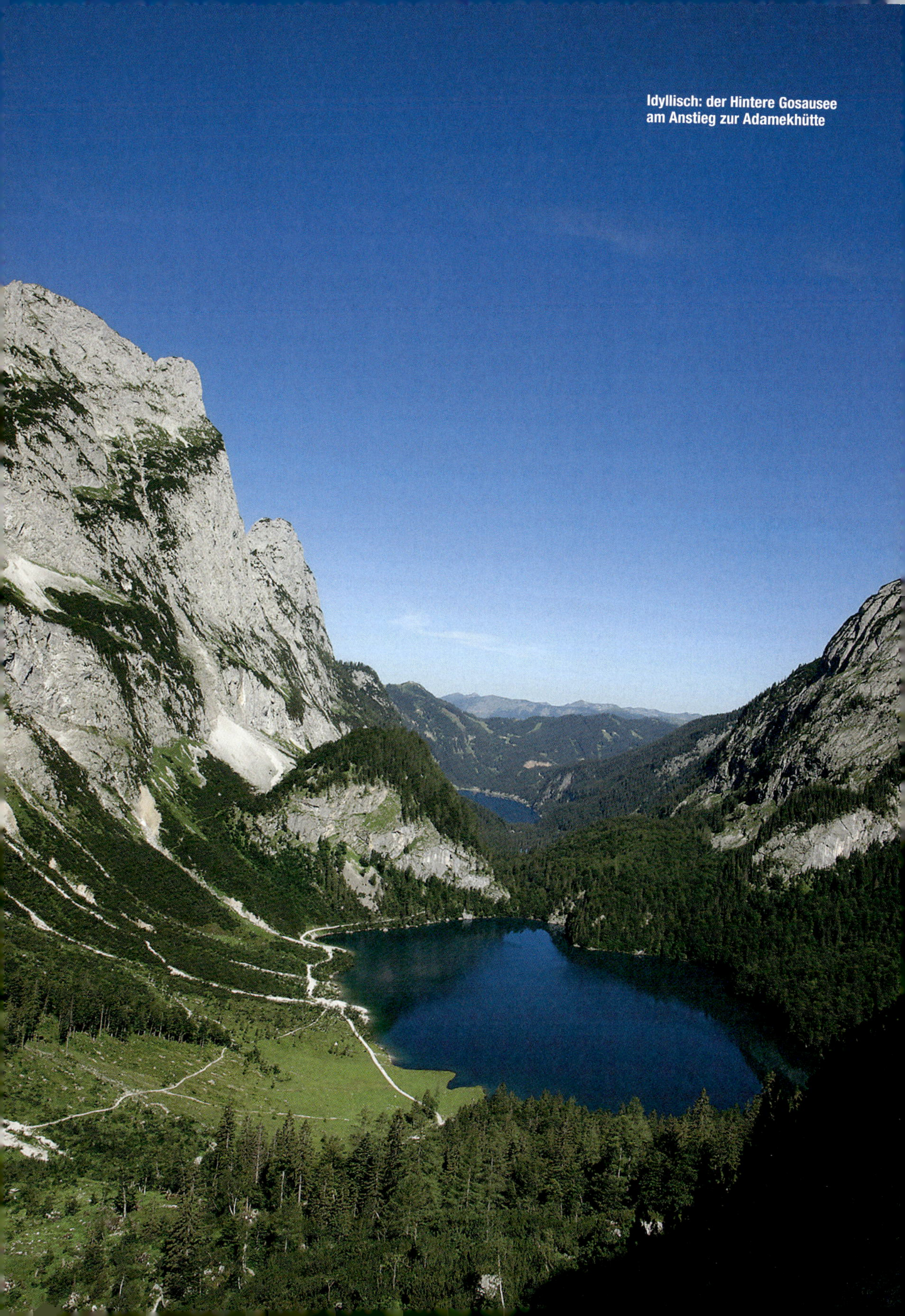

Idyllisch: der Hintere Gosausee
am Anstieg zur Adamekhütte

2

Über den Detmolder Weg auf die Hochalmspitze

Überschreitung der Tauernkönigin

ZS– 9:30 Std. 1720 Hm

Tourencharakter:
Eine der anspruchsvolleren Touren. Detmolder Grat mittelschwerer Klettersteig. Rudolstädter Weg zuletzt immer schwieriger, vor Kurzem mit Trittbügeln saniert. Gletschererfahrung und sicheres Steigen bis zum II. Schwierigkeitsgrad notwendig.

Höchster Punkt:
Hochalmspitze (3360 m)

Ausgangs-/Endpunkt:
Parkplatz unterhalb des Gößkarspeichers (1707 m)

Anfahrt:
Auto: Über die Tauernautobahn bis zur Ausfahrt Gmünd. Über Malta und Koschach zum Gößkarspeicher
Bahn und Bus: Nach Mallnitz, mit dem Bus nach Malta. Wanderbus (mittwochs) zum Gößkarspeicher.

Gehzeiten:
Parkplatz–Gießener Hütte 1:30 Std., Gießener Hütte–Hochalmspitze 4 Std., Hochalmspitze–Gießener Hütte 3 Std., Gießener Hütte–Parkplatz 1 Std.

Übernachtung:
Gießener Hütte (2202 m), DAV-Sektion Gießen-Oberhessen, Anfang Juli bis Ende Sept., Tel. 0043/(0)676/943 91 42

Karte:
Alpenvereinskarte 1:25 000, Blatt Nr. 44 »Ankogel-Hochalmspitze«

Tourismus-Info:
Tourismusverband Maltatal, Tel. 0043/(0)4733/220 15, www.maltatal.com

Ausrüstung:
Komplette Hochtourenausrüstung, für den Detmolder Grat Klettersteigset

Die Hochalmspitze ist der markanteste Berg östlich des Großglockners. Sie sendet vier markante Grate aus und ist auf jeder Seite von Gletschern umgeben. Ein Traum für jeden Hochalpinisten ist die Überschreitung des Gipfels mit Aufstieg über den gesicherten Detmolder Grat und Abstieg über den Rudolstädter Weg.

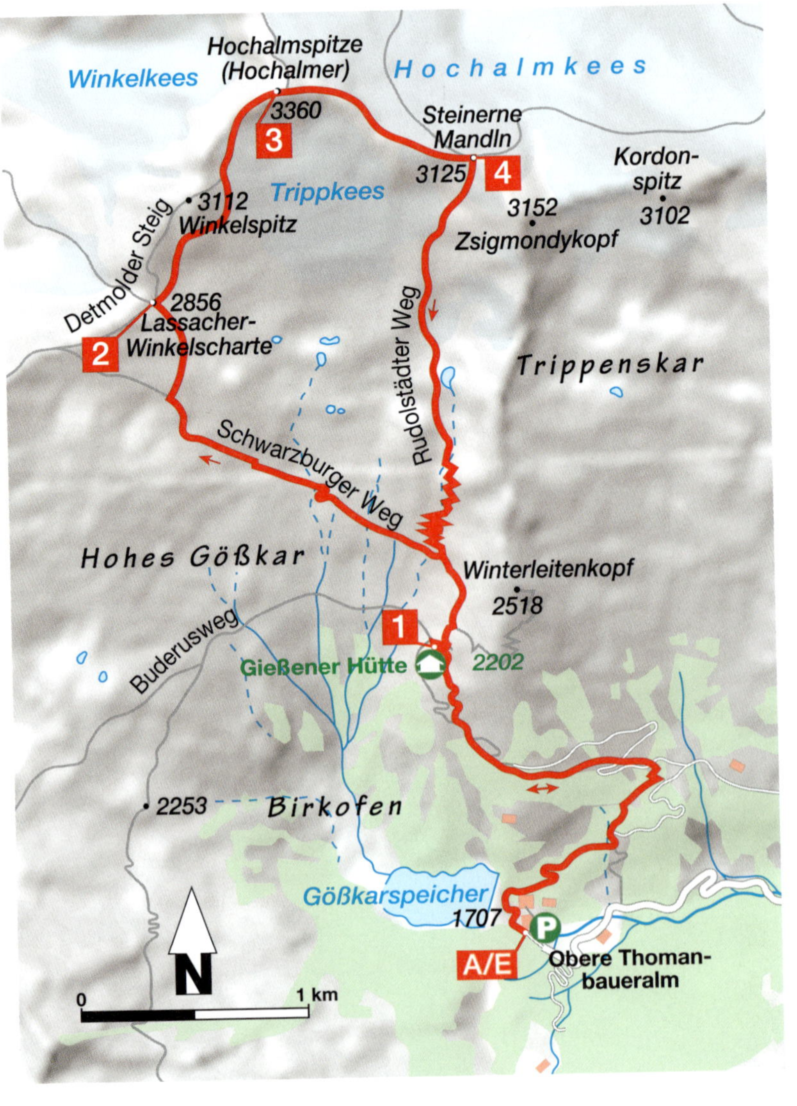

Die **Hochalmspitze** wurde ziemlich spät erstbestiegen. Lange galt der Gipfel als unbezwingbar, sodass erst 1859 seine Besteigung glückte. Eine Gruppe erreichte im August im Nebel den benachbarten Großelendkopf, den sie für die Hochalmspitze hielten. Anton von Ruthner bestieg am 12. August 1859 die Schneeige Hochalmspitze, die dem Hauptgipfel vorgelagert ist. Er verschenkte die Erstbesteigung, da er und sein Führer den Übergang zum Hauptgipfel nicht ausführten. So war es Paul Grohmann vorbehalten, die Erstbesteigung am 15. August 1859 durchzuführen. Er errichtete auf dem Gipfel als Nachweis einen Gipfelsteinmann. Die Besteigung erfolgte über das Hochalmkees.
Das Gebiet der Hochalmspitze gehört seit 1988 dem Österreichischen Alpenverein, der mit Hilfe einer Großspende den Gipfel und umliegende Gletscherflächen ersteigerte. Deshalb wird die Hochalmspitze auch nicht von einem Gletscherskigebiet verschandelt, obwohl es in den 1970er-Jahren konkrete Pläne zur Erschließung des Hochalmkeeses gab. An schönen Tagen soll man vom Gipfel der »Tauernkönigin« bis zu 200 Kilometer weit sehen können.

Zur Gießener Hütte Vom Parkplatz am Gößkarspeicher (1707 m) wandern wir auf der breiten Fahrstraße durch den Wald. Nach der zweiten Kehre zweigt links der markierte Steig zur Hütte ab. Dieser kürzt die Fahrstraße ab und führt durch schönen lichten Wald etwas steiler bergauf in Richtung Hütte. Der Fahrweg wird dabei zweimal gekreuzt. Nach zirka eineinhalb Stunden erreichen wir die hübsch gelegene ❶ Gießener Hütte (2202 m).

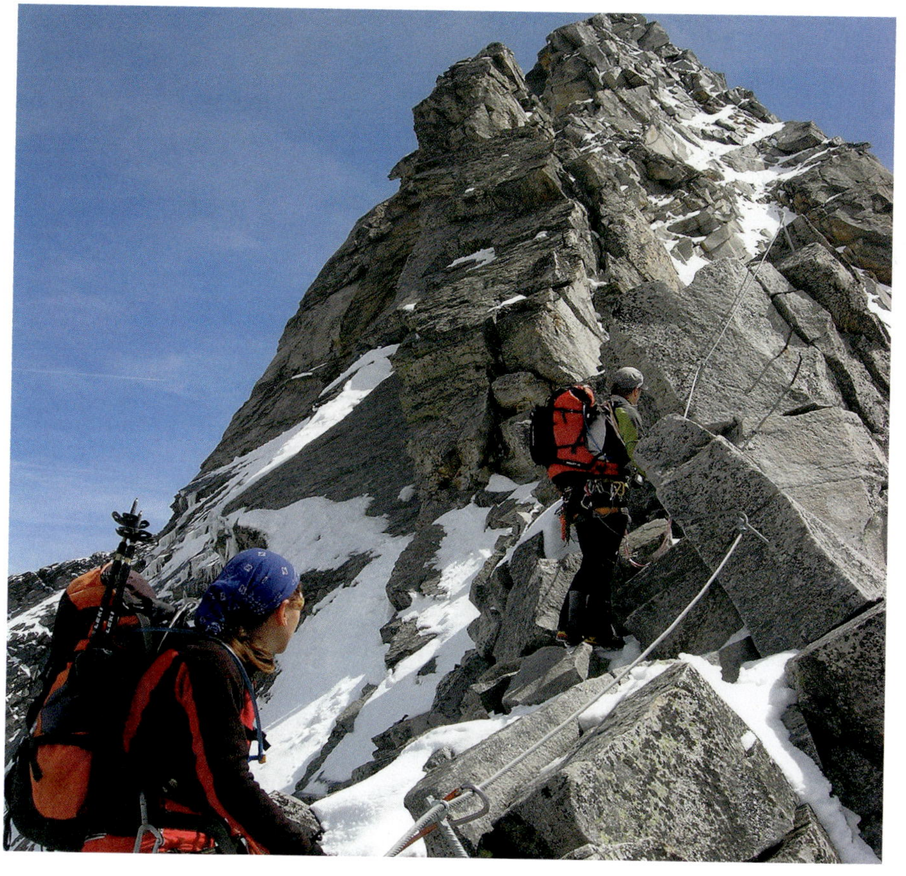

Auf dem Detmolder Grat zur Hochalmspitze

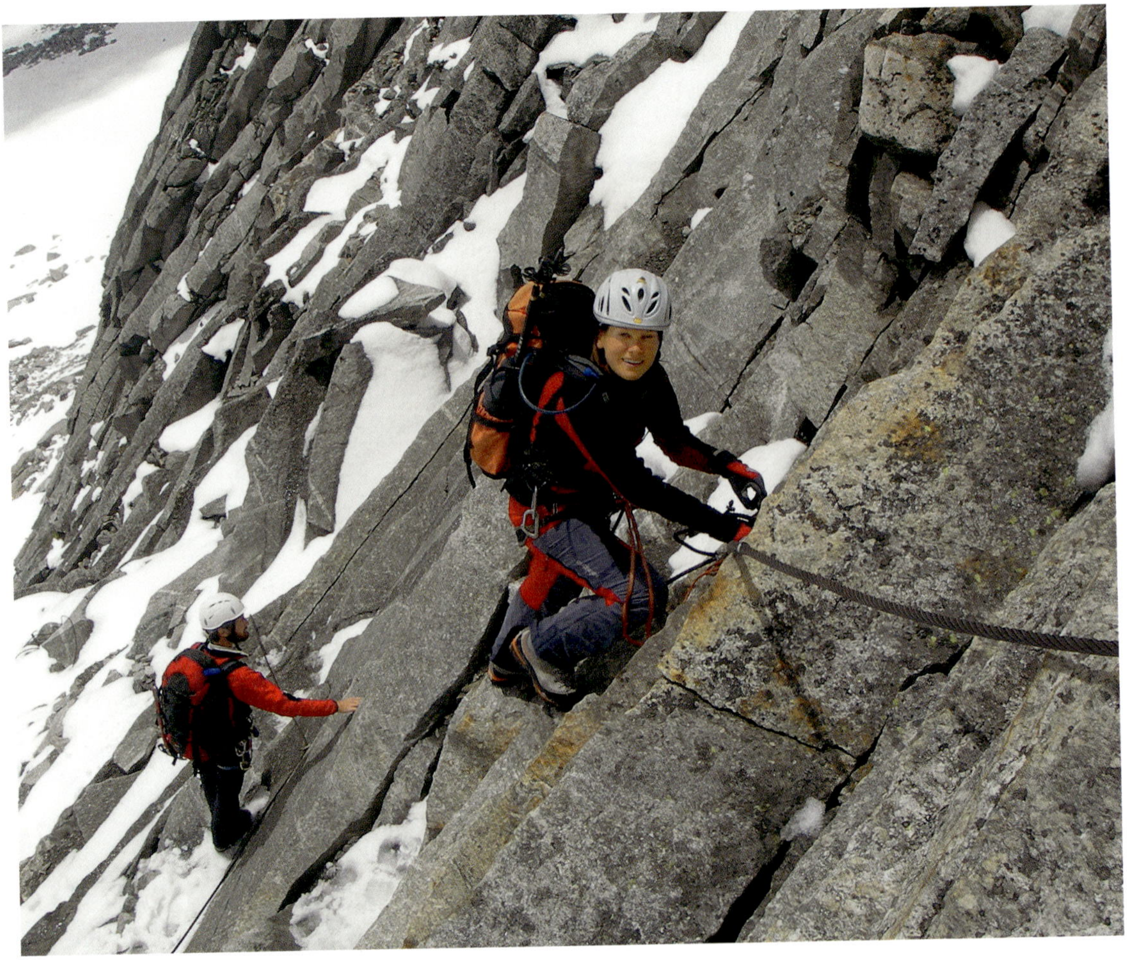

Steil: Abstieg am Rudolstädter Weg zum Trippkees

In die Lassacher Winkelscharte Für den Gipfeltag stehen wir am Morgen frühzeitig auf. Von der Hütte wandern wir in nördlicher Richtung bergauf. Der Steig wird bald schmaler und steiler. Er ist sehr schön angelegt, Felsplatten sind stellenweise treppenartig ausgelegt.

Nach 150 Höhenmetern kommen wir an eine Weggabelung, an der wir uns links in Richtung Winkelscharte halten. Wir gehen nun auf dem Schwarzenburger Weg in nordwestlicher Richtung. Nach der Querung von zwei Bächen führt der Weg wieder steiler bergan. Der Steig ist gut markiert und bringt uns zu einer weiteren Wegverzweigung. Hier halten wir uns rechts in Richtung ❷ Lassacher Winkelscharte (2856 m), die wir über Firn oder Felsplatten erreichen.

Detmolder Weg Von links mündet nun der Detmolder Weg vom Säuleck ein. Wir steigen hinauf zur Winkelspitze (3112 m) und gehen weiter in die Obere Winkelscharte. Nach einer kurzen Gratquerung folgen wir dem Felsen, bis die Stahlseile beginnen. Hier wurden die Sicherungen des Klettersteiges verlängert, sodass das Trippkees nicht mehr betreten werden muss. In der Vergangenheit kam es hier immer wieder zu Spaltenstürzen. Spätestens jetzt sollten wir das Klettersteigset anlegen, da der Klettersteig eine Schwierigkeit von B/C aufweist. Wir folgen den Versicherungen und Markierungen, die uns durchaus anspruchsvoll hinauf in Richtung Gipfelkreuz füh-

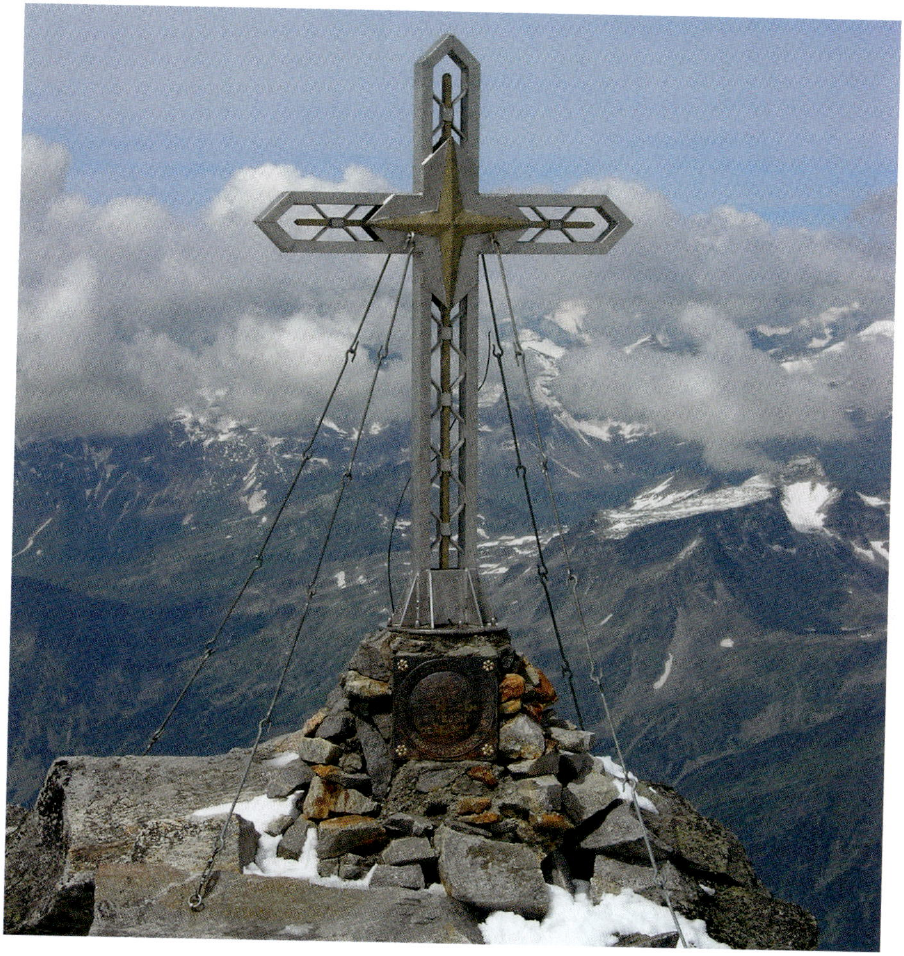

Königlich: Gipfelkreuz auf der Tauernkönigin

ren. Kurz vorm Gipfel stellt sich noch ein kleiner Überhang in den Weg, aber mit Hilfe der guten Versicherungen überwinden wir auch dieses Hindernis und stehen bald am Gipfel der ❸ Hochalmspitze (3360 m). An schönen Tagen reicht das Panorama weit.

Abstieg Für den Abstieg wählen wir den Rudolstädter Weg, der zuletzt saniert wurde. Hierfür kraxeln wir vom Gipfel über einen kurzen, aber schmalen Grat zum östlichen Vorgipfel ab. Wir folgen den Markierungen und einzelnen Drahtseilversicherungen weiter hinab. Der Blockgrat wird später breiter, und so gelangen wir bis knapp vor die Grattürme der ❹ Steinernen Mandln (3125 m). Jetzt klettern wir nach Norden hinab zum stark abgeschmolzenen Trippkees. Entlang von Drahtseilen und Trittbügeln geht es ziemlich steil nach Süden hinunter zum Gletscher. Der oberste Teil des Gletschers ist sehr steil, sodass wir gut aufpassen, um dort nicht auszurutschen. Ein Seil zum Abseilen kann dabei hilfreich sein. Später halten wir uns am Gletscher leicht rechts und steigen danach weglos weiter bergab, bis wir auf die Markierungen treffen, die uns nach Süden vorbei an einem kleinen Bergsee bis zur vom Vormittag bekannten Weggabelung bringen. Dem beim Aufstieg begangenen Weg folgen wir weiter bis zur ❶ Gießener Hütte (2202 m). Nach einer gemütlichen Rast an der Hütte wandern wir über den Hüttenweg zurück zum Parkplatz am Gößkarspeicher (1707 m).

3

Über die Neue Prager Hütte zum Großvenediger

Gletscherdach der Hohen Tauern

WS– 12:30 Std. 2240 Hm

Tourencharakter:
Mittelschwere Hochtour über sanft geneigte Gletscherhänge mit einigen Spaltenzonen. Diese erfordern entsprechende Aufmerksamkeit.

Höchster Punkt:
Großvenediger (3666 m)

Ausgangs-/Endpunkt:
Matreier Tauernhaus (1512 m)

Anfahrt:
Auto: Über Kitzbühel weiter zum Felbertauerntunnel, nach dem Südportal rechts zum Tauernhaus
Bahn und Bus: Mit dem Zug nach Lienz/Osttirol und mit dem Bus zum Tauernhaus

Gehzeiten:
Matreier Tauernhaus–Neue Prager Hütte 4:30 Std., Neue Prager Hütte–Großvenediger 3 Std., Großvenediger–Neue Prager Hütte 2 Std., Neue Prager Hütte–Matreier Tauernhaus 3 Std.

Übernachtung:
Neue Prager Hütte (2782 m), Deutscher Alpenverein, www.alpenverein.de/Huetten-Wege-Touren/Huetten-des-Bundesverbands/Prager-Huette/

Karte:
Alpenvereinskarte 1:25 000, Blatt Nr. 36 »Venedigergruppe«

Tourismus-Info:
Tourismusinformation Matrei in Osttirol, A-9971 Matrei in Osttirol, Tel. 0043/(0)50/21 25 00, www.osttirol.com

Ausrüstung:
Gletscherausrüstung

Der Großvenediger zählt freilich zu den begehrtesten Hochtourenzielen in den Ostalpen. Drei Hütten von Norden, Süden und Osten unterstützen die Bergfreunde beim Zustieg. Wir beschreiben den aus unserer Sicht schönsten Anstieg von Matrei über den Talschluss des Innergschlöß und die Neue Prager Hütte.

Der **Großvenediger** wurde 1841 von Norden über das Obersulzbachtal erstmals bestiegen. Mit dabei war Anton von Ruthner, der uns bereits an der Hochalmspitze begegnet ist. Unser Stützpunkt, die Neue Prager Hütte, wurde 1904 von der Sektion Prag des Alpenvereins erbaut. Maßgeblich beteiligt war dabei Johann Stüdl, einer der Gründer des Deutschen Alpenvereins. Die Sektion Prag ging 1992 in der Sektion Oberland auf. Inzwischen wurde die Hütte sanft saniert und wird vom Bundesverband des Deutschen Alpenvereins verwaltet.

Zur Neuen Prager Hütte Vom Matreier Tauernhaus (1512 m) spazieren wir auf dem breiten Weg entlang des Tauernbaches taleinwärts. An der

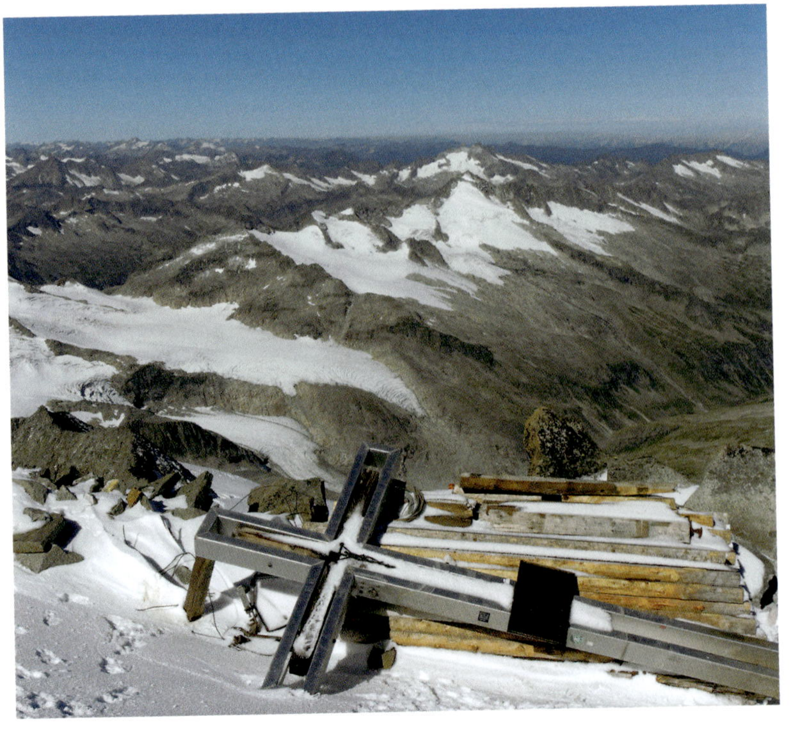

Zwischengelagert: Das Gipfelkreuz am Großvenediger wurde inzwischen wieder aufgestellt.

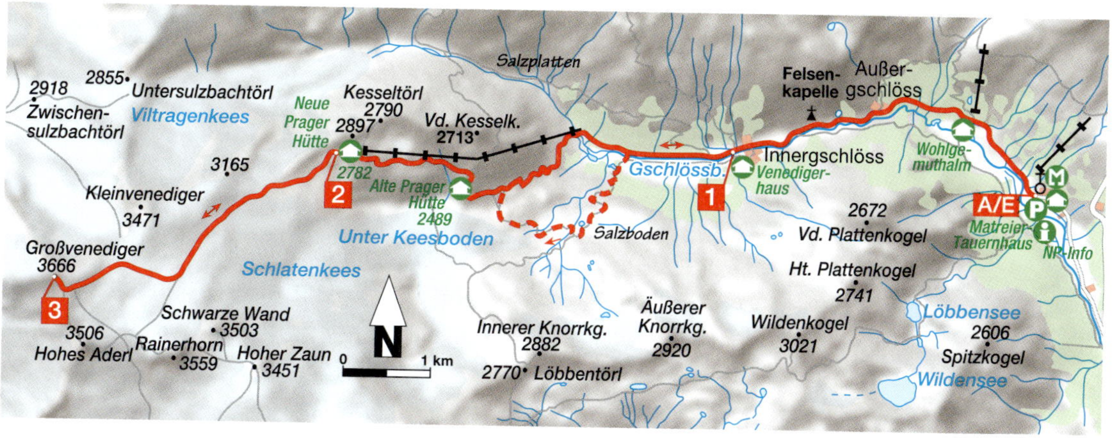

Wohlgemutalm wird der Weg etwas schmaler und zieht im Wald ein Stück bergauf. Über der Klamm wandern wir weiter taleinwärts nach Außergschlöß. Hier wird der Blick wieder freier, und man entdeckt erstmals den schönen Talschluss des Innergschlöß mit dem Großvenediger. Wir wandern weiter entlang des Gschlößbaches taleinwärts, vorbei an der Felsenkapelle, und gelangen so bald zum ❶ **Venedigerhaus** (1689 m). Bis hierher kann man einen Taxidienst in Anspruch nehmen und spart sich so gut eine Stunde Weg. Vom Venedigerhaus gehen wir noch weiter bis zum Talschluss. An der Materialseilbahn zur Prager Hütte überqueren wir nach links den Bach. Über einen Steilhang geht es etwas mühsam in die Höhe bis zu einer Verzweigung unterhalb der Alten Prager Hütte (2489 m). Hier biegt von links der OeAV-Gletscherweg ein. In einem Rechtsbogen wandern wir hoch zur Alten Prager Hütte. Die Hütte wurde 2017 restauriert und in ihren Originalzustand zurückver-

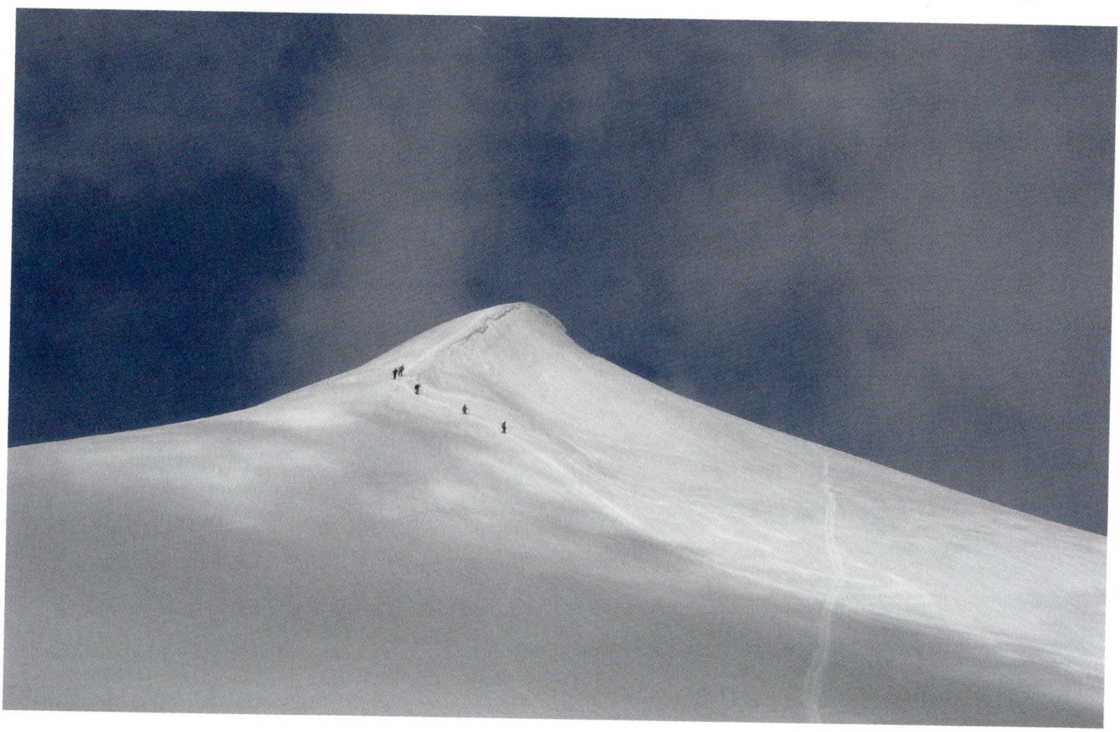

Majestätisch: die Gipfelkuppe des Großvenedigers

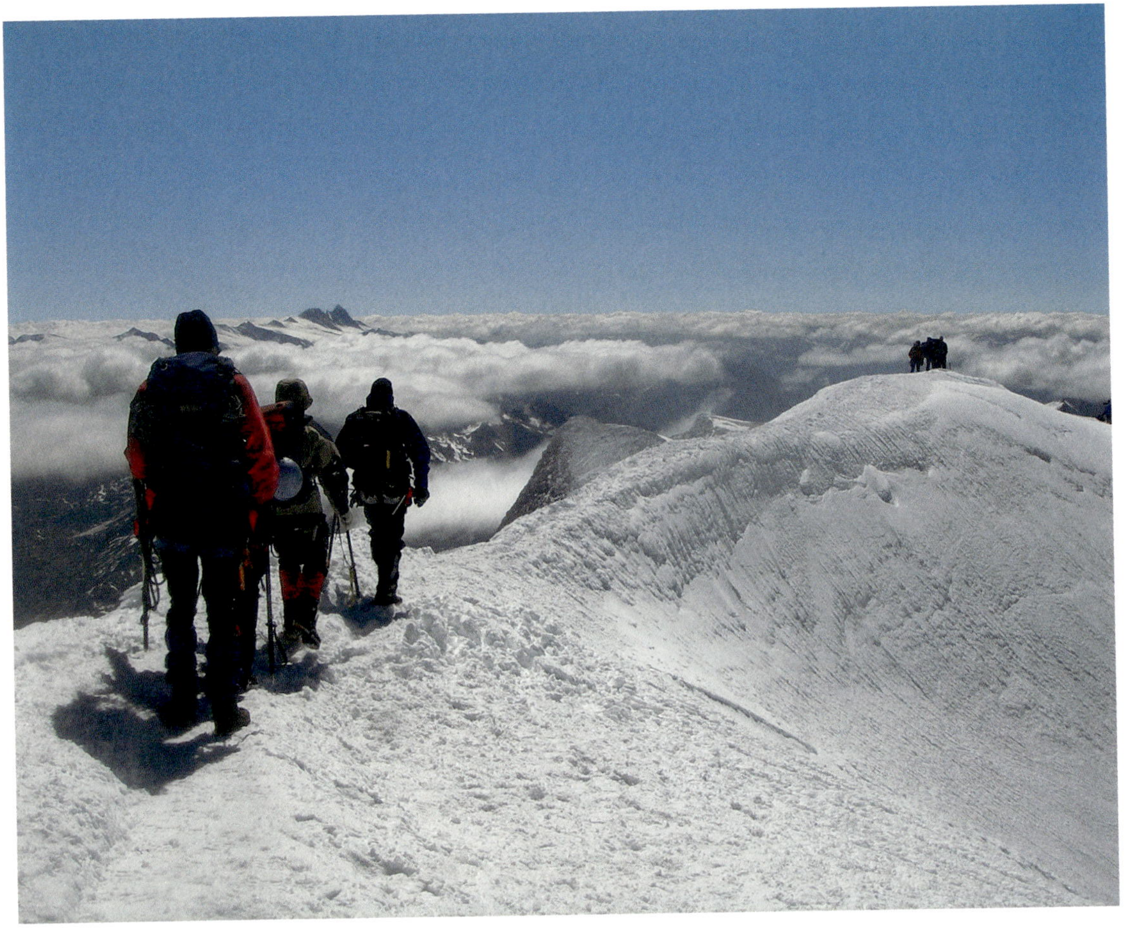

Schmal: Gipfelgrat des Großvenedigers. Im Hintergrund der Großglockner

setzt. Sie soll als Kulturdenkmal erhalten bleiben. Von hier ist es auf gutem Weg nur noch eine weitere Stunde bis zur ❷ Neuen Prager Hütte (2782 m). Der Weg führt dabei nach Westen an einer Lache vorbei und zieht zuletzt in ein paar Kehren hoch zur Hütte.

Der Anstieg über den OeAV-Gletscherweg ist ebenfalls möglich. Hierzu biegt man schon früher im Innergschlöß beim ersten Steg über den Gschlößbach nach links ab und steigt hoch zum Salzbodensee. Der Weg quert dann unterhalb des Gletschers hinüber zur bereits erwähnten Abzweigung.

Auf den Großvenediger Von der Neuen Prager Hütte gehen wir kurz ein Stück bergab und wandern anschließend auf Steigspuren unterhalb des Niederen Zauns über Blockgelände nach Südwesten zu seinem höchsten Punkt. Wir gehen weiter in Richtung Gletscher und legen vor dem Betreten des Schlatenkeeses die Gletscherausrüstung an. Der schneebedeckte Gletscher sollte unbedingt nur angeseilt begangen werden. Häufig sieht man hier Bergsteiger ohne Seil oder mit sehr kurzem Abstand, und das, obwohl das Schlatenkees zu einem der spaltigsten Gletscher in den Ostalpen gehört. Über eine kurze steilere Stufe erreichen wir den flachen Ersten Keesboden und über eine weitere steilere Stufe den Zweiten Keesboden. Südlich des Kleinvenedigers und der Venedigerscharte wandern wir zum sanft geneigten Oberen Keesboden, von dem wir hinüber zum nahen Gipfelaufbau gelangen. Dort auf zirka 3500 Metern vereinigen sich die Routen von Süden, Norden und Osten. Es kommen also die Anstiege von der Kürsinger Hütte und dem Defreggerhaus mit unserem Anstieg zusammen. Über den nun steileren Südosthang steigen wir hoch zum Vorgipfel. Nun sind es nur noch wenige Meter bis zum Gipfel. Dem schmalen Gipfelgrat folgen wir vorsichtig hinüber zum Gipfelkreuz des ❸ **Großvenedigers** (3666 m). Die Aussicht vom Gipfel der »weltalten Majestät«, wie der Gipfel seit Langem genannt wird, ist natürlich großartig. Der eindrucksvolle Großglockner, der höchste Gipfel Österreichs, grüßt zu uns herüber.

Abstieg Nach einer ausgiebigen Gipfelrast auf dem Firndach gehen wir vorsichtig über den schmalen Grat zurück zum Vorgipfel und über den steilen Gipfelhang hinunter zum Oberen Keesboden. Auf den weiten Gletscherflächen des Schlatenkeeses ist unbedingt gute Sicht erforderlich, nicht dass man im Nebel plötzlich Orientierungsprobleme hat. Bei guter Sicht und vorhandener Spur ist der weitere Abstieg über die beiden Keesböden hinab zum Niederen Zaun und weiter zur ❷ **Neuen Prager Hütte** (2782 m) allerdings problemlos. Trotzdem sollte man nicht zu spät dran sein, damit die Schneebrücken über die zum Teil sehr großen Gletscherspalten noch ausreichend tragfähig sind. An der Neuen Prager Hütte kann man sich noch einmal stärken oder gar übernachten, bevor man den weiteren Abstieg ins Tal antritt. Von der Hütte wandern wir über die Alte Prager Hütte hinab ins Innergschlöß und spazieren hinaus zum Matreier Tauernhaus (1512 m). Natürlich kann man die letzte Etappe mit dem Taxi abkürzen und sich vom Venedigerhaus hinaus zum Tauernhaus bringen lassen.

Weitläufig: Gletscherflächen am Anstieg zum Großvenediger

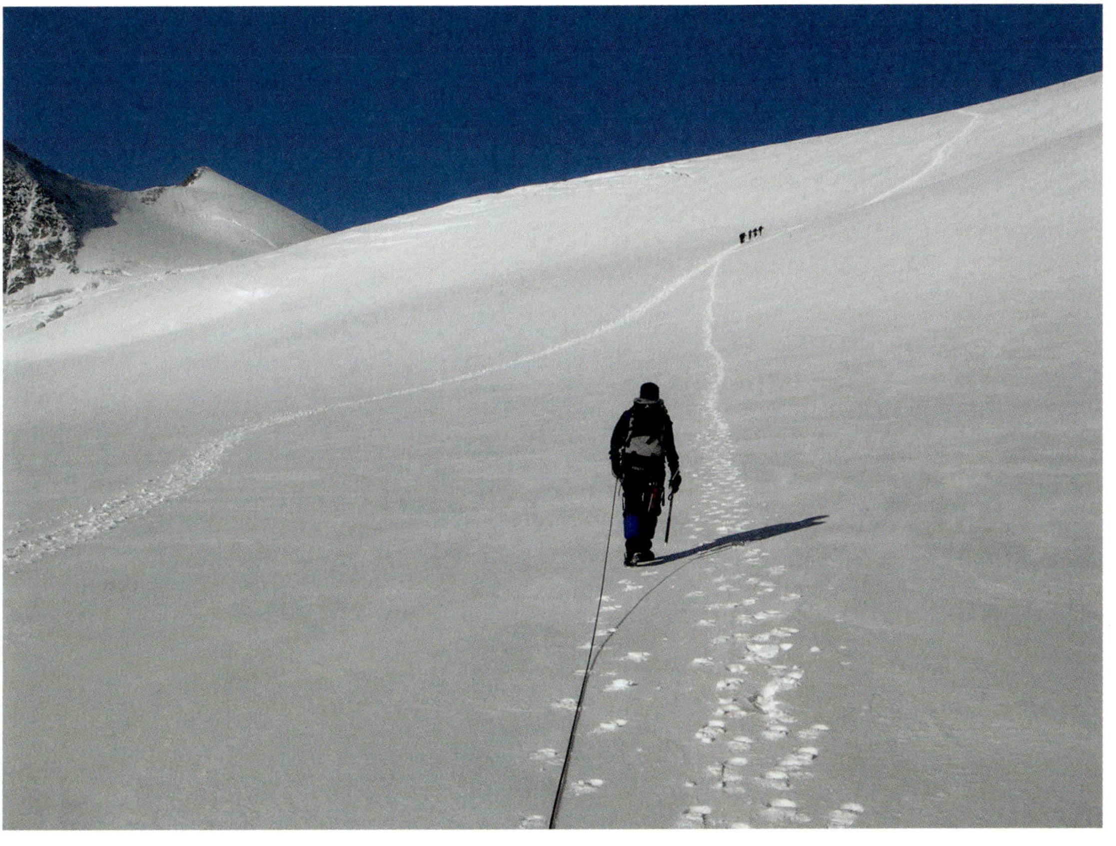

4 Über das Schwaigerhaus zum Großen Wiesbachhorn

Auf dem verschwundenen Firngrat

L+ 8:00 Std. 1530 Hm

Tourencharakter:
Im Sommer bei aperen Verhältnissen für erfahrene Bergsteiger unschwieriger Anstieg. Eine kurze, versicherte Stelle im I. Schwierigkeitsgrad. Der Kaindlgrat ist im Sommer inzwischen abgeschmolzen.

Höchster Punkt:
Großes Wiesbachhorn (3564 m)

Ausgangs-/Endpunkt:
Stausee Mooserboden (2036 m)

Anfahrt:
Auto: Über Zell am See nach Kaprun und weiter zum Parkhaus Kesselfall-Alpenhaus. Mit dem Shuttlebus und dem Schrägaufzug zum Stausee Mooserboden.
Bahn und Bus: Mit dem Zug nach Piesendorf oder Zell am See. Weiter mit dem Bus über Kaprun zum Kesselfall-Alpenhaus.

Gehzeiten:
Parkplatz–Heinrich-Schwaiger-Haus 2 Std., Gipfelanstieg 2:30 Std., Abstieg 3:30 Std.

Übernachtung:
Heinrich-Schwaiger-Haus (2710 m), Mitte Juni bis Ende Sept., Tel. 0043/(0)664/656 55 55, www.heinrich-schwaiger-haus.at

Karte:
Alpenvereinskarte 1:25 000, Blatt 40 »Glocknergruppe«

Tourismus-Info:
Zell am See-Kaprun Tourismus GmbH, Tel. 0043/(0)6542/770, www.zellamsee-kaprun.com

Ausrüstung:
Wanderausrüstung, Pickel und Steigeisen

Das Große Wiesbachhorn ist einer der stolzesten Dreitausender in den Hohen Tauern. Obwohl die einst mächtige Nordwand und der berühmte Kaindlgrat mehr oder weniger abgeschmolzen sind, handelt es sich immer noch um eine begehrte Hochtour.

Bereits 1872 wurde die erste Schutzhütte am Wiesbachhorn erbaut. Leider war die Hütte direkt auf einer Quelle gebaut, sodass sie sehr feucht war. Daher stimmte die DAV-Sektion München 1895 für einen Neubau auf der westlichen Schulter des Fochezkopfs. Die Baumaßnahmen wurden von Heinrich Schwaiger geleitet, der einen Tag vor Eröffnung seiner Hütte an den Folgen einer Lungenentzündung im Tal verstarb.

Erster Eishaken Die erste Durchsteigung der Nordwand des Wiesbachhorns gelang Fritz Rigele und Willo Welzenbach im Jahre 1924. Die Schlüsselpassage, einen senkrechten Eiswulst, überwand Rigele mithilfe von Eishaken. Diese Eishaken kamen hier erstmals zum Einsatz und waren bis in die 60er-Jahre im Handel erhältlich.

Zum Heinrich-Schwaiger-Haus: Vom Stausee Mooserboden (2036 m) queren wir über die Staumauern zur Ostseite. Wenig später beginnt der Steig, der uns zu einer Wegteilung bringt. Nach rechts geht es zur Gleiwitzer Hütte. Wir gehen nach links und überwinden eine erste Steilstufe. Der Weg quert nach links und führt dann in vielen Kehren (Seilsicherungen) hinauf zum ❶ **Heinrich-Schwaiger-Haus** (2710 m).

Auf das Große Wiesbachhorn Am nächsten Morgen gehen wir zu einem Kamin. Mithilfe von Seilsicherungen überwinden wir die klettersteigähnliche Passage zum Unteren Fochezkopf (2802 m). Über einen kurzen Firngrat gelangen wir zum Oberen Fochezkopf (3159 m). Man erreicht den Kaindlgrat, der leider nur noch im Frühsommer ein Firngrat ist. Inzwischen geht man häufig über Blockgelände neben dem Firn bis zum aufsteilenden Gipfelgrat. Über Blockwerk erreicht man letztendlich den Gipfel des ❷ **Großen Wiesbachhorns** (3564 m). Man achtet beim Übergang über den Grat auf die großen Wechten, die sich immer noch häufig auf der Ostseite bilden. Wie es sich für einen hohen Gipfel gehört, ist die Aussicht großartig. Vor allem der Tiefblick zu den beiden Stauseen ist sehr beeindruckend.

Abstieg Nach einer gemütlichen Gipfelpause gehen wir zurück zum Heinrich-Schwaiger-Haus (2710 m) und wieder hinunter zum Stausee Mooserboden. Von dort nehmen wir erneut den Schrägaufzug und den Shuttlebus zurück zum Parkplatz.

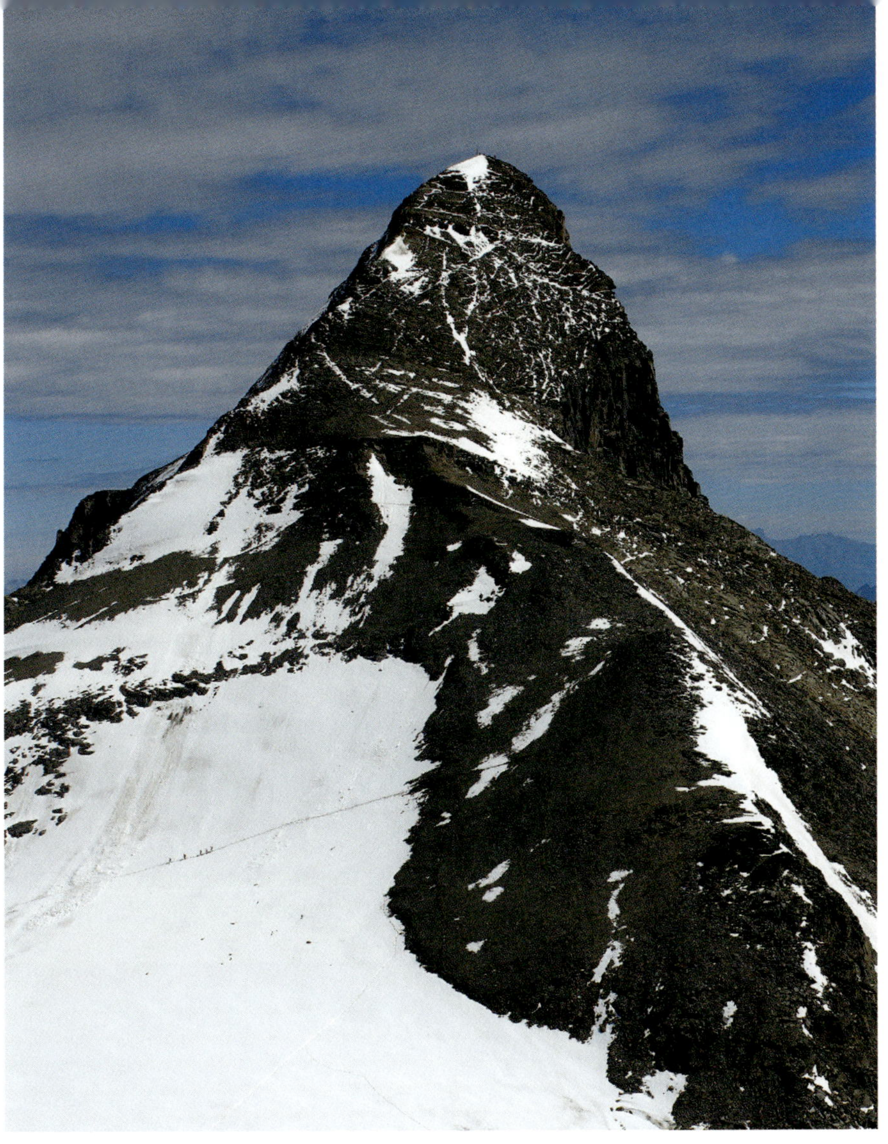

Majestätisch, das Gr. Wiesbachhorn

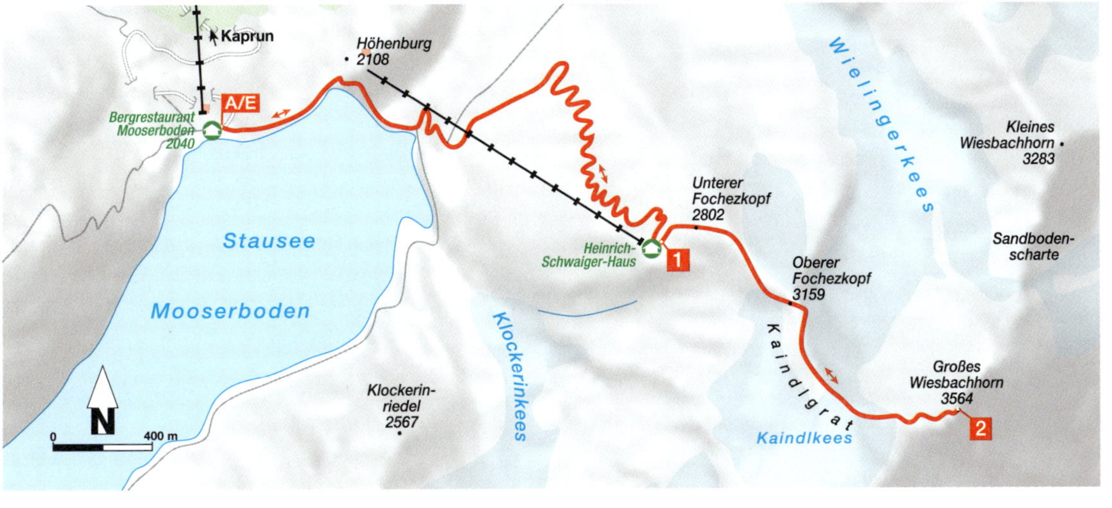

5

Überschreitung der Klockerin

Eindrucksvolle Durchquerung der Glocknergruppe

● WS+ 10:00 Std. 1920 Hm/2240 Hm

Tourencharakter:
Lange, eindrucksvolle Überschreitung über Gletscher- und Felsgelände. Sehr gute Kondition erforderlich. Idealerweise auf drei Tage verteilen.

Höchster Punkt:
Klockerin (3425 m)

Ausgangspunkt:
Kaiser-Franz-Josefs-Höhe (2370 m)

Endpunkt:
Moserboden (2040 m)

Anfahrt:
Auto/Bus: Mit dem Auto nach Zell am See. Dann mit öffentlichen Verkehrsmitteln zur Kaiser-Franz-Josefs-Höhe. Rückfahrt mit öffentlichen Verkehrsmitteln vom Mooserboden nach Zell am See.

Gehzeiten:
Franz-Josefs-Höhe–Oberwalderhütte 2:30 Std., Oberwalderhütte–Gruberscharten-Biwak 3 Std., Biwak–Heinrich-Schwaiger-Haus 3 Std., Abstieg zum Stausee Mooserboden 1:30 Std.

Übernachtung:
Oberwalderhütte (2973 m), Ende Mai bis Ende Sept., Tel. 0043/(0)4824/2546, www.oberwalderhuette.at; Heinrich-Schwaiger-Haus (2710 m), Mitte Juni bis Ende Sept., Tel. 0043/(0)664/6565555, www.heinrich-schwaiger-haus.at

Karte:
Alpenvereinskarte 1:25000, Blatt 40 »Glocknergruppe«

Tourismus-Info:
Zell am See-Kaprun Tourismus GmbH, Tel. 0043/(0)6542/770, www.zellamsee-kaprun.com

Ausrüstung:
Gletscherausrüstung

Die Klockerin steht etwas versteckt hinter dem Großen Wiesbachhorn. Bei der hier vorgestellten Tour handelt es sich nicht einfach um eine Gipfelbesteigung, sondern um eine große Durchquerung. Bei gutem Wetter, entsprechender Erfahrung und Kondition eine großartige Unternehmung!

Idealerweise reisen wir mit öffentlichen Verkehrsmitteln zur Kaiser-Franz-Josefs-Höhe (2370 m) an. Hier beeindruckt erst einmal die Aussicht hinüber zum Großglockner. Etwas traurig stimmt uns der Blick zur Pasterze, die immer mehr abschmilzt. Über den Gamsgrubenweg gehen wir in den Wasserfallwinkel. Wir folgen den Markierungsstangen zum unteren Bereich des Bockkarkeeses, das wir überqueren. Über Geröll und Felsen gehen wir hinauf zur ❶ **Oberwalderhütte** (2973 m) auf dem Großen Burgstall.

Zum Gruberscharten-Biwak Von der Oberwalderhütte ist das erste Ziel der Mittlere Bärenkopf (3358 m). Der Gletscher auf seiner Südseite ist

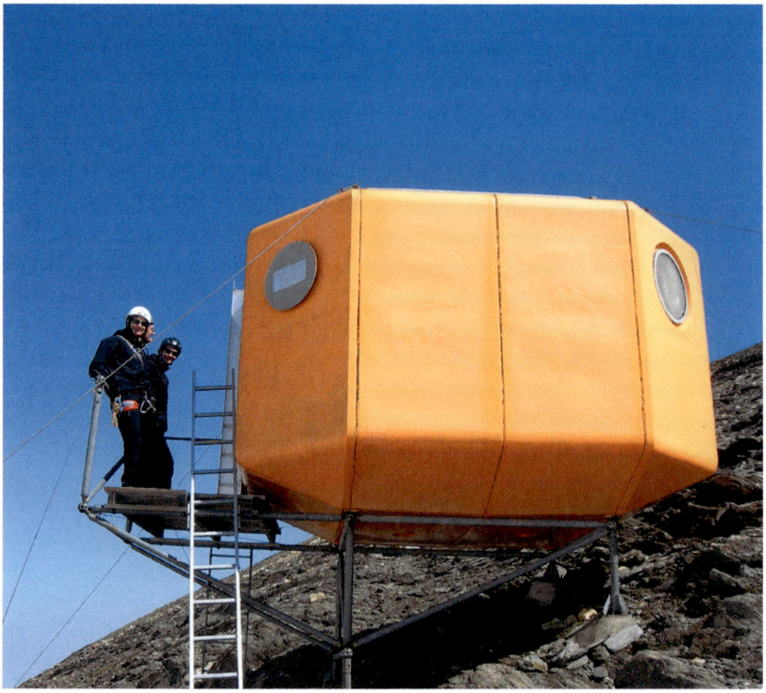

Am Gruberscharten-Biwak

inzwischen so weit abgeschmolzen, dass man beim Anstieg nur noch ein größeres Firnfeld überwinden muss. Der letzte Abschnitt zum Gipfel führt häufig über einen Firngrat. Über unschwieriges Gelände gehen wir hinunter in die nahe ❷ **Keilscharte** (3187 m). Von hier queren wir über das Bärenkopfkees westlich um den Großen Bärenkopf herum in die Gruberscharte mit dem ❸ **Gruberscharten-Biwak** (3104 m).

Über die Klockerin Dieser Gletscherabschnitt hat einige Spalten und erfordert entsprechende Vorsicht. Vom Biwak geht man ohne Probleme ohne Gletscherberührung auf den Gipfel der ❹ **Klockerin** (3425 m). Beeindruckend ist der Blick hinüber zur Pyramide des Wiesbachhorns.

Von der Klockerin gehen wir über die vergletscherte Nordseite in Richtung Heinrich-Schwaiger-Haus. Wir steigen über das Bratschenkopfkees zum Grat zwischen den beiden Bratschenköpfen. Nach links geht es auf den Gipfel des ❺ **Hinteren Bratschenkopfs** (3413 m). Über steiles, etwas unangenehmes Gelände gehen wir hinunter zur Wielingerscharte. Ohne Probleme steigen wir hinüber zum Kaindlgrat. Wer jetzt noch Kondition hat, kann nach rechts das Große Wiesbachhorn mitnehmen. Ansonsten halten wir uns links, hinunter zum Heinrich-Schwaiger-Haus (2710 m). Kurz vor der Hütte ist noch ein versicherter Abschnitt zu überwinden. Grandios liegt die Hütte über den Stauseen.

Zum Stausee Mooserboden Vom Heinrich-Schwaiger-Haus gehen wir wie bei der Tour auf das Große Wiesbachhorn beschrieben hinunter zum Stausee Mooserboden. Mit dem Bus und dem Schrägaufzug geht es zum Parkhaus Kesselfall. Über Kaprun fahren wir mit dem Bus zurück nach Zell am See.

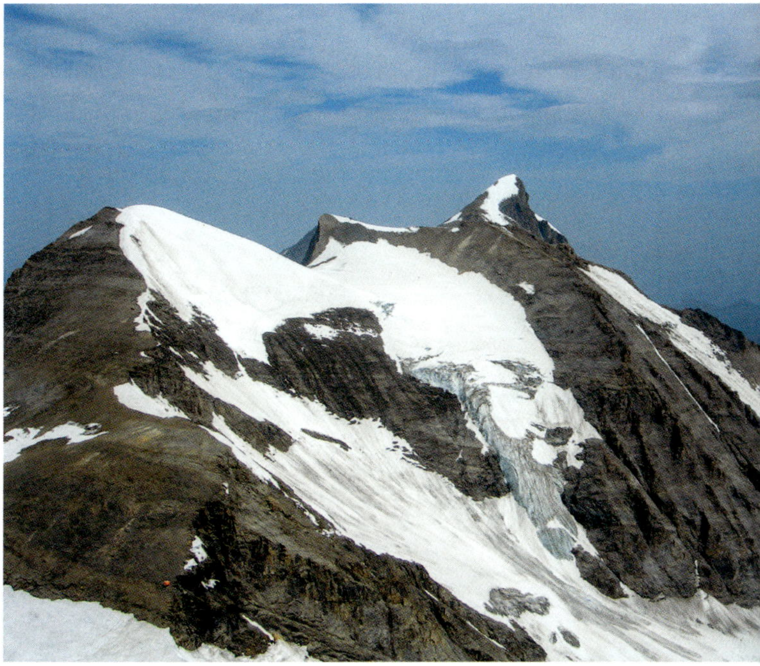

Blick zur Klockerin und zum Gr. Wiesbachhorn

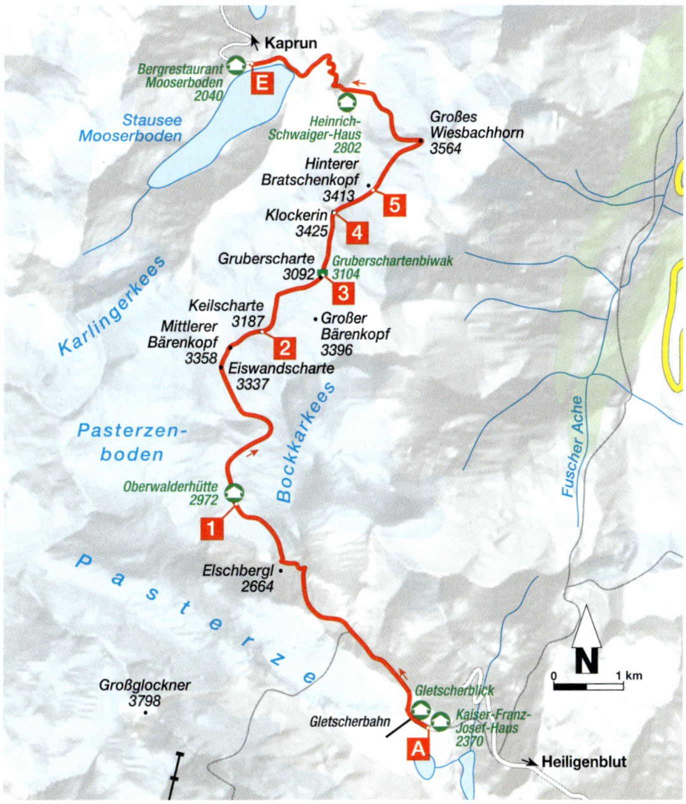

6

Durch das Höllental auf die Zugspitze

Über einen der letzten Gletscher Deutschlands

WS — 8:00 Std. — 2200 Hm

Tourencharakter:
Alpine Bergtour, zum großen Teil auf einem Klettersteig. Der Gletscher ist bei Blankeis im Spätsommer nicht harmlos, auch die Randkluft kann Probleme bereiten. Dazu kommt der große Höhenunterschied, der gute Kondition verlangt.

Höchster Punkt:
Zugspitze (2962 m)

Ausgangs-/Endpunkt:
Grainau Ortsteil Hammersbach (758 m)

Anfahrt:
Auto: Von München auf der Autobahn A95 nach Eschenlohe und weiter nach Garmisch-Partenkirchen. Von dort in Richtung Ehrwald bis nach Hammersbach bei Grainau.
Bahn und Bus: Hammersbach ist ein Haltepunkt der Bayer. Zugspitzbahn, erreichbar vom Bahnhof in Garmisch-Partenkirchen.

Gehzeiten:
Aufstieg zur Hütte 2 Std., weiter zum Gipfel 6 Std.

Übernachtung:
Höllentalangerhütte (1387 m), Ende Mai bis Mitte Okt., Tel. 0049/(0)8821/943 85 48, www.hoellentalangerhuette.de

Karte:
Alpenvereinskarte 1:25 000, Blatt 4/2 »Wettersteingebirge Mitte« und Blatt 4/3 »Wettersteingebirge West«

Tourismus-Info:
Garmisch-Partenkirchen, Tel. 0049/(0)8821/981 180 700, www.gapa.de

Ausrüstung:
Wanderausrüstung, leichte Steigeisen, Klettersteigausrüstung

Der Weg durch das Höllental auf die Zugspitze gilt als der schönste Anstieg auf Deutschlands höchsten Berg. Berühmt sind die luftigen Passagen an Leiter und Brett im unteren Teil, der kleine Höllentalferner mit seiner Randkluft und die anstrengende, fast durchgehend versicherte 500 Meter hohe Gipfelwand.

Zur Höllentalangerhütte Von Hammersbach (758 m) gehen wir auf zunächst breitem Weg, zum Schluss in einigen Serpentinen, zur ❶ **Höllentaleingangshütte** (1045 m). Nachdem wir die Eintrittsgebühr bezahlt haben, steigen wir durch die Klamm. Der Weg durch die Tunnel, über Galerien und Brücken ist eindrucksvoll. Nach der Klamm weitet sich das Tal und wir gelangen in einer halben Stunde zur ❷ **Höllentalangerhütte** (1387 m), die in einem lieblichen Wäldchen, umgeben von einer eindrucksvollen Szenerie, steht.

Gipfelanstieg Der Anstieg beginnt gemächlich und führt uns ans Ende des Höllentalangers. Dort wenden wir uns nach rechts und nach einem drahtseilgesicherten Klamml stehen wir vor der Leiter: einer mit Klammern gangbar gemachten 20 Meter hohen Felsstufe. Die nächsten Draht-

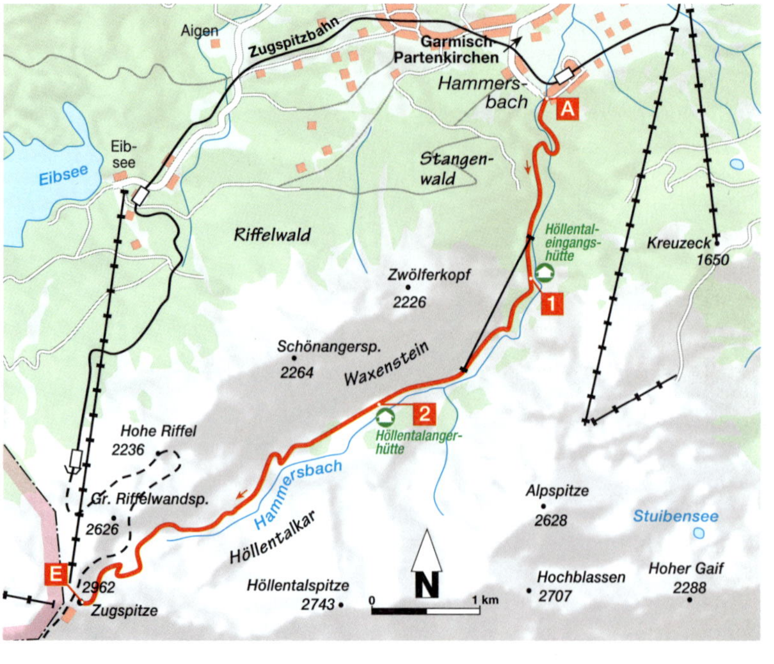

seile leiten uns nach links zum Brett, das ziemlich luftig über eine Felsplatte führt. Das Gelände wird wieder leichter und wir erreichen den Grünen Buckel. Der Gipfel scheint bereits zum Greifen nah, aber der Weg dorthin ist noch weit. Über Schutt erreichen wir die Ausläufer des Höllentalferners. Bei Blankeis sind hier unbedingt Steigeisen erforderlich. Der Gletscher wird zuerst ziemlich gerade erstiegen, um dann in einer langen Querung nach rechts an den Gipfelfels zu gelangen. Je nach Jahreszeit kann die Überwindung der Randkluft Probleme bereiten, auch der erste Aufschwung an den Felsen ist durchaus steil. Die Stahlseile führen uns dann nochmals an eine steile Klammernpassage, um dann in einer langen ansteigenden Querung die Irmerscharte zu erreichen. Besonders beeindruckend ist der Tiefblick auf den Eibsee. Das letzte Stück ist nochmals etwas steiler, bald schon stehen wir aber am Ostgipfel der **E Zugspitze** (2962 m) mit seinem berühmten Kreuz. Über Drahtseile und ein paar Klammern erreichen wir schließlich die Bauten auf dem Westgipfel.

Abstieg per Bahn Der Abstieg erfolgt am bequemsten mit der Eibseeseilbahn oder mit der Gletscherseilbahn zum Zugspitzplatt und mit der Zahnradbahn ins Tal.

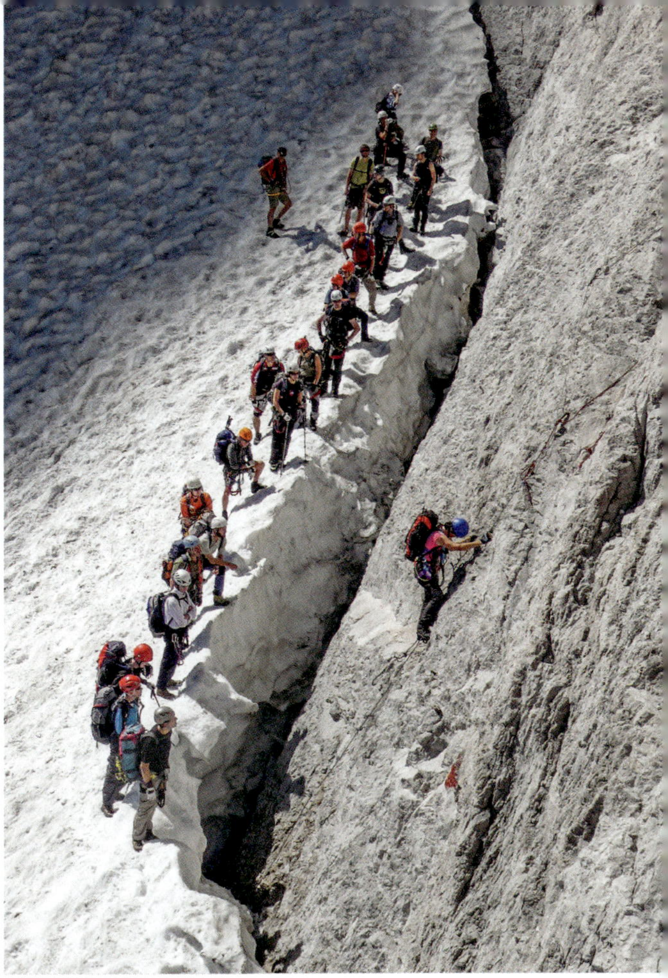

Stau an der Randkluft

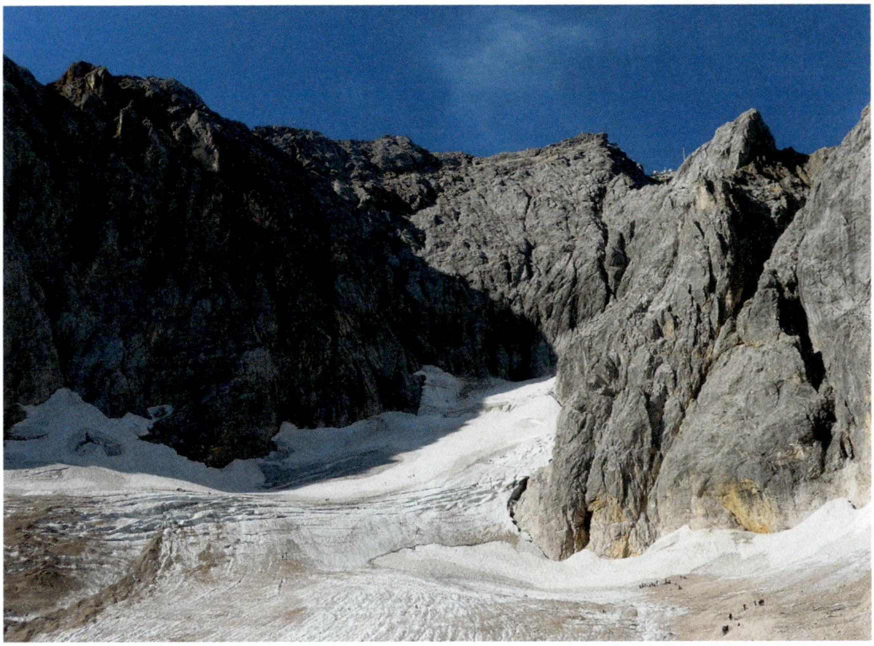

Der Höllentalferner auf dem Weg zur Zugspitze

7

Vom Zillertal auf den Schwarzenstein

Grenzgipfel über historischer Hütte

L+ 14:00 Std. 2140 Hm

Tourencharakter:
Leichte Hochtour. Sanft geneigte, nur 30 Grad steile Gletscherflächen mit relativ geringer Spaltengefahr

Höchster Punkt:
Schwarzenstein (3369 m)

Ausgangs-/Endpunkt:
Ginzling, Gasthof Breitlahner (1256 m), Parkplatz (gebührenpflichtig)

Anfahrt:
Auto: Ins Zillertal bis Mayrhofen und weiter nach Ginzling und zum Gasthof Breitlahner
Bahn und Bus: Mit der Zillertalbahn nach Mayrhofen und mit dem Bus zum Breitlahner

Gehzeiten:
Breitlahner–Berliner Hütte 3 Std., Berliner Hütte–Schwarzenstein 5 Std., Abstieg insgesamt 6 Std.

Übernachtung:
Berliner Hütte (2042 m), DAV-Sektion Berlin, Tel. 0043/(0)664/88787025, www.berlinerhütte.at

Karte:
Alpenvereinskarte 1:25 000, Blatt Nr. 35/1 »Zillertaler Alpen West« und Nr. 35/2 »Zillertaler Alpen Ost«

Tourismus-Info:
Zillertal Tourismus, Tel. 0043/(0)5288/87187, www.zillertal.at

Ausrüstung:
Gletscherausrüstung

Die Tour zum Schwarzenstein ist eine einfache Hochtour für Einsteiger. Keine riesigen Spalten lauern auf den Bergsteiger, und die Gletscherhänge sind nirgends steiler als 30 Grad. Über den Gipfel verläuft die Grenze zu Südtirol. Knapp unterhalb des Gipfels steht die Schwarzensteinhütte, die 2017 neu erbaut wurde.

Der **Schwarzenstein** wird idealerweise von der Berliner Hütte aus dem Zillertal bestiegen. Die erste Hütte der Sektion Berlin im Zemmgrund wurde 1879 eingeweiht. Ihr jetziges Aussehen erhielt sie 1911. Allein der Anblick der Eingangshalle mit dem Stiegenhaus und des Speisesaals lohnen einen Besuch der Hütte. 1997 wurde sie als einzige Alpenvereinshütte unter Denkmalschutz gestellt.

Zur Berliner Hütte Vom Gasthof Breitlahner (1256 m) folgen wir dem Fahrweg am Zemmbach entlang zur Schwemmalpe. Danach steigt der Weg steiler zur Grawandhütte (1636 m) an. Der Weg führt bald durch eine Schlucht zur weitläufigen Waxeggalpe und zum 1 Gasthof Alpenrose (1873 m), das zu einer Rast einlädt. Hinter der »Alpenrose« zweigen

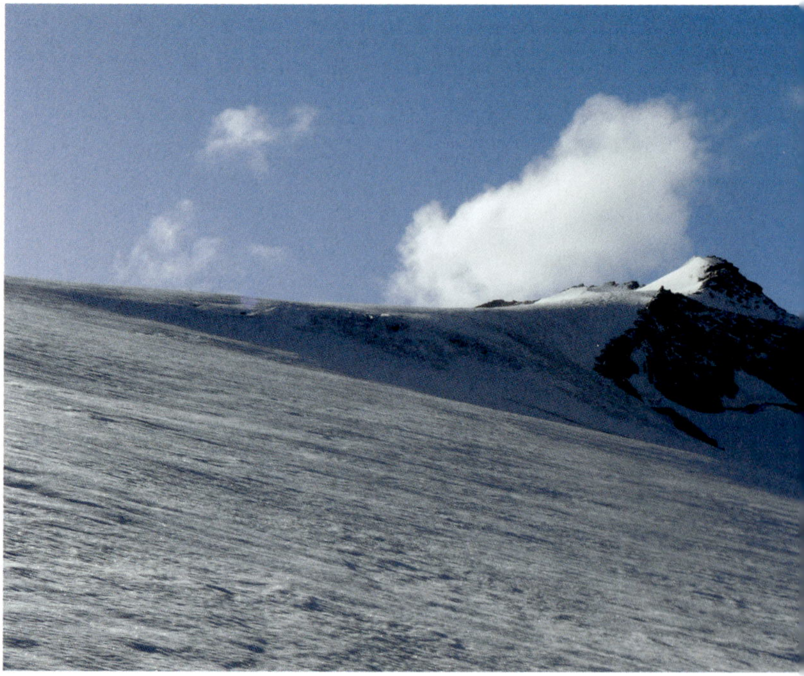

Himmelwärts: Aufstieg zum Schwarzenstein

wir links ab und gelangen auf dem nun schmaleren Weg am Kriegerdenkmal vorbei zur ❷ Berliner Hütte (2042 m).

Zum Schwarzenstein Von der Hütte folgen wir dem Wegweiser »Schwarzenstein«. Der gut markierte Weg bringt uns mit wenig Höhengewinn zur Abzweigung des Berliner Höhenweges. Wir folgen dem rechten Weg, der ohne Höhengewinn in ein Kar führt. Immer wieder genießen wir dabei schöne Ausblicke auf den Turnerkamp und den Großen Möseler. Erst danach wird der Weg steiler. Nach einer kurzen Leiter und leichten Felsen (oder Schneefeldern) gelangen wir nach zirka zwei Stunden zum Gletscher. Angeseilt steigen wir ziemlich direkt zum Schwarzensteinsattel (3143 m) hoch. Dort drehen wir nach rechts ab und können wählen, ob wir auf den rechten oder den linken Grat zulaufen. Auf der rechten Seite ist noch eine Spalte zu überwinden, bevor wir den unschwierigen Blockgrat zum Gipfel erreichen. Links ist der Zustieg zum Grat relativ flach. Ohne Probleme erreichen wir das Kreuz auf dem ❸ Schwarzenstein (3369 m). Wenig unter uns erblicken wir die Südtiroler Schwarzensteinhütte. Der Gipfel bietet einen schönen Ausblick. Im Nahbereich ziehen Großer Löffler, Turnerkamp, Berliner Spitze und Großer Möseler unsere Blicke auf sich.

Abstieg Der Abstieg erfolgt am Anstiegsweg zurück zur ❷ Berliner Hütte (2042 m) und weiter durch den Zemmgrund zum Gasthof Breitlahner (1256 m).

Variante über die Schwarzensteinhütte Wenn man einen Tag mehr Zeit hat, lohnt es sich, hinab zur Schwarzensteinhütte (3026 m) zu wandern, die vor ein paar Jahren gebaut wurde. Dort nächtigen wir und steigen am nächsten Tag zurück zum Schwarzensteingletscher und hinüber zum Schwarzensteinsattel.
Vom Sattel können wir in einer Stunde noch auf den Großen Mörchner (3285 m) über den Südostgrat steigen. Zurück geht es dann über den bekannten Weg und hinab zum Auto.

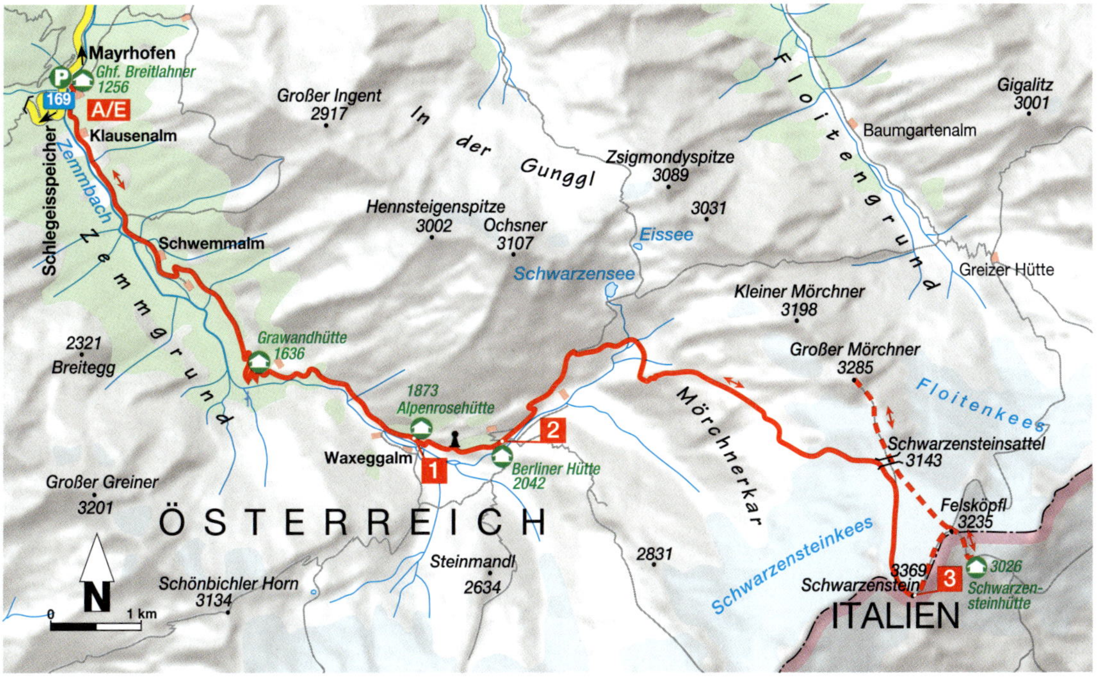

8

Über den Schneegupf auf den Olperer

Vom Schlegeisspeicher über die Olpererhütte

WS 9:00 Std. 1670 Hm

Tourencharakter:
Anspruchsvoller Grat, zu Beginn mit Drahtseilen und Klammern, später nur mit Klammern und Haken abgesichert. Unbedingt trockene Verhältnisse abwarten. Gute Sicherungsmöglichkeiten am Grat.

Höchster Punkt:
Olperer (3476 m)

Ausgangs-/Endpunkt:
Parkplatz am Ende der Straße zum Schlegeisspeicher (1805 m)

Anfahrt:
Auto: Auf der Inntalautobahn bis zur Ausfahrt Achensee/Zillertal. Durch das Zillertal bis Ginzling und weiter über die Mautstraße zum Schlegeisspeicher.
Bahn und Bus: Mit dem Zug nach Mayrhofen und weiter mit dem Bus zum Stausee.

Gehzeiten:
Parkplatz–Olpererhütte 1:30 Std.,
Gipfelanstieg 4 Std.,
Abstieg 3:30 Std.

Übernachtung:
Olpererhütte (2388 m),
Anfang Juni bis Mitte Okt.,
Tel. 0043/(0)664/4176566,
www.olpererhuette.de

Karte:
Alpenvereinskarte 1:25000,
Blatt 35/1 »Zillertaler Alpen West«

Tourismus-Info:
Zillertal Tourismus,
Tel. 0043/(0)5288/87187,
www.zillertal.at

Ausrüstung:
Pickel, Steigeisen, Seil

Der Olperer ist eine formschöne Pyramide im Zillertal. Es gibt zwei Anstiege auf seinen Gipfel. Wir stellen hier den Weg über die Olpererhütte vor. Er ist etwas einfacher als der steilere Nordgrat. Man sollte sich zwei Tage für die Tour gönnen und in der schönen Olpererhütte nächtigen.

Als eine der ersten Schutzhütten wurde die erste Olpererhütte 1881 von der Sektion Prag errichtet. 1900 wurde die Hütte an die Sektion Berlin verkauft. Über 100 Jahre blieb die Hütte in Berliner Besitz, bis sie 2004 an die Sektion Neumarkt in der Oberpfalz veräußert wurde. Wegen der schlechten Bausubstanz hat man die Hütte abgerissen und 2007 eine neue, moderne erbaut. Sehenswert ist das Panoramafenster in der Gaststube mit großartigem Blick auf die Zillertaler Bergwelt.

Zur Hütte Vom Parkplatz am Schlegeisspeicher (1805 m) wandert man in südwestlicher Richtung am Stausee entlang. Nach Überquerung des Riepenbaches gehen wir nach rechts und folgen dem Steig durch ein kurzes Waldstück. Der Weg zieht im Anschluss in Serpentinen entlang des Bachs über freies Gelände zur schon lange sichtbaren ❶ **Olpererhütte** (2388 m).

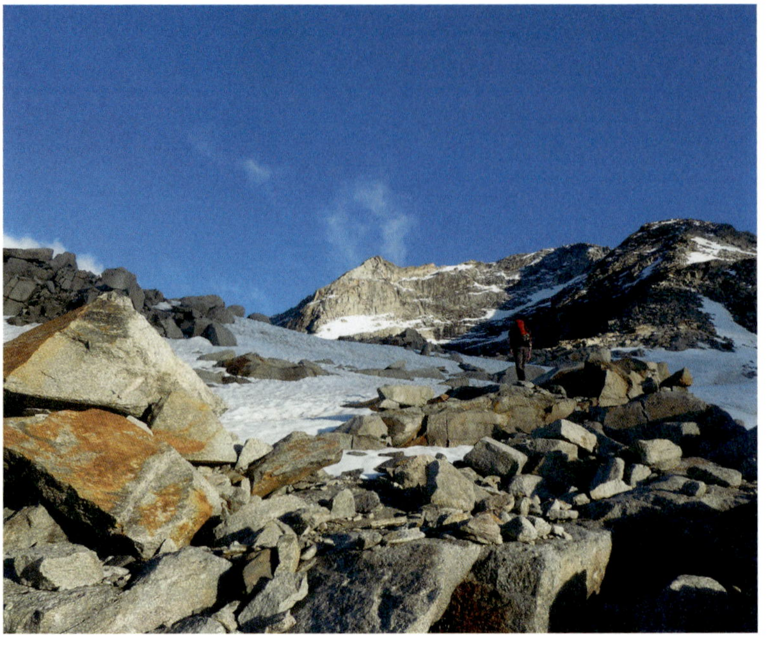

Über Blockgelände geht es zum Gipfelgrat.

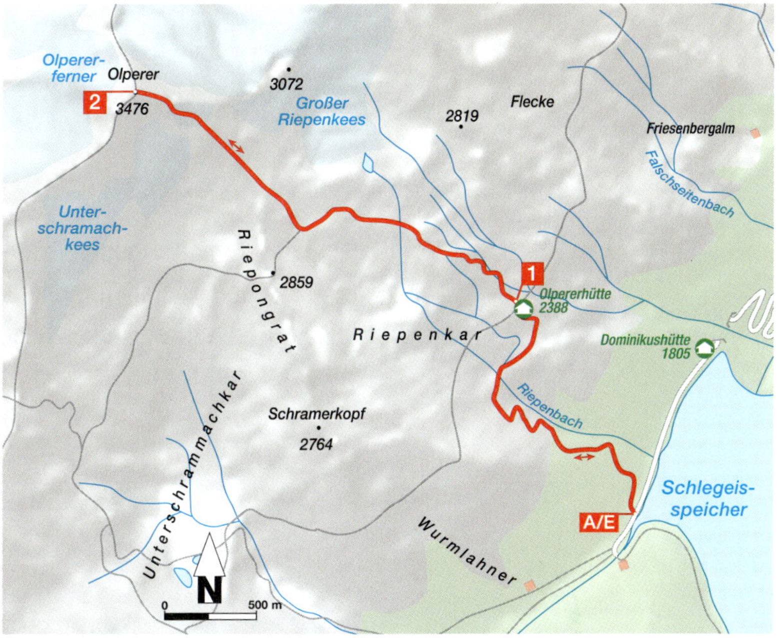

Zum Olperer Von der Hütte nimmt man den Weg in Richtung Olperer, er ist leicht ansteigend bis zu einer Wegteilung. Hier geht man nach rechts und folgt den Steinmännchen durch grobes Blockwerk bis zum Schneegupf. Zuerst ein breiter Rücken, wird er immer mehr zum schmalen Grat. Dieser bringt uns hinauf zu den Felsen. Der erste Abschnitt ist mit Klammern und Drahtseilen versichert und führt hinauf auf den Südostgrat. Eindrucksvoll ist der Tiefblick von dort. Man folgt dem Grat in Richtung Gipfel. Kurz vor dem Ziel stellt sich ein Turm in den Weg, der auf der rechten Seite umgangen wird. Oben auf dem Gipfel des ❷ **Olperers** (3476 m) genießt man eine prächtige Aussicht auf die umliegenden Berge und einen wunderbaren Tiefblick zum Schlegeisspeicher.

Abstieg Wieder hinunter ist es am einfachsten, über den Grat und den Aufschwung zum Schneegupf abzusteigen. Über diesen gehen wir zurück zum Blockgelände und zum Weg, der über die Olpererhütte zum Schlegeisspeicher führt.

Eindrucksvolle Landschaft in den Zillertaler Alpen

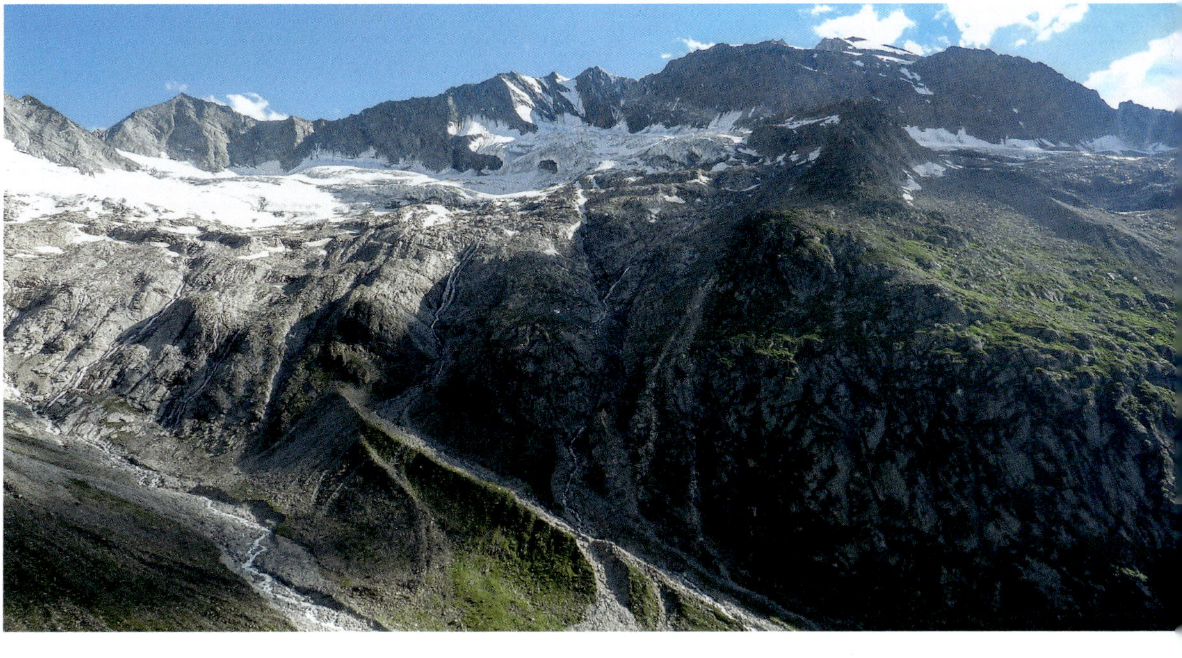

9

Auf den Schrammacher im Tuxer Kamm

Stille Hochtour zwischen Nord- und Südtirol

WS– 10:30 Std. 1660 Hm

Tourencharakter:
Mittelschwere Hochtour. Gletscher mit wenigen Spalten, allerdings Randkluft, und steilerem Schlusshang. Grat mit Stelle im II. Schwierigkeitsgrad.

Höchster Punkt:
Schrammacher (3410 m)

Ausgangs-/Endpunkt:
Zamsgatterl (1800 m) bzw. vierte Kehre der Pfitscher Jochstraße

Anfahrt:
Auto: Ins Zillertal nach Ginzling und weiter zum Breitlahner. Über die Mautstraße zum Schlegeisspeicher. Bahn und Bus: Mit der Zillertalbahn ins Zillertal und mit dem Bus zum Schlegeisspiecher.

Gehzeiten:
Zamsgatterl–Pfitscher-Joch-Haus 2 Std., Pfitscher-Joch-Haus–Schrammacher 4 Std., Schrammacher–Zamsgatterl 4:30 Std. Alternativer Anstieg von Südtirol zum Pfitscher-Joch-Haus 1 Std. oder mit einem Shuttle-Dienst (siehe Website des Pfitscher-Joch-Hauses).

Übernachtung:
Pfitscher-Joch-Haus (2275 m), privat, Tel. 0039/0472/630119, www.pfitscherjochhaus.com

Karte:
Alpenvereinskarte 1:25 000, Blatt Nr. 35/1 »Zillertaler Alpen West«

Tourismus-Info:
Zillertal Tourismus, Tel. 0043/(0)5288/87187, www.zillertal.at

Ausrüstung:
Gletscherausrüstung

Wunderschöne, ruhige Hochtour auf einen schönen Gipfel im Tuxer Kamm. Das Stampflkees sieht relativ harmlos aus, überrascht aber mit einem steilen Schlusshang und einer manchmal unangenehmen Randkluft. Der Gipfelgrat ist Genuss pur, lediglich an einer Stelle muss man etwas aufpassen.

Der **Schrammacher** steht etwas im Schatten seiner beiden berühmteren Nachbarn im Tuxer Kamm, dem Olperer und dem Hohen Riffler. Aber genau das ist der Reiz der Tour.

Zum Pfitscher-Joch-Haus Vom Parkplatz am Zamsgatterl (1800 m) spazieren wir auf einem gut markierten und gemütlichen Wanderweg entlang des Zamser Baches nach Südwesten. Der Weg ist zu Beginn recht flach und steigt bis zur Jochhöhe nur mäßig an. Das ❶ Pfitscher-Joch-Haus (2275 m) steht bereits jenseits der Grenze auf Südtiroler Boden und ist vom Pfitscher Joch in fünf Minuten erreicht.

Zum Schrammacher Am nächsten Morgen wandern wir vom Haus zurück zur Jochhöhe (2246 m). An der Zollwachthütte zweigt nach links ein Steig ab, der mit Steinmännern markiert entlang der Grenze in Richtung

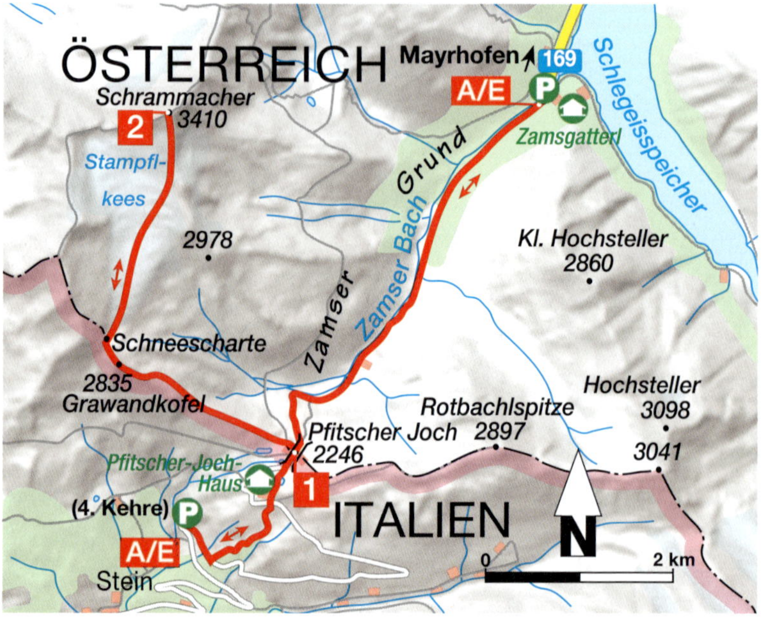

Stampflkees führt. Der Steig führt uns über Gletscherschliffe in flaches Gelände vor dem Gletscher. Je nach Schneelage wird hier angeseilt. Wir gehen in Richtung Norden auf den flachen Gletscher und wandern ziemlich flach in Richtung Oberschrammachscharte, der deutlichen Einschartung im Südgrat des Schrammachers. Unterhalb der Scharte queren wir entlang des Grates nach links zu einem steilen Schlusshang, über den wir den Südgrat links vom Gratturm erreichen. Beim Übertritt zum Grat achten wir unbedingt auf die Randkluft, die schon für manche böse Überraschung gesorgt hat. Wir folgen nun dem blockigen Südgrat in Richtung Gipfel. Der Grat ist mäßig steil und gut zu gehen, bis sich eine kleine Wandstufe in den Weg stellt. Diese Passage ist die schwierigste Stelle am Grat und wird mit dem Schwierigkeitsgrad II bewertet. Ungeübte sollten hier gesichert werden. Bald haben wir die Passage erfolgreich überwunden, wenig später sind wir am Gipfel des ❷ Schrammachers (3410 m) mit seinem kleinen Kreuz angekommen. Hier genießen wir einen wirklich märchenhaften Rundumblick.

Abstieg Der Abstieg erfolgt am Anstiegsweg über den Südgrat zurück zum Stampflkees, weiter zum ❶ Pfitscher-Joch-Haus (2275 m) und zum Zamsgatterl (1800 m) am Schlegeisspeicher. Vor allem beim Abstieg über den Grat sind wir besonders vorsichtig.

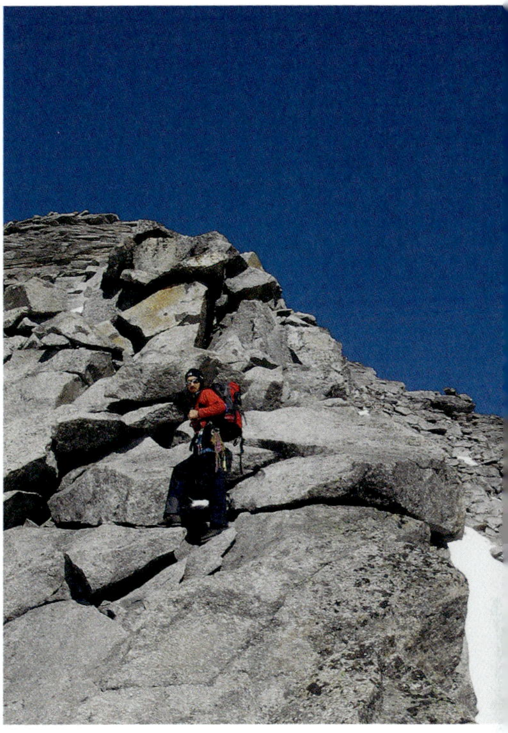

Leichte Kletterei: am Gipfelgrat des Schrammachers

Alternative von Südtirol Durch die Hohe Straße aus dem Pfitscher Tal zum Pfitscher Joch kann man bei einer Anreise von Südtirol die Tour verkürzen und eventuell sogar an einem Tag begehen. Hierzu fährt man von Stein im Pfitscher Tal mit dem Auto bis zum Fahrverbot an der vierten Kehre der Pfitscher Jochstraße. Von dort wandert man in einer Stunde zum Pfitscher Joch. Es gibt auch einen Shuttledienst zum Joch.

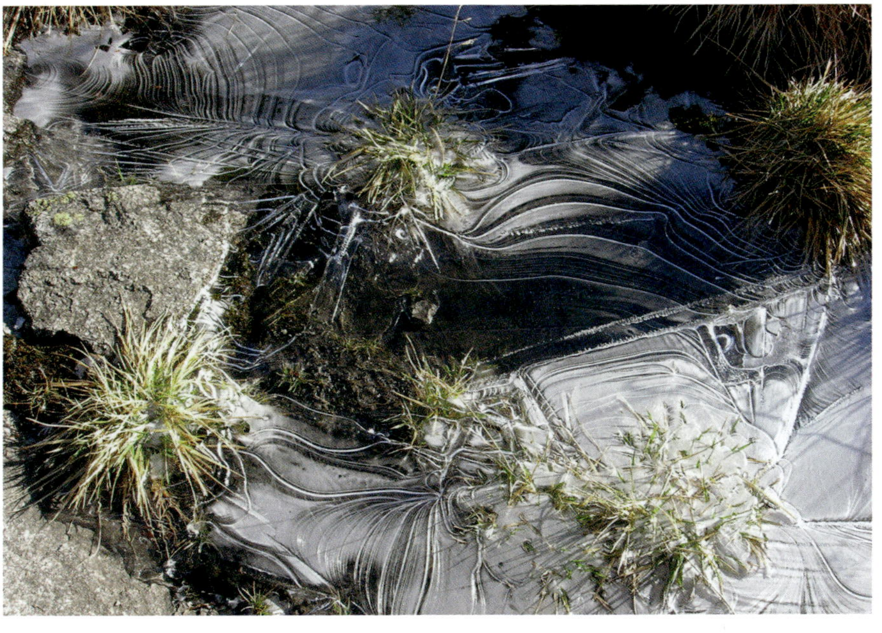

Schön: »Eisblumen« am Weg zum Stampflkees

10

Von Süden auf den Hochfeiler

Eisfrei auf den höchsten Zillertaler

L 10:00 Std. 1830 Hm

Tourencharakter:
Im Sommer bei aperen Verhältnissen für erfahrene Bergsteiger unschwieriger Anstieg. Bei Vereisung schnell unangenehm, Eispickel empfehlenswert.

Höchster Punkt:
Hochfeiler (3509 m)

Ausgangs-/Endpunkt:
Dritte Kehre der Pfitscher-Joch-Straße (1718 m)

Anfahrt:
Auto: Nach Sterzing und weiter ins Pfitscher Tal bis zur dritten Kehre der Pfitscher-Joch-Straße. Bahn und Bus: Mit dem Zug nach Sterzing, mit dem Bus ins Pfitscher Tal und weiter zu Fuß zur dritten Kehre.

Gehzeiten:
Parkplatz–Hochfeilerhütte 3 Std., Gipfelanstieg 2:30 Std., Abstieg 4:30 Std.

Übernachtung:
Übernachtung: Hochfeilerhütte (2710 m),
Ende Juni bis Anfang Okt.,
Tel. 0039/0472/646071,
www.hochfeilerhuette.com

Karte:
Tabacco-Karte 1:25 000 037 »Hochfeiler/Pfunderer Berge«

Tourismus-Info:
Tourismusverein Sterzing,
Tel. 0039/0472/76 53 25,
www.sterzing.com

Ausrüstung:
Wanderausrüstung, Pickel empfehlenswert, Steigeisen nur bei Vereisung

Während der Hochfeiler nach Norden mit einer steilen Eiswand abbricht, ist er über seinen Südwestgrat unschwierig zu besteigen. Im Sommer erreicht man den höchsten Gipfel der Zillertaler Alpen oft eisfrei – und das bei einer Höhe von rund 3500 Metern!

Zur Hochfeilerhütte Am Parkplatz an der **dritten Kehre der Pfitscher-Joch-Straße** (1718 m) beginnt unser Anstieg zur Hochfeilerhütte. Der Weg führt kurz am Oberbergbach entlang, biegt dann aber schon bald nach Süden ab und taucht in den Wald ein. Wir ignorieren den Abzweig zur Gliderscharte und queren über lange Zeit die Hänge der Unterbergalm nach Südosten. Unterhalb des Blauen Kofels biegt der Weg nach Osten ab. Dabei queren wir weiterhin die steilen Hänge bis zu einem Bach. Nach der Überquerung des Bachs steigen wir schwitzend in einigen Kehren über eine Wiese aufwärts. Wir kommen zu einer Wegverzweigung und entscheiden uns für den rechten Weg, der uns zur ❶ **Hochfeilerhütte** (2710 m) bringt. Das schön gelegene Schutzhaus wurde 1986 von der Sektion Sterzing des Südtiroler Alpenvereins eingeweiht. Unweit der heutigen Hütte stand die alte Wiener Hütte, die 1881 erbaut und 1967 unter bisher ungeklärten Umständen zerstört wurde. Aufgrund der Länge der Tour empfiehlt sich eine Übernachtung in der Schutzhütte.

Auf den Hochfeiler Am nächsten Morgen kraxeln wir von der Hütte über eine kurze, versicherte Stufe hinauf zum Grat und steigen auf dem Kamm aufwärts, bis das Gelände breiter wird. Durch die hier ansetzende Flanke steigen wir hinauf zum Gipfelgrat des Hochfeilers und gehen

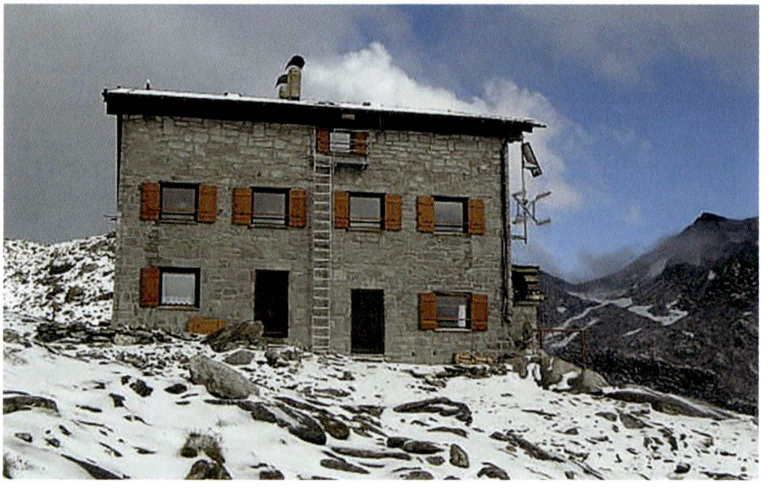

Die Hochfeilerhütte bietet sich als Stützpunkt für die Besteigung des Hochfeilers an.

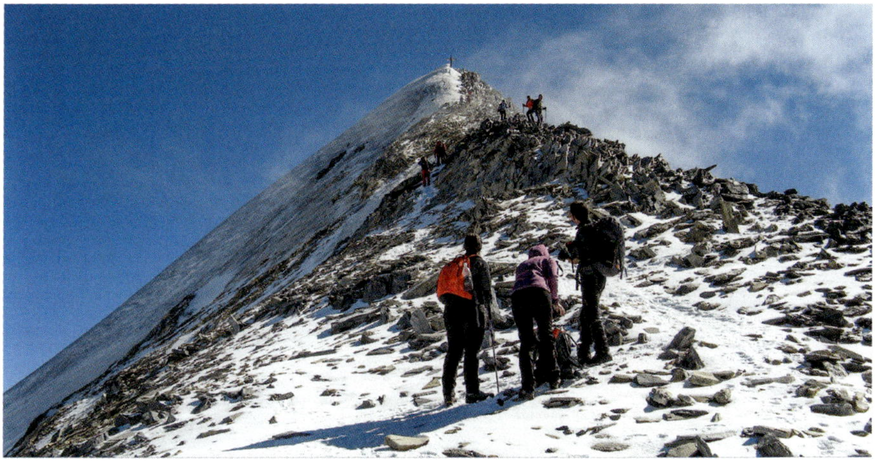

Gipfelgrat am Hochfeiler.

über den Grat zum letzten Aufschwung. Dieser bildet je nach Verhältnissen eine Firnschneide aus. Bei schlechten Verhältnissen im Frühsommer oder nach einem Schlechtwettereinbruch wird es auf den letzten Metern schnell ungemütlich und anspruchsvoll. Dann sollte man über entsprechende Erfahrung und Ausrüstung (Steigeisen) verfügen – oder auf eine Besteigung des eindrucksvollen Gipfels lieber verzichten. Bei schönem Wetter im Sommer ist die Besteigung dagegen relativ unschwierig. Im Spätsommer ist die Firnschneide wiederum häufig abgeschmolzen, dann können wir über Blockwerk ohne Probleme zum Gipfel gelangen. Aktuelle Informationen zu den Verhältnissen holt man sich am besten auf der Hochfeilerhütte ein. Vom ❷ **Hochfeiler** (3509 m) genießen wir eine großartige Aussicht auf die umliegenden Gipfel der Zillertaler Alpen. Vor allem die Gletscherwelt auf der österreichischen Seite im Norden begeistert uns.

Abstieg Für den Abstieg wählen wir den Anstiegsweg über den Grat bis oberhalb der Hochfeilerhütte. Haben wir nichts auf der Hütte zurückgelassen, können wir uns den Umweg über die Hütte durch die felsgesicherte Steilstufe sparen. Wir treffen dann etwas unterhalb der Hütte auf den Hüttenweg. Über diesen wandern wir zurück bis zur **dritten Kehre der Pfitscher-Joch-Straße.**

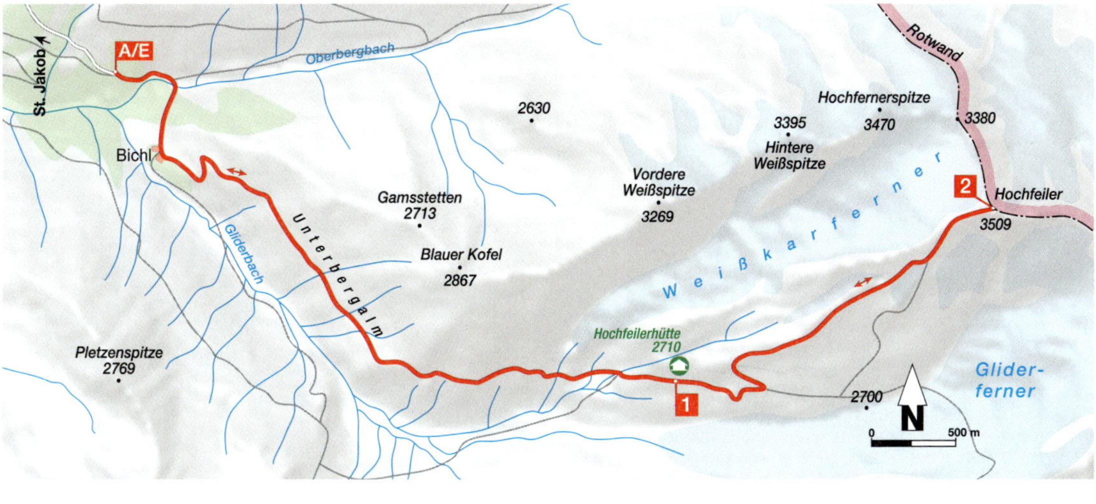

11

Überschreitung der Marmolada

Klettersteig und Gletscher an der Dolomitenkönigin

WS

6:00 Std. 850 Hm

Tourencharakter:
Trotz hohem Ausgangspunkt nicht zu unterschätzende Tour. Der Klettersteig ist zwar relativ einfach (B), bewegt sich aber in großer Höhe. Die Gletscher sind ziemlich steil.

Höchster Punkt:
Marmolada (3343 m)

Ausgangs-/Endpunkt:
Bergstation Korblift Fédaia (2626 m)

Anfahrt:
Auto: Nach Canazei und weiter zum Fédaiapass zur Talstation des Liftes. Bahn und Bus: Mit dem Zug nach Bozen, dann mit dem Bus nach Canazei und zum Fédaiapass.

Gehzeiten:
Zustieg zum Klettersteig 1:45 Std., Gipfelanstieg 2:15 Std., Abstieg 2 Std.

Karte:
Tabacco-Karte 1:25000 015 »Marmolada/Pelmo/Civetta/Moiazza«

Tourismus-Info:
Tourismusverband Val di Fassa, Tel. 0039/0462/609500, www.fassa.com

Ausrüstung:
Klettersteigausrüstung, Gletscherausrüstung

Die Marmolada ist die Königin der Dolomiten. Der Hans-Seyffert-Weg über den Westgrat ist einer der ältesten Klettersteige der Dolomiten. Tourenhöhepunkt ist sicherlich das Panorama, das sich von diesem hohen Dolomitengipfel ergibt. Der Abstieg erfolgt auf dem Normalweg über den Marmoladagletscher.

Zur Marmoladascharte Vom Fédaiapass fahren wir mit dem Lift hinauf zur Bergstation beim Rifugio Pian dei Fiacconi (2626 m). Anschließend gehen wir in westlicher Richtung (Weg 606) absteigend um einen Felssporn. Wir ziehen nun hinauf zum Vernelgletscher. Dieser ist zwar recht klein, aber nach oben hin ziemlich steil und erfordert gerade bei Vereisung Steigeisen. Dieser Abschnitt endet in der ❶ **Marmoladascharte** (2896 m).

Über den Klettersteig In der Scharte beginnt nun der Klettersteig. Aufgrund der Ausgesetztheit steigt man nur bei sicherem Wetter ein. Relativ einfaches Gelände bringt uns an die steileren Passagen des Klettersteigs. Mithilfe von Drahtseilen, Klammern und Leitern überwinden wir auch diesen etwas schwierigeren Abschnitt. Wieder leichter gehen wir über

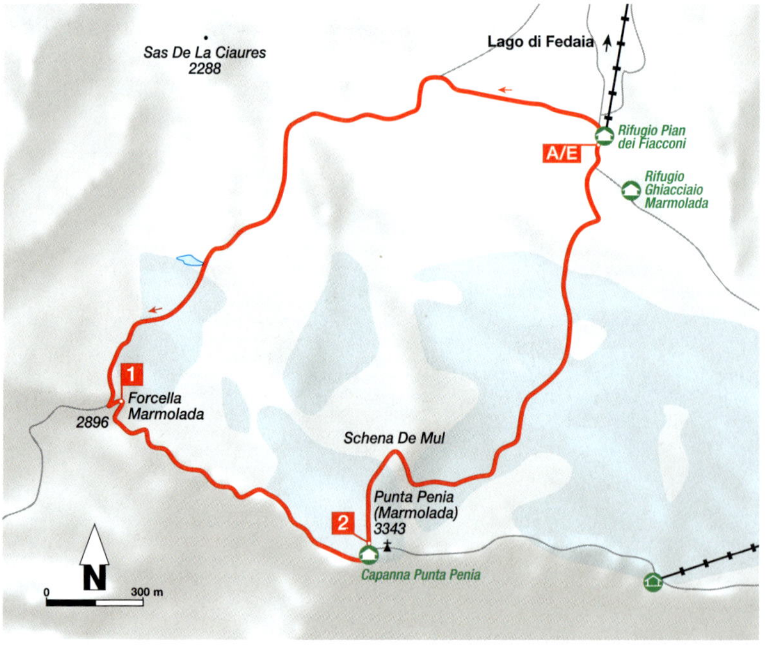

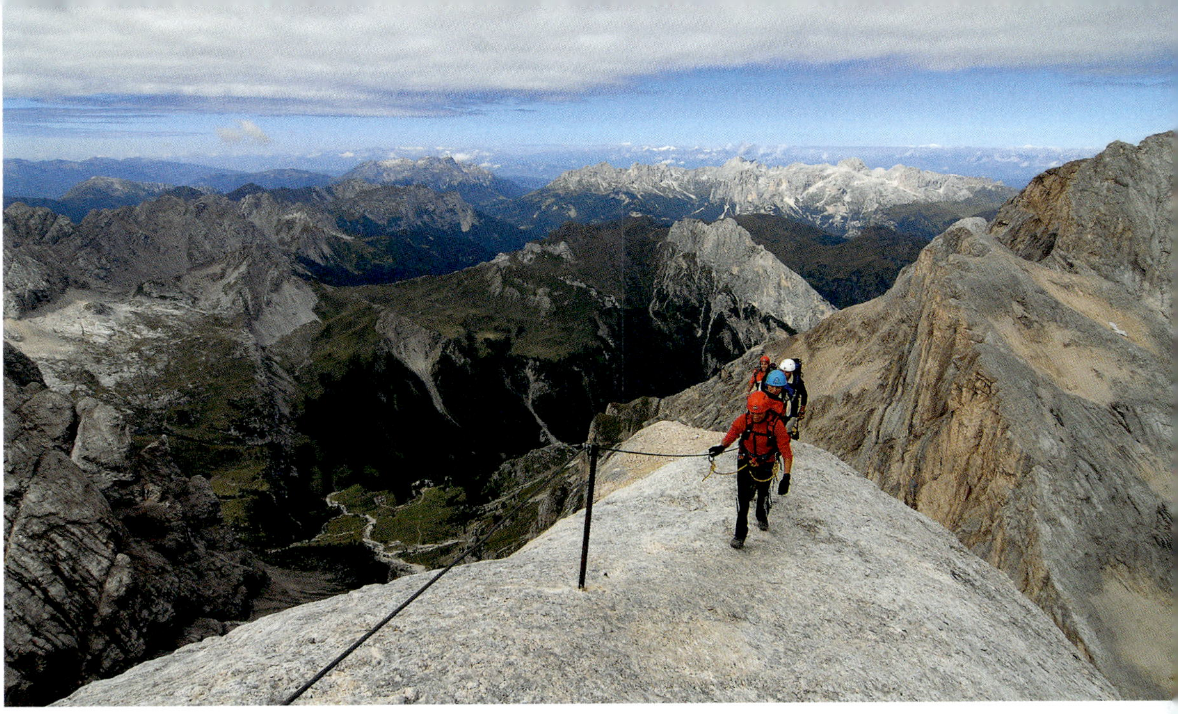

Auf dem Klettersteig zur Marmolada

den Grat weiter bis zum Ende der Sicherungen. Wir steigen nun über Geröll oder Firn zum Gipfelkreuz der ❷ **Marmolada Punta Penia** (3343 m). Großartig ist die Gipfelrundsicht von hier oben! Alle wichtigen Berge der Dolomiten sind von hier erkennbar. Wenige Meter unterhalb des Gipfels steht die kleine Capanna Punta Penia.

Abstieg Vom Gipfelkreuz auf der Punta Penia steigen wir über den Firngrat hinab zu den Felsen. Nun folgt eine versicherte Wandstufe von 100 Metern Höhe. Ziemlich genau in Falllinie klettern wir hinunter zum Marmoladagletscher. Auch dieser ist im oberen Bereich recht steil. Über den Gletscher (Spalten) gehen wir hinunter zum Pian dei Fiacconi und weiter mit einem kurzen Gegenanstieg zur Bergstation des Liftes beim Rifugio Pian dei Fiacconi. Entweder fährt man mit dem Lift zurück ins Tal oder man steigt in 45 Minuten zu Fuß ab.

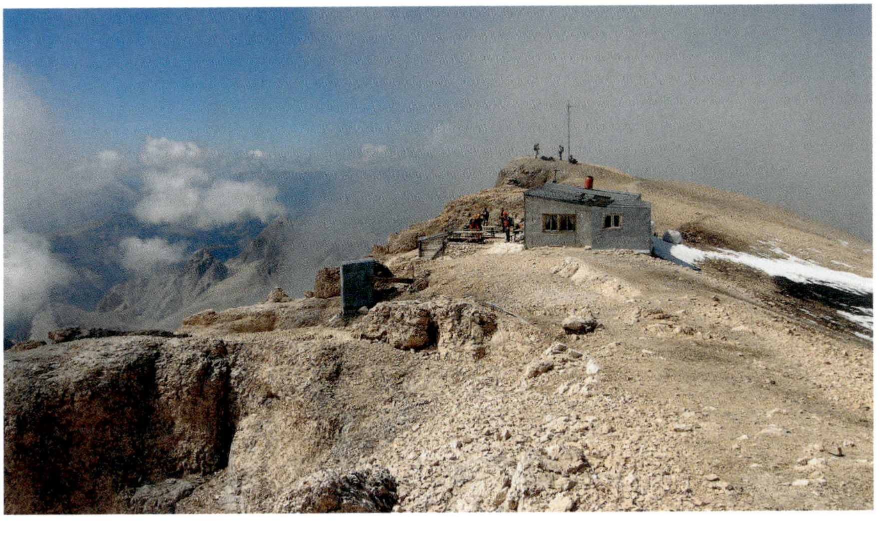

Endlich ist der Gipfel erreicht.

Vom Habicht zur Weißseespitze

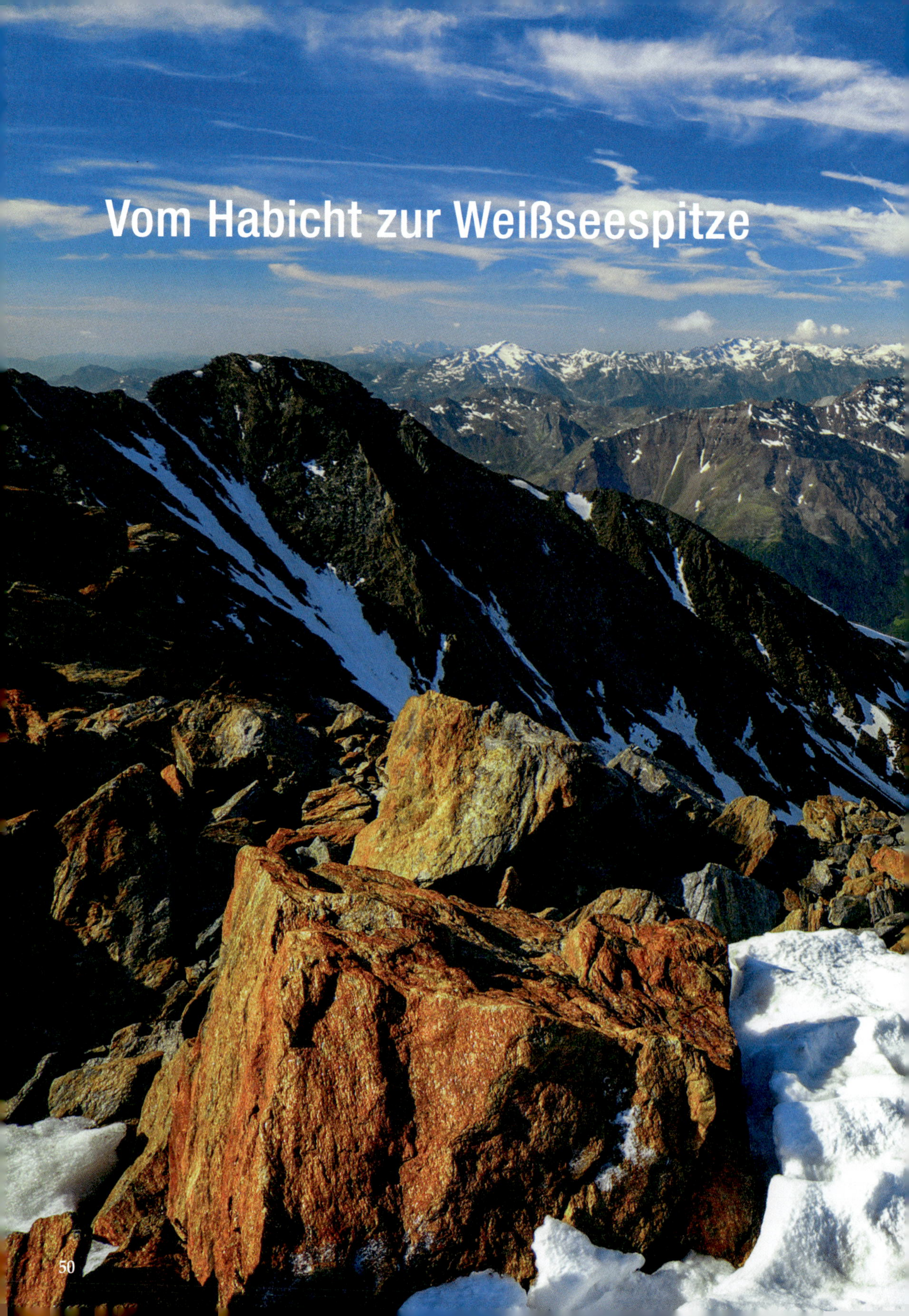

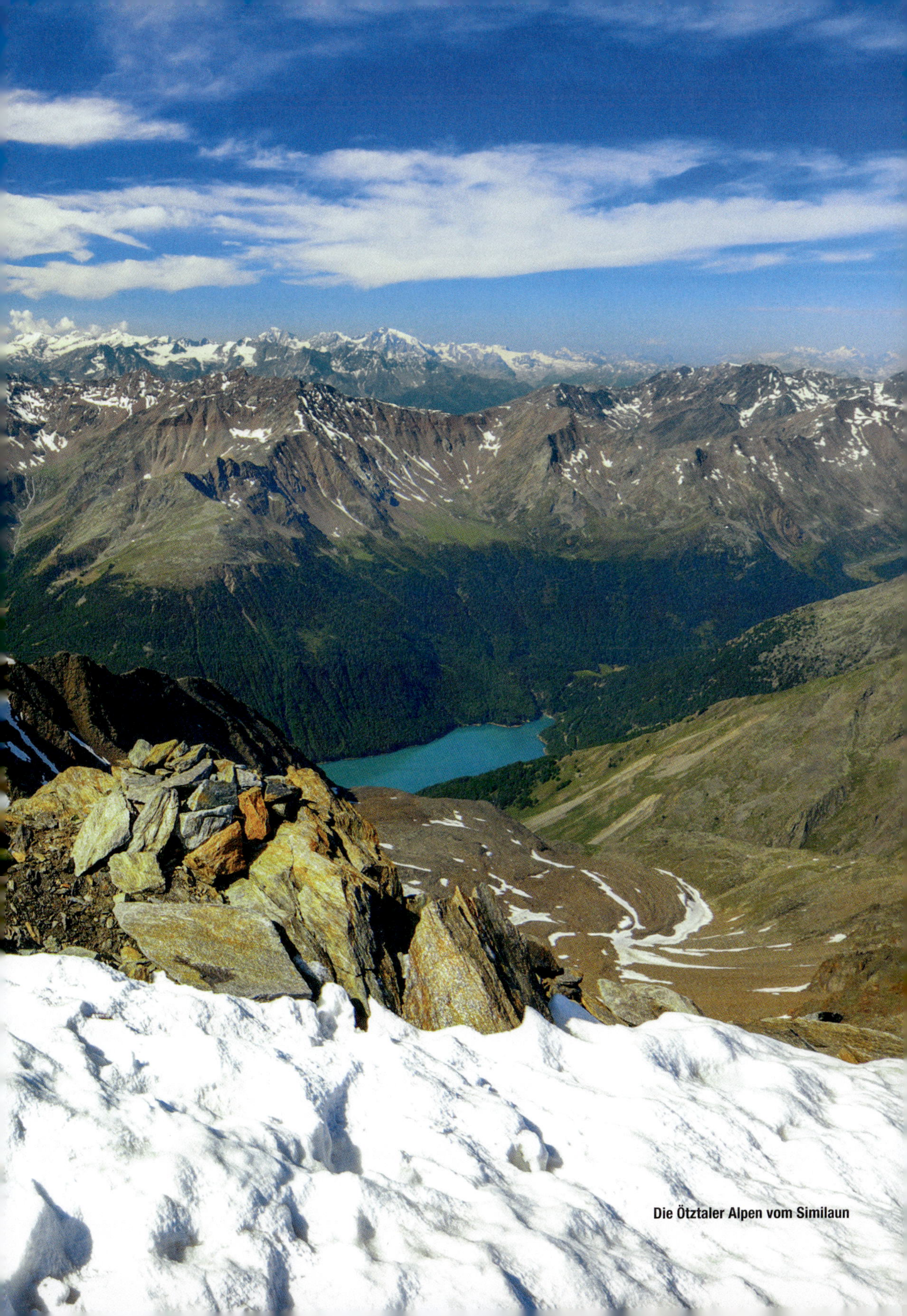
Die Ötztaler Alpen vom Similaun

12

Aus dem Stubaital zum Habicht

Der erste Stubaier Gipfel

L

8:30 Std. 1520 Hm

Tourencharakter:
Leichte Hochtour ohne Gletscher mit einigen versicherten Passagen, trotzdem nicht zu unterschätzen. Bei Vereisung schnell »ungemütlich«.

Höchster Punkt:
Habicht (3277 m)

Ausgangs-/Endpunkt:
Karalm (1747 m) im Pinnistal (Wandertaxi von Neustift)

Anfahrt:
Auto: Nach Innsbruck und weiter ins Stubaital bis Neustift. Am Ortseingang großer Parkplatz.
Bahn und Bus: Mit dem Zug nach Innsbruck und mit dem Bus weiter nach Neustift

Gehzeiten:
Karalm–Innsbrucker Hütte 2 Std., Innsbrucker Hütte–Habicht 3 Std., Habicht–Innsbrucker Hütte 2 Std., Innsbrucker Hütte–Karalm 1:30 Std.

Übernachtung:
Innsbrucker Hütte (2370 m), OeAV Sektion Touristenklub Innsbruck, Tel. 0043/(0)5276/295, www.innsbrucker-huette.at

Karte:
Alpenvereinskarte 1:50 000, Blatt Nr. 31/3 »Stubaier Alpen, Brennerberge«

Tourismus-Info:
Tourismusverband Stubai, A-6167 Neustift im Stubaital, Tel. 0043/(0)50/18810, www.stubai.at

Ausrüstung:
Wanderausrüstung, Steigeisen und Seil nur bei Vereisung

Das Eis am Habicht ist inzwischen so weit zurückgegangen, dass man am Normalweg nur noch ein kleines Schneefeld betritt. Ansonsten ist der Weg bei trockenen Verhältnissen nicht schwierig. Bei schlechten Verhältnissen (Vereisung, Neuschnee) wird die Tour ganz schnell anspruchsvoller und erfordert entsprechende Erfahrung.

Der **Habicht** wurde als erster Gipfel der hohen Stubaier Berge erstbestiegen. Am 1. September 1836 fand Peter Carl Thurwieser bei seiner Besteigung auf dem Gipfel einen Steinmann vor. Gemeinsam mit Ingenuin Krösbacher aus Fulpmes erstieg er von der Pinnisalm den Gipfel. Seiner Schreibgewandtheit verdanken wir den ersten Nachweis einer Besteigung des Habichts. Aufgrund seiner großen Höhe und seiner freistehenden Position bietet der Habicht eine großartige Aussicht, die weit über die Grenzen Tirols hinaus bekannt ist. Aufgrund des geringen Eisanteils der Tour kann sogar darüber diskutiert werden, ob es sich um eine Berg-

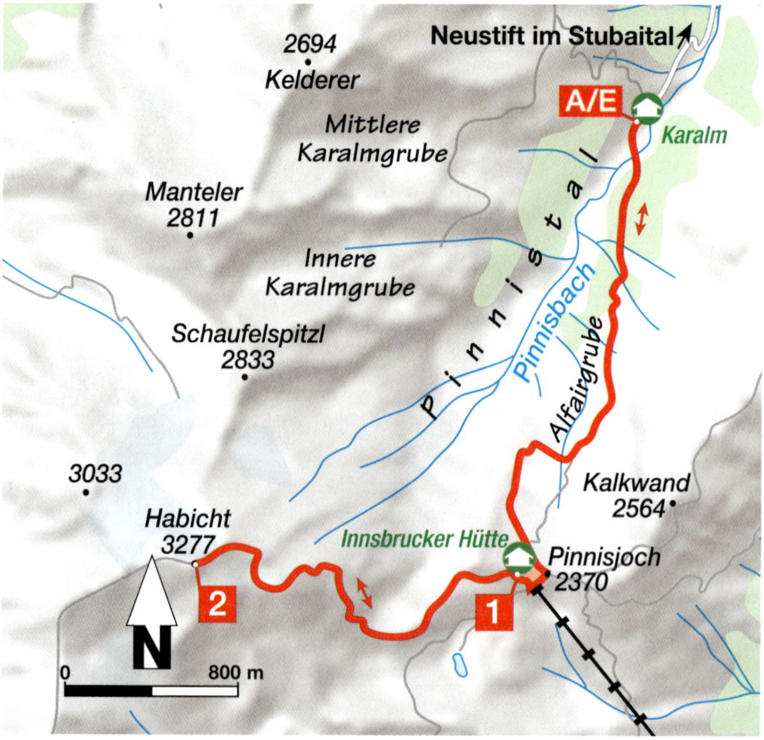

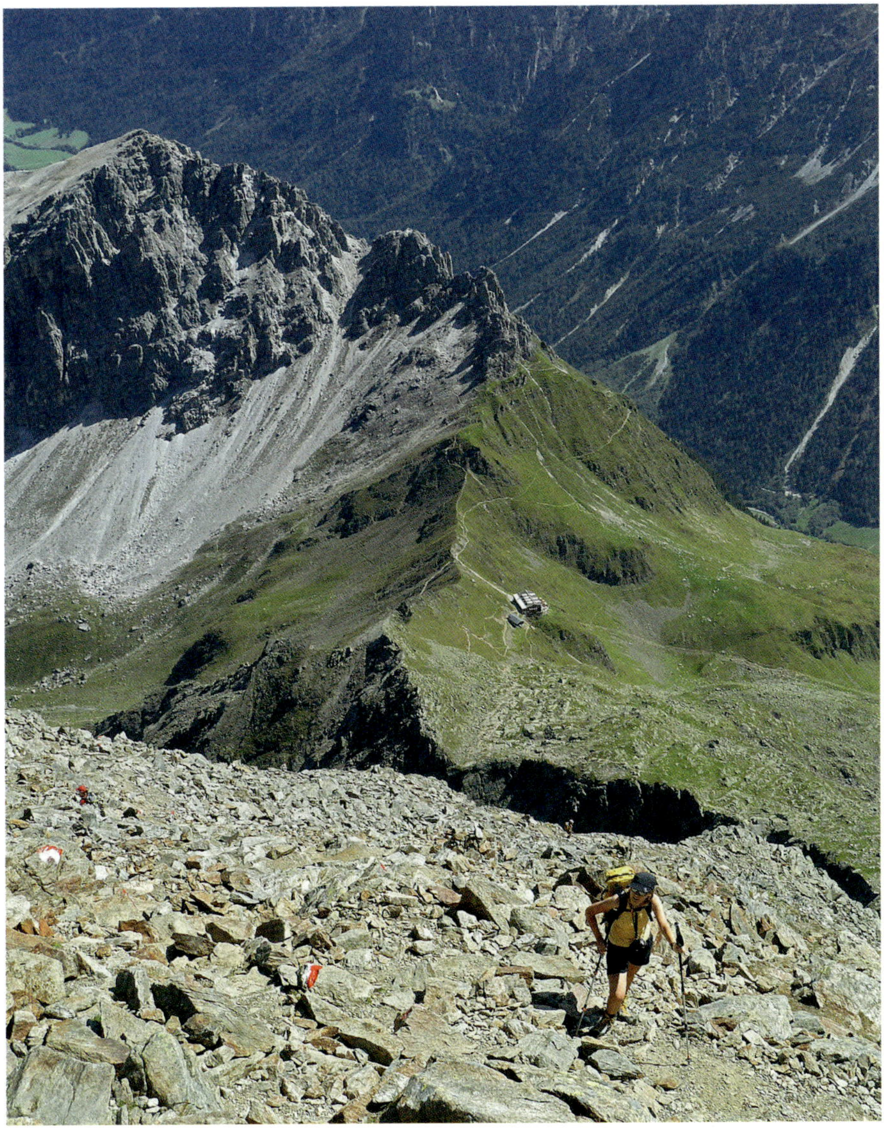

Schuttig: im Anstieg zum Habicht, tief unten die Innsbrucker Hütte

tour oder Hochtour handelt. Da aber »Hochtour« nicht allein über Gletscher definiert ist und der Gipfel wirklich schön, bedeutsam und aussichtsreich ist, wollten wir ihn unbedingt in die Tourenauswahl aufnehmen.

Zur Innsbrucker Hütte Von Neustift im Stubaital fahren wir mit dem Taxi durch das Pinnistal hoch zur Karalm (1747 m). Von der Alm wandern wir über den Bach und gehen am Weg unterhalb der Ilmspitze bergauf in die Alfairgrube. Von dort zieht der Weg in weiten Kehren bergauf zum Pinnisjoch. Beim Anstieg zum Pinnisjoch riskieren wir immer wieder einen Blick auf den mächtigen Habicht, der sich rechts von uns erhebt. Vom Joch wandern wir in wenigen Minuten hinüber zur ❶ Innsbrucker Hütte (2370 m). Hier wird man in der Regel übernachten, da eine Habichtbesteigung an einem Tag konditionell sehr anspruchsvoll ist. Zudem ist es dann auch eine ziemliche Hetze, noch das letzte Taxi zu erwischen.

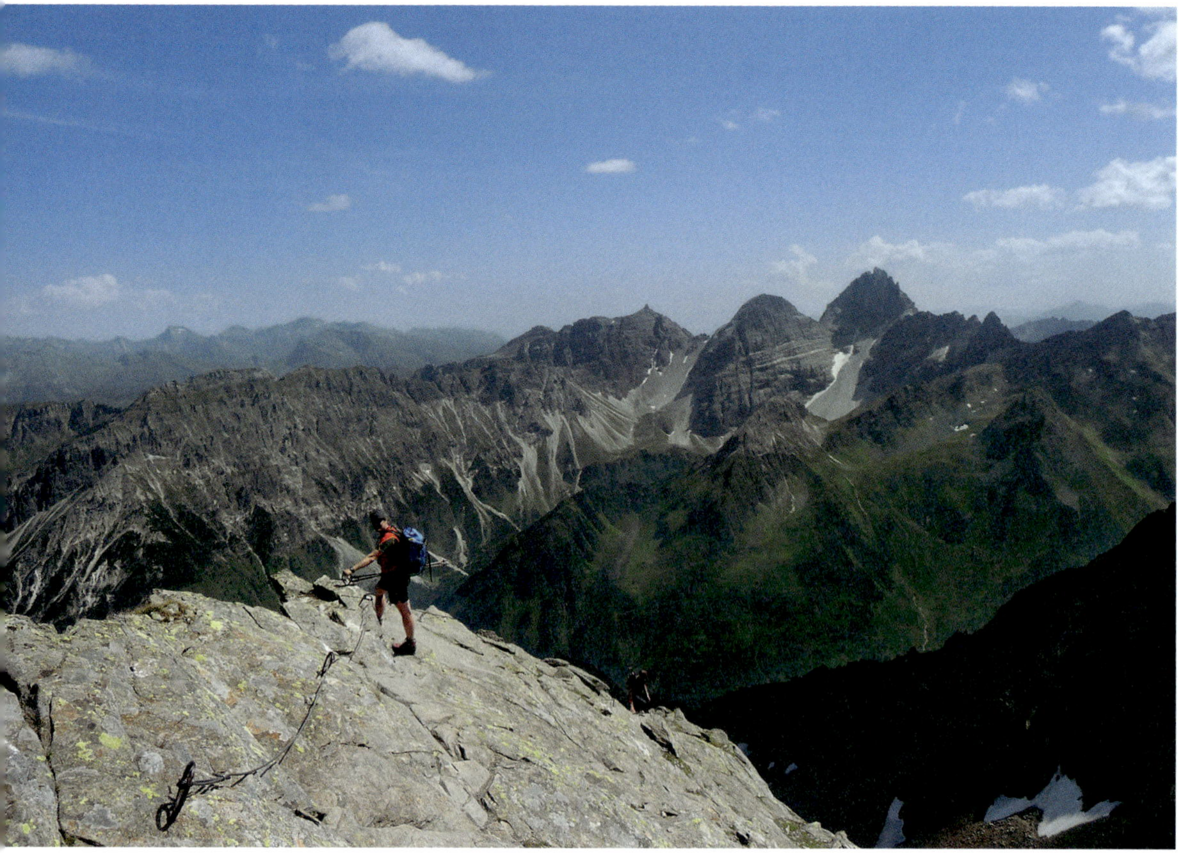

Ausgesetzt: im Abstieg vom Habicht mit Blick zu den Tribulaunen

Auf den Habicht Am nächsten Tag wandern wir von der Innsbrucker Hütte (2370 m) in einigen Kehren durch Wiesengelände hoch zu einer grasigen Kuppe mit einigen Felsplatten. Über dieses Gelände steuern wir auf die steile Felsflanke des Habichts zu. Solide Drahtseilversicherungen helfen uns über die schwierigsten Stellen hinweg und führen zuverlässig in die Höhe. Später leiten die Markierungen ausgesetzt, aber versichert über steile Platten nach Norden. Anschließend folgt eine Querung, und über steiles Blockwerk führt rechts der Steig nach oben. Wir stehen nun am Rand des stark abgeschmolzenen Habichtgletschers, oberhalb sehen wir bereits den Gipfelaufbau vor uns. Man steigt in der Regel auf der Felsrippe noch ein wenig hoch, um dann problemlos auf das Firnfeld zu gelangen. Bei guten Schneeverhältnissen kann man schon früher über ein weiteres Firnfeld hinüberqueren. Hier sollte man beim Abstieg allerdings besonders aufpassen, da das Firnfeld mit senkrechten Abbrüchen endet und schon zu einigen Unfällen geführt hat. Über den kleinen Restgletscher gelangen wir zum breiten Ostgrat des Habichts. Das anfangs noch einfache Gelände wird bald ausgesetzter, und einige Drahtseilversicherungen bringen uns sicher zum schönen Gipfelkreuz auf dem ❷ Habicht (3277 m).

Der Platz am Gipfel ist überraschend geräumig, sodass wir nach den Anstrengungen des Anstieges erst einmal eine ausgiebige Rast genießen und die Aussicht bestaunen. Das Panorama ist von diesem freistehenden Gipfel wirklich außergewöhnlich: Nach Norden reicht der Blick durchs Stubai- und Wipptal bis nach Innsbruck und ins darüber aufragende Karwendel. Im Osten erblicken wir mit Olperer, Fußstein

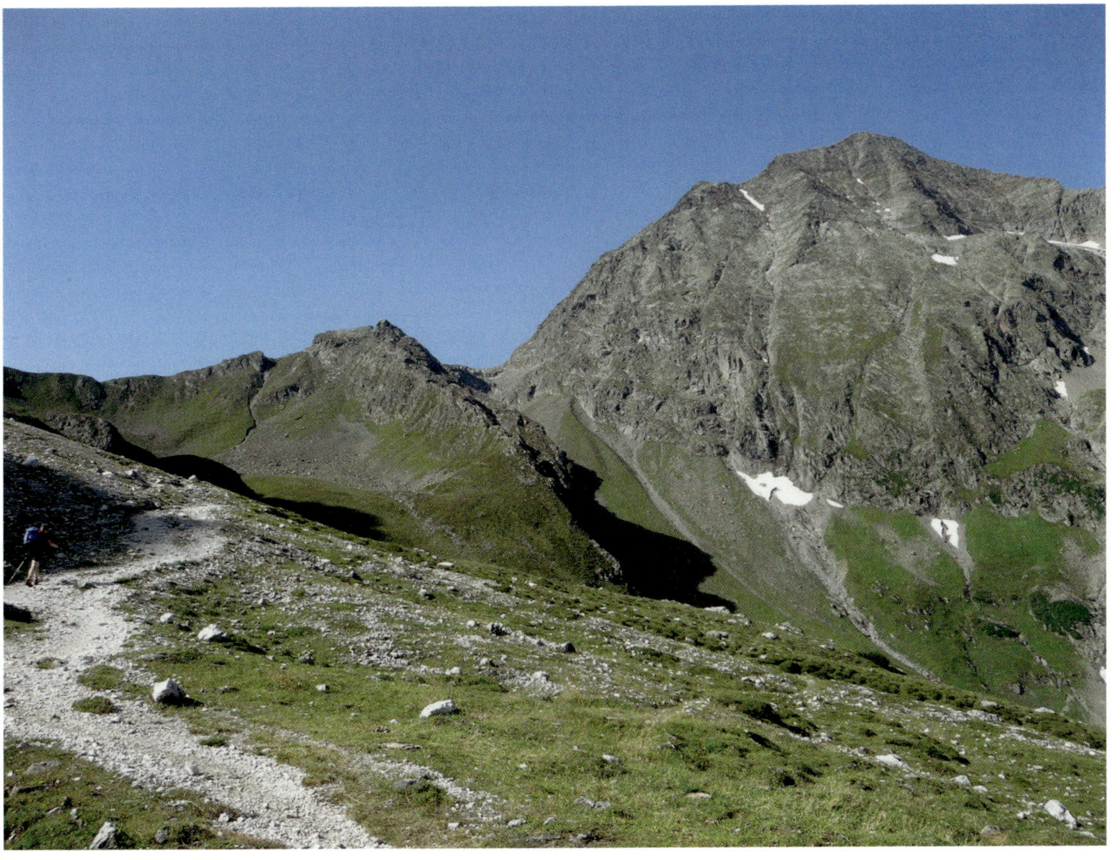

Mächtig: der Habicht im Anstieg vom Pinnistal

und Schrammacher die westlichen Ausläufer der Zillertaler Alpen. Aber auch die ganze Stubaier Prominenz mit Zuckerhütl, Wildem Freiger und Feuersteinen lässt sich von hier oben gut erkennen. Besonders beeindruckend sind die südlich des Gschnitztales aufragenden Tribulaune. Der wilde Pflerscher Tribulaun, die gleichmäßige Pyramide des Gschnitzer Tribulauns und der breite Obernberger Tribulaun mit der Schwarzen Wand. Eindrucksvoll ist der Blick direkt nach Norden zum Mischbachferner, der hier oben bis an die Gipfelfelsen reicht.

Abstieg Nachdem wir uns vom Aufstieg erholt und die Aussicht in uns aufgenommen haben, machen wir uns wieder an den Abstieg. Dieser erfolgt entlang der Aufstiegsroute zurück zur ❶ Innsbrucker Hütte (2370 m). Wie schon erwähnt, passen wir unterhalb des Habichtferners beim Queren des Firnfelds besonders auf. Für den gesamten Abstieg ist unsere Aufmerksamkeit gefordert, da ein Stolpern oder Ausrutschen in dem steilen Gelände schlimme Folgen nach sich ziehen kann.
Bei guten Verhältnissen gelangen wir problemlos zur Innsbrucker Hütte. Von der Hütte steigen wir dann über das Pinnisjoch und den Aufstiegsweg durch die Alfairgrube hinab zur Karalm (1747 m). Von der Alm nehmen wir anschließend wieder das Taxi durch das Pinnistal hinaus bis nach Neustift im Stubaital.

Aus dem Gschnitztal Die Innsbrucker Hütte kann auch aus dem Gschnitztal vom Gasthof Feuerstein (1281 m) erreicht werden. Für den Aufstieg über die 1100 Höhenmeter benötigt man drei Stunden.

13

Über die Turmscharte

Eine perfekte Hochtour

WS 10:00 Std. 1400 Hm

Tourencharakter:
Mittelschwere Hochtour. Spaltengefahr überschaubar. Kletterstellen (versichert) zur Turmscharte und am Gipfelaufbau.

Höchster Punkt:
Vorderer Wilder Turm (3177 m)

Ausgangs-/Endpunkt:
Parkplatz Oberißhütte (1742 m)

Anfahrt:
Auto: Über Innsbruck ins Stubaital bis Neustift. Dort rechts ab über Milders zur Oberißhütte.
Bahn und Bus: Mit dem Zug nach Innsbruck und dem Bus nach Neustift. Mit dem Taxi zur Oberißhütte.

Gehzeiten:
Oberißhütte–Franz-Senn-Hütte 1:30 Std., Franz-Senn-Hütte–Turmscharte 4 Std., Turmscharte–Vorderer Wilder Turm 0:30 Std., Abstieg über den Turmferner zur Franz-Senn-Hütte 3 Std., Franz-Senn-Hütte–Oberißhütte 1 Std.

Übernachtung:
Franz-Senn-Hütte (2149 m), OeAV Sektion Innsbruck,
Tel. 0043/(0)5226/22 18,
www.franz-senn-huette.at

Karte:
Alpenvereinskarte 1:25 000, Blatt Nr. 31/1 »Stubaier Alpen, Hochstubai«

Tourismus-Info:
Tourismusverband Stubai,
A-6167 Neustift im Stubaital,
Tel. 0043/(0)50/188 10,
www.stubai.at

Ausrüstung:
Gletscherausrüstung, Helm

Die Tour vorbei am Vorderen Wilden Turm über den Verborgen-Berg-Ferner und die Turmscharte sowie dem Abstieg über den Turmferner ist eine landschaftlich wunderschöne Hochtour mit schönen Gletschern, spannenden Kletterpassagen und einer fantastischen Aussicht.

Die Tour über die Turmscharte ist sicherlich keine berühmte Hochtour. Sie ist aber eine ideale Hochtour für Einsteiger, an der man schon einmal sein Können testen kann. Wir sind die Tour mehrmals mit Kursen gegangen, und es war immer ein voller Erfolg. Der früher übliche Anstieg auf den Vorderen Wilden Turm ist wegen des Gletscherrückgangs allerdings deutlich schwerer geworden, so dass wir nur den Weg über die Turmscharte in der Hauptrunde beschreiben. Stützpunkt für die Tour ist die große, aber sehr gut geführte Franz-Senn-Hütte.

Zur Franz-Senn-Hütte Vom Parkplatz an der Oberißhütte (1742 m) wandern wir auf breitem Weg hinüber zu steileren Hängen. Kurz danach schickt uns ein Wegweiser nach rechts. Der linke Weg ist der offen gelassene Winterweg. In zahlreichen Kehren gewinnen wir steil an Höhe bis

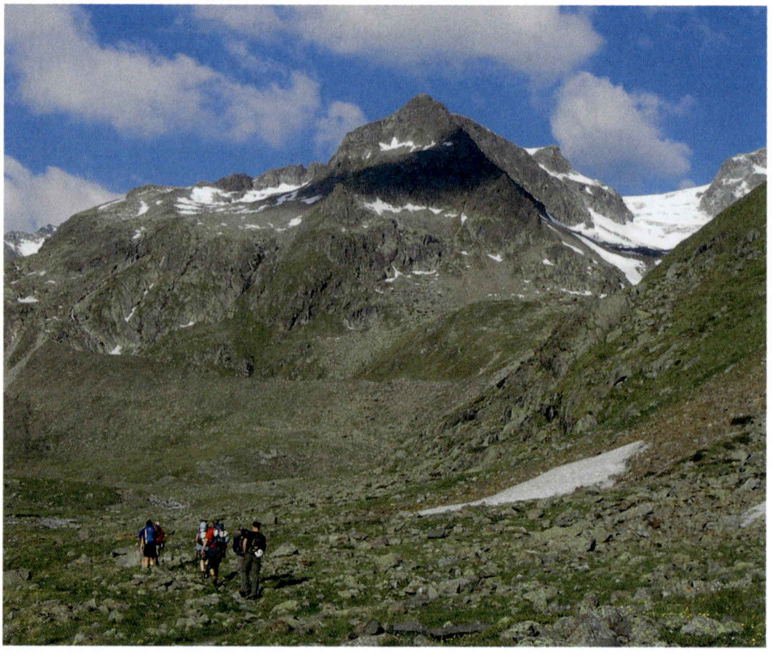

Gemütlich: morgendliche Wanderung in Richtung Alpeiner Ferner

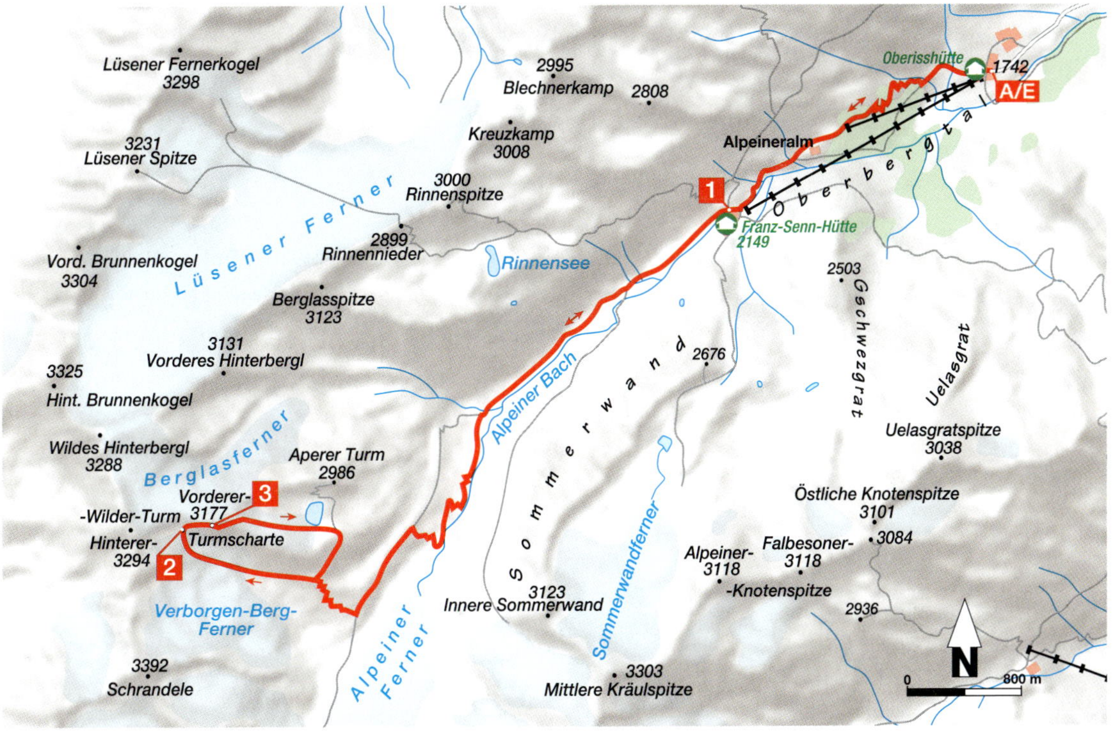

zum Rand einer flachen Hochfläche. Über diese wandern wir an der Alpeiner Alm vorbei weiter in Richtung Franz-Senn-Hütte, die wir bald sehen. Der Weg führt hoch über einer Klamm entlang. Eine Brücke führt uns über den Bach, und wir spazieren in wenigen Minuten hoch zur ❶ Franz-Senn-Hütte (2149 m).

Frühsommer: noch viel Schnee am Anstieg zum Vorderen Wilden Turm

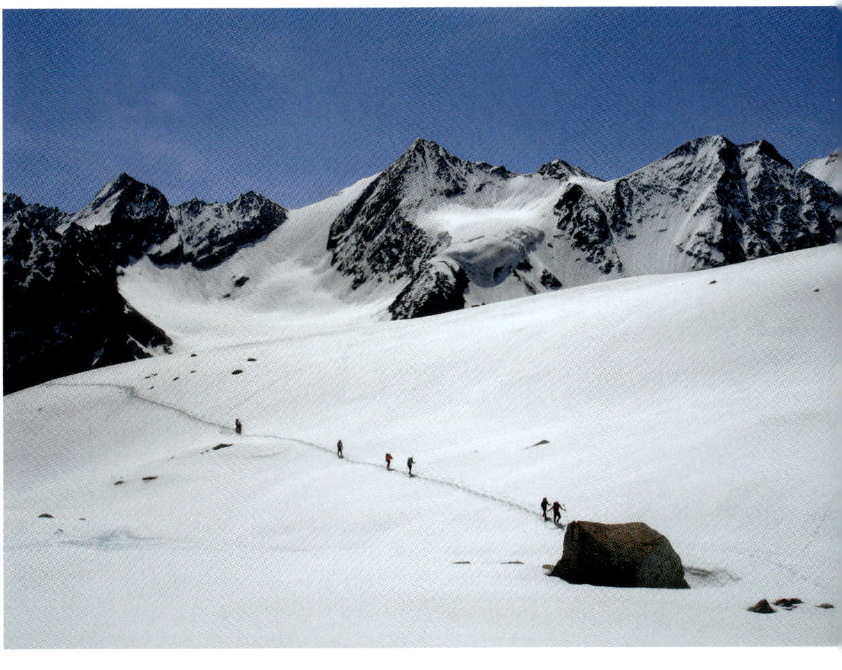

Zur Turmscharte Von der Franz-Senn-Hütte wandern wir taleinwärts hinüber zur Brücke über den Alpeiner Bach. Der Weg zieht nun ein ganzes Stück sehr flach taleinwärts. Im hinteren Talboden angekommen, windet sich der Weg nun in zahlreichen Kehren bergauf. Der Weg ist als »Wilde-Wasser-Weg« angeschrieben. Tatsächlich genießen wir zwischendurch einen schönen Ausblick auf einen Wasserfall. Oberhalb der Steilstufe wendet sich der Weg nach rechts hinauf auf einen Moränenrücken, den wir oberhalb eines markanten Obelisken erreichen. Auf der Moräne wandern wir weiter, bis wir zu

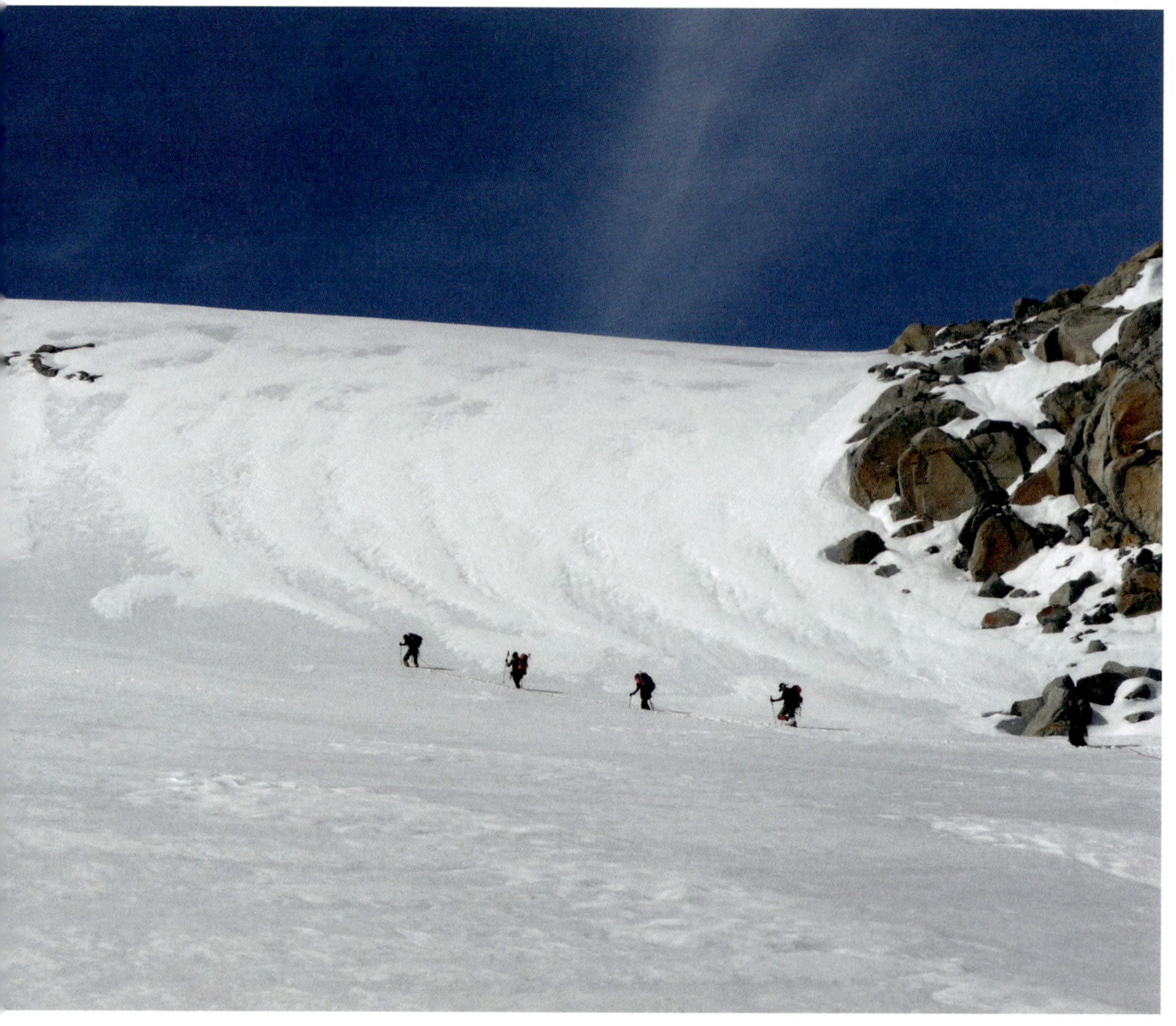

Anstrengend: Spurarbeit am Turmferner nach einem Wintereinbruch

einem Wegweiser gelangen. Hier biegen wir nach rechts ab und folgen kurz danach nicht dem markierten, nach rechts führenden Steig, sondern gehen auf Steigspuren geradeaus weiter in Richtung Verborgen-Berg-Ferner. Am Gletscher legen wir das nötige Material an. Wir betreten den Gletscher, auf dem bei Schneelage angeseilt werden sollte. Über den Gletscher gehen wir weiter in die hinterste Ecke unterhalb der ❷ Turmscharte (3126 m). Nun stehen wir unterhalb der Scharte vor einer Felsrinne, die durch den Gletscherrückgang immer höher wird. Sicherungen leiten in die Höhe. Mit Unterstützung der angebrachten Haken kann man mit einem eigenen Sicherungsseil schwächere Bergsteiger problemlos in die Scharte hochsichern. Oben angekommen stehen wir in einer eindrucksvollen Gletscherlandschaft am oberen Berglasferner.

Gipfelvariante Vorderer Wilder Turm Rechts grüßt bereits das Gipfelkreuz zu uns herunter. In einem Bogen umgehen wir den ersten Felsaufschwung. Wir stehen nun unterhalb des Gipfelaufbaus des Vorderen Wilden Turms. Einige Eisenklammern erleichtern den Aufstieg. Es empfiehlt sich aber, mithilfe eines Sicherungsseils über die Klammern und Haken eine eigene Sicherung aufzubauen. Aufgrund des Gletscherrückgangs ist der Übertritt vom Gletscher zum Gipfel ziemlich mühsam geworden und erfordert etwas Kletterkönnen. Vom ersten Absatz kommt man aber problemlos zum kleinen luftigen Gipfel des ❸ Vorderen Wilden Turms (3177 m) mit seinem etwas wackligen Kreuz. Von hier oben genießen wir eine prächtige Aussicht auf die Stubaier Prominenz. Direkt gegenüber stehen die Östliche Seespitze und die Ruderhofspitze. Daneben im Hintergrund Wilder Freiger, Wilder Pfaff und Zuckerhütl und nochmal weiter rechts, dafür wieder etwas näher, der Schrankogel.

Abstieg Vom Fuße des Vorderen Wilden Turmes gehen wir nach rechts und gelangen entlang der Felsen bald zur Steilstufe des Turmferners. Durch das Abschmelzen wird dieser Aufschwung immer steiler, sodass wir ihn am leichtesten an seiner Seite, in der Nähe der Felsen zum Aperen Turm, überwinden. Im unteren Bereich ist der Gletscher wieder deutlich flacher, und wir kommen zum markierten Steig, der zum Aperen Turm führt. Hier halten wir uns rechts, umgehen einen Felsriegel, der vom Vorderen Wilden Turm herabzieht und schlängeln uns anschließend in vielen Kehren hinab zur Wegverzweigung unterhalb des Verborgen-Berg-Ferners. Am Anstiegsweg wandern wir über die Moräne und die Steilstufe hinab ins Tal unterhalb des Alpeiner Ferners und hinaus zur ❶ Franz-Senn-Hütte (2149 m). Nach einer Rast an der Hütte wandern wir weiter hinab zur Oberißhütte (1742 m).

Spannend: versicherter Aufstieg in die Turmscharte

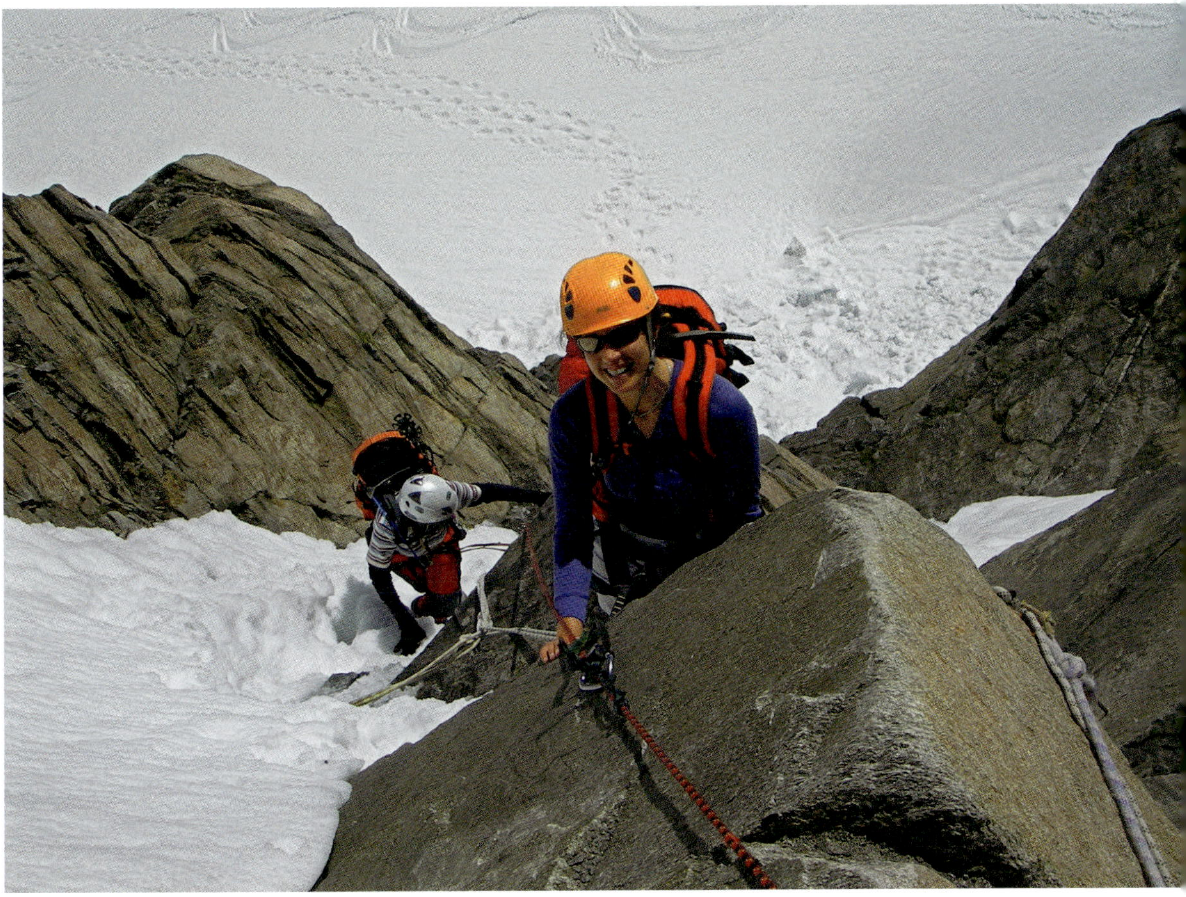

14

Von der Franz-Senn-Hütte zur Lüsener Spitze

Auch im Sommer lohnend

WS — 9:30 Std. — 1620 Hm

Tourencharakter:
Mittelschwere Hochtour. Der Lüsener Ferner hat ein paar Spalten. Anstieg zum Rinnennieder versichert.

Höchster Punkt:
Lüsener Spitze (3231 m)

Ausgangs-/Endpunkt:
Parkplatz Oberißhütte (1742 m)

Anfahrt:
Auto: Über Innsbruck ins Stubaital bis Neustift. Dort rechts ab über Milders zur Oberißhütte.
Bahn und Bus: Mit dem Zug nach Innsbruck und dem Bus nach Neustift. Mit dem Taxi zur Oberißhütte.

Gehzeiten:
Oberißhütte–Franz-Senn-Hütte 1:30 Std., Franz-Senn-Hütte–Rinnennieder 2 Std., Rinnennieder–Lüsener Spitze 2 Std., Lüsener Spitze–Franz-Senn-Hütte 3 Std., Franz-Senn-Hütte–Oberißhütte 1 Std.

Übernachtung:
Franz-Senn-Hütte (2149 m) OeAV Sektion Innsbruck,
Tel. 0043/(0)5226/2218,
www.franz-senn-huette.at

Karte:
Alpenvereinskarte 1:25 000, Blatt Nr. 31/2 »Stubaier Alpen, Sellrain«

Tourismus-Info:
Tourismusverband Stubai,
A-6167 Neustift im Stubaital,
Tel. 0043/(0)50/18810,
www.stubai.at

Ausrüstung:
Gletscherausrüstung, Helm

Landschaftlich wunderschöne Hochtour in eine im Sommer recht ruhige Ecke der Stubaier Alpen. Der Anstieg führt am traumhaft gelegenen Rinnensee vorbei in die Scharte des Rinnennieders. Nach dem Übertritt auf den Lüsener Ferner wird dieser in seiner ganzen Breite hinüber zum Gipfel gequert.

Die **Lüsener Spitze** erhält im Sommer eher selten Besuch. Auch im Winter steht sie im Schatten des deutlich berühmteren Nachbarn, dem Lüsener Fernerkogel. Aufgrund der landschaftlichen Reize und der leichten Erreichbarkeit ist die Tour von der Franz-Senn-Hütte hinüber ins Sellrain sehr attraktiv.

Zur Franz-Senn-Hütte Vom Parkplatz an der Oberißhütte (1742 m) wandern wir wie bei Tour Nr. 13 beschrieben hoch zur Alpeiner Alm und weiter oberhalb des Alpeiner Baches zur ❶ **Franz-Senn-Hütte** (2149 m).

Zum Rinnennieder Von der Franz-Senn-Hütte spazieren wir am nächsten Morgen zur nahen Brücke über den Alpeiner Bach und halten uns gleich danach rechts. Der Weg führt durch etwas feuchtes Wiesengelände kurz talauswärts, bis er über ein paar einfache Felsstufen nach links hinaufzieht. Nach einer kurzen Querung kommen wir zu einer Bachschlucht. Hier folgen wir dem linken Weg, der nochmals über ein paar

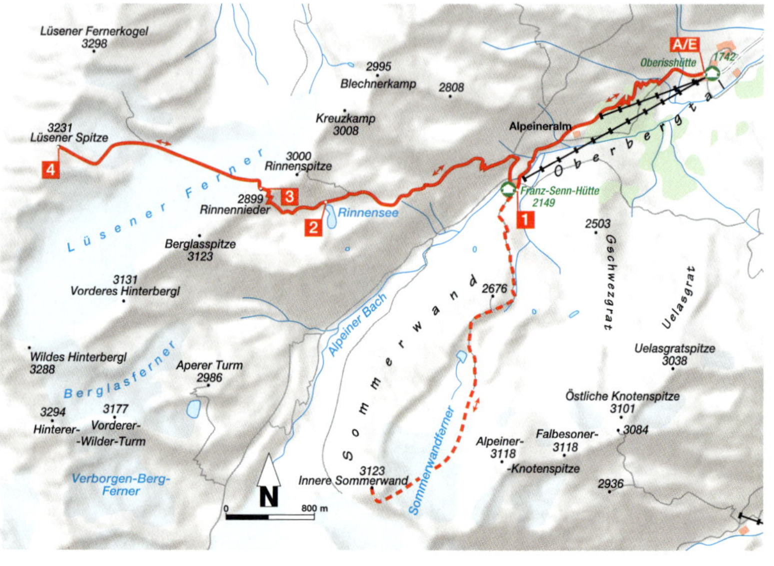

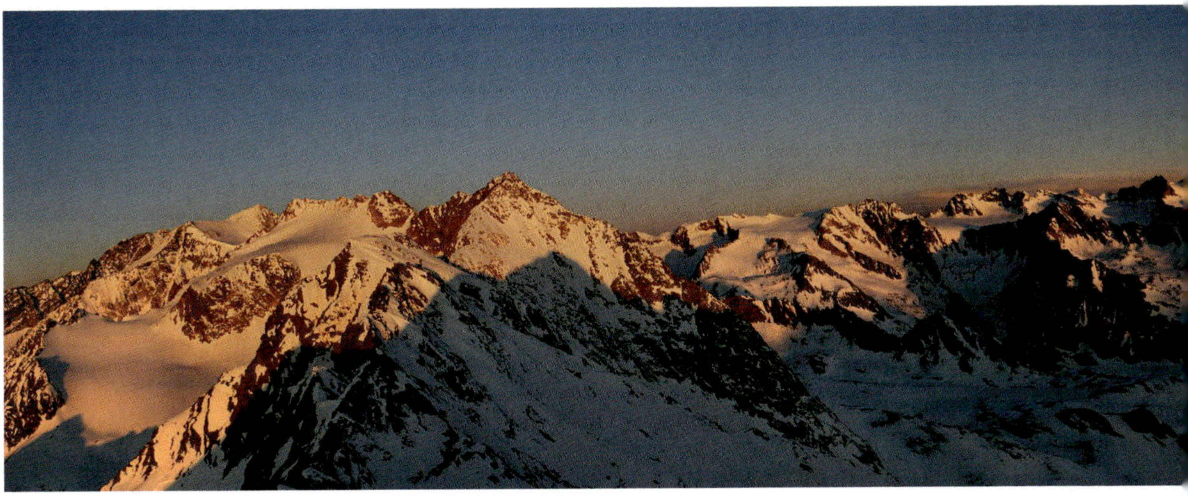

Wunderschön: Tourengebiet der Franz-Senn-Hütte. Ganz rechts Lüsener Fernerkogel und Lüsener Spitze.

Stufen ansteigt. Nun befinden wir uns in relativ steilem Grasgelände direkt oberhalb der Hütte und dem Alpeiner Tal. Der gute Steig bringt uns in einer längeren Hangquerung, immer wieder unterbrochen von kurzen serpentinenreichen Zwischenanstiegen, hoch zu einem schönen Aussichtspunkt mit Tisch und Bank. Oberhalb von uns sehen wir die Rinnenspitze mit ihrem Gipfelkreuz. Wir queren flach hinüber zu gröberem Blockwerk bis zu einer Wegverzweigung. Jetzt lassen wir den rechten Abzweig zur Rinnenspitze unberücksichtigt und gehen in wenigen Minuten hinüber zum idyllisch gelegenen ❷ **Rinnensee** (2646 m). Ist der See nicht von Eisschollen überzogen, lohnt sich an heißen Sommertagen bei der Rückkehr für ganz Mutige der Sprung in die kalten Fluten.

Wir wandern aber jetzt erst mal weiter in Richtung Rinnennieder. Der Weg führt uns nach dem See über Blockwerk in einigen Kehren hoch bis unterhalb der Rinne, die

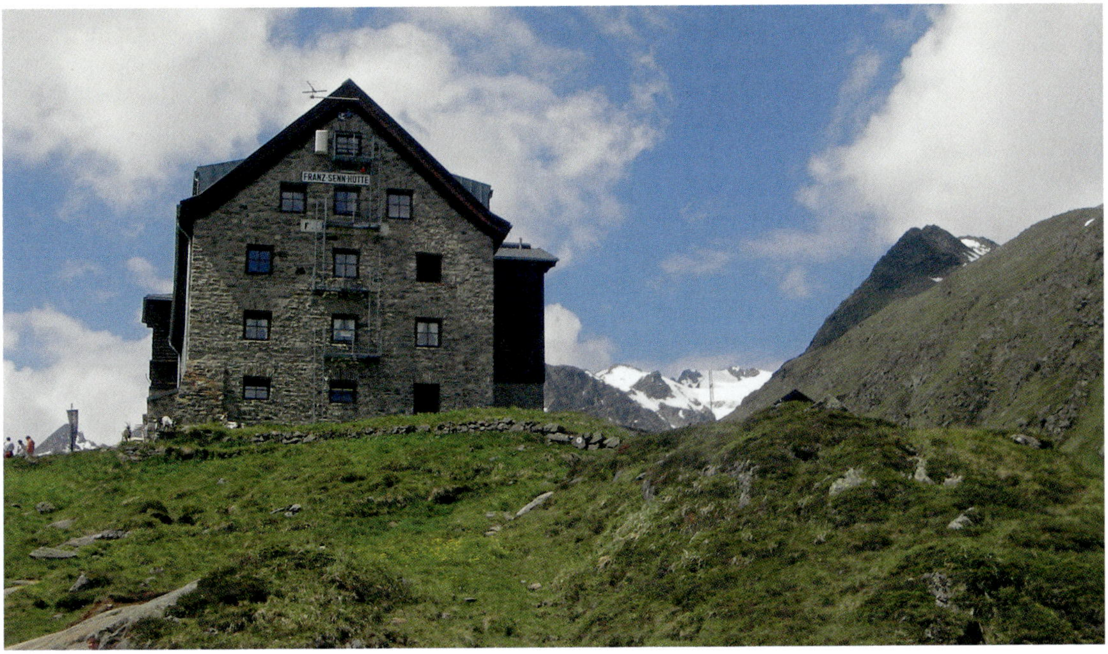

Top: die gut geführte Franz-Senn-Hütte

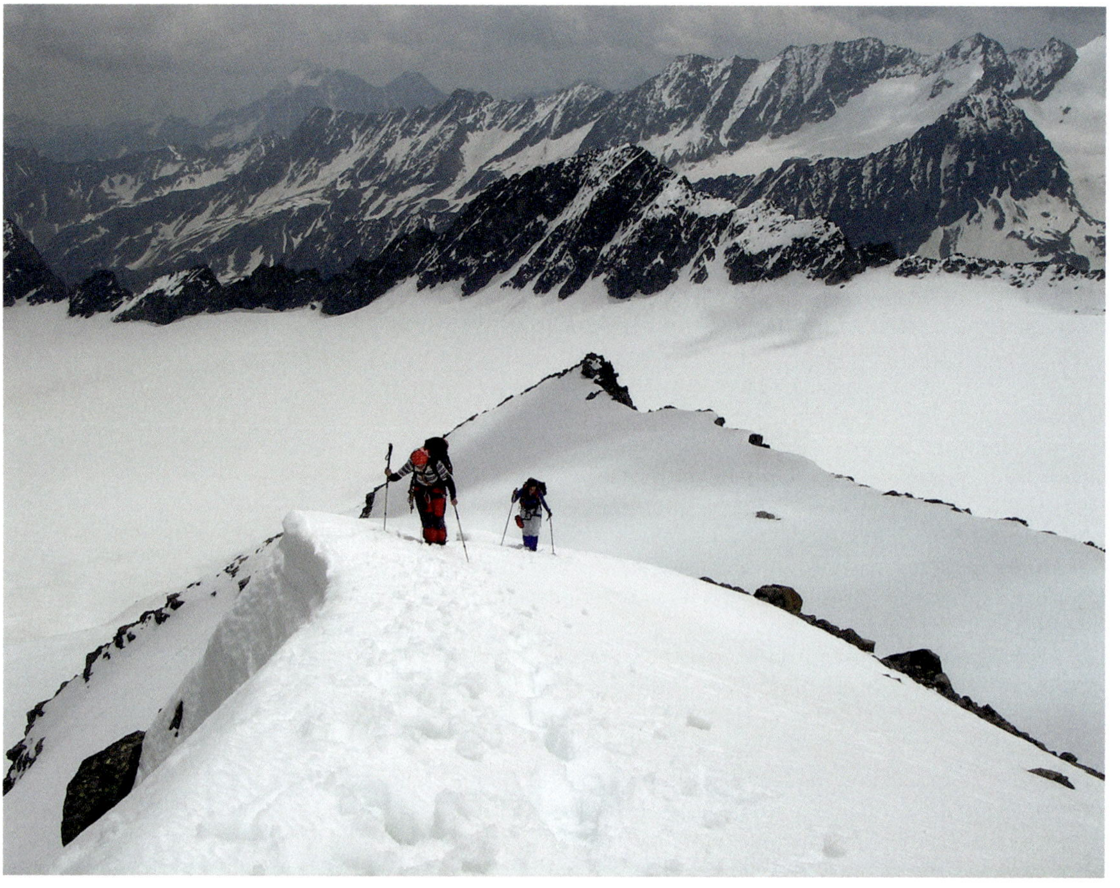

Breit: am Firngrat der Lüsener Spitze

zur Scharte hinaufzieht. Über den rechten Rand der steilen, teilweise versicherten Rinne (Vorsicht: Steinschlag!), erreichen wir den ❸ Rinnennieder (2899 m). Gegenüber erblicken wir nun den großen Lüsener Ferner mit unserem Ziel, der Lüsener Spitze und dem mächtigen Lüsener Fernerkogel.

Zur Lüsener Spitze Vom Rinnennieder steigen wir vorsichtig über Blockwerk steil hinab zum Lüsener Ferner. Dabei achten wir beim Übertritt auf den Gletscher unbedingt auf die Randkluft. Nun queren wir horizontal den gesamten Lüsener Ferner (Achtung: Spalten!) in den Bereich zwischen Lüsener Fernerkogel und Lüsener Spitze. Hier im Gletscherbecken südlich der Plattigen Wand folgen wir nicht den deutlichen Steigspuren nach rechts, sondern steigen in einem Linksbogen hoch zum Gipfelgrat der Lüsener Spitze. Über den blockigen Grat gelangen wir zum Schluss unschwierig zum Kreuz auf der ❹ Lüsener Spitze (3231 m). Nach dem langen Anstieg haben wir uns erst einmal eine Rast verdient und genießen die Aussicht auf die umliegenden Gipfel. Besonders schön ist dabei der Blick hinüber zur Östlichen Seespitze, Ruderhofspitze und den etwas versetzten Wilden Freiger und das Zuckerhütl. Der Tiefblick auf den großen, unter uns liegenden Gletscher lässt uns staunen.

Abstieg Am Anstiegsweg steigen wir hinab zum Lüsener Ferner und queren flach hinüber zum ❸ Rinnennieder (2899 m). Durch die steile Rinne gehen wir vorsichtig hinab zum ❷ Rinnensee (2646 m). Nach einer Rast am See (oder einem Bad?)

wandern wir weiter hinab zur ❶ Franz-Senn-Hütte (2149 m) und nach einer gemütlichen Einkehr auf der sonnigen Terrasse mit Apfelstrudel weiter zur Oberißhütte (1742 m).

Innere Sommerwand Eine weitere lohnende Hochtour im Bereich der Franz-Senn-Hütte ist die Innere Sommerwand (3123 m). Hierzu wandern wir von der Hütte in Kehren unter dem Nordgrat der Vorderen Sommerwand hinauf. Der Weg quert nun unter den langen Wänden der Sommerwand hinein in das Kar bis unter den Sommerwandferner. Wir betreten den Gletscher (Spalten) und steigen über den nach oben zu immer steileren Gletscher bis unter die Kräulscharte. Der Schlussanstieg in die Scharte ist inzwischen sehr steil und erfordert Vorsicht. Einzelne Klammern helfen über den Fels hinweg. Über den versicherten Grat klettern wir nun hoch in Richtung Sommerwand. Nach einer kurzen Querung unter einem Felsturm stehen wir am aussichtsreichen Gipfel mit seinem schönen Kreuz. Die Sicherungen zum Gipfel waren im Sommer 2018 komplett abgebaut, sodass man entsprechend vorsichtig sein muss. Besonders schön ist die Aussicht auf das Tourengebiet der Franz-Senn-Hütte. Hier können wir gut die Tour zum Vorderen Wilden Turm und zur Lüsener Spitze einsehen.
Am Anstiegsweg steigen wir zurück zur Kräulscharte und über den Sommerwandferner und den anschließenden Steig zur Franz-Senn-Hütte hinab.

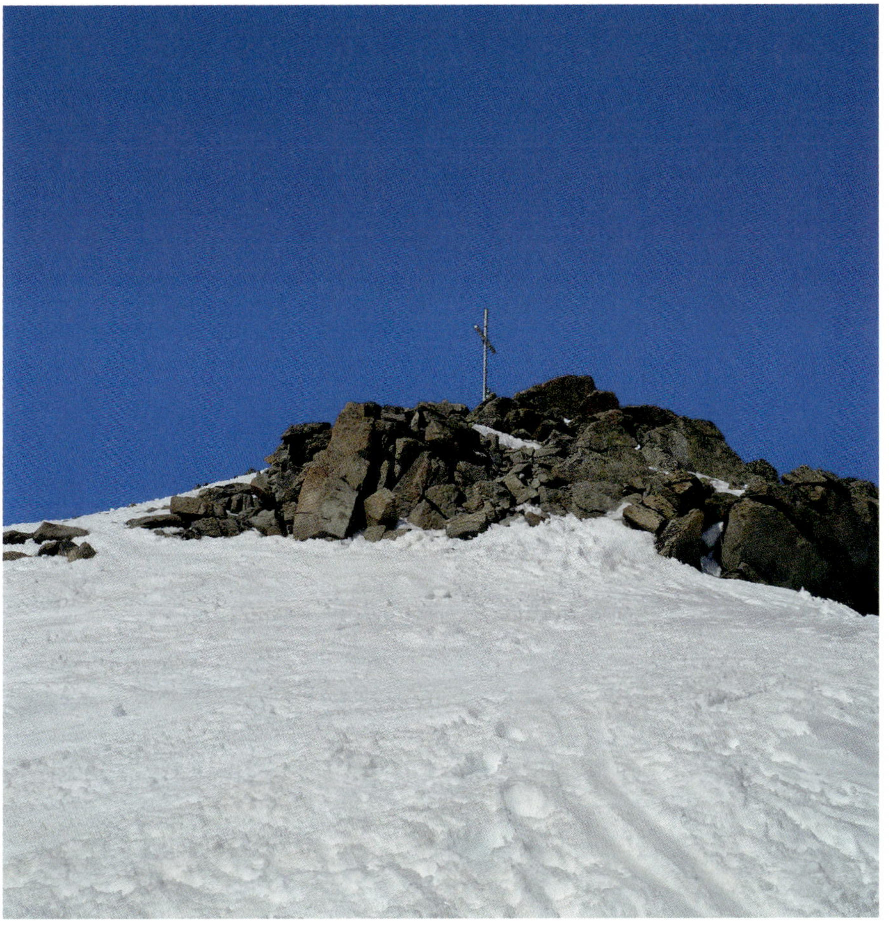

Oben: Gipfelkreuz auf der Lüsener Spitze

15

Über den Lübecker Weg auf den Wilden Freiger

Überschreitung von Süd- nach Nordtirol

WS 12:30 Std. 2130 Hm/2350 Hm

Tourencharakter:
Mittelschwere Hochtour. Gletscher mit wenig Spalten. Lübecker Weg und Südgrat versichert, vor allem am Lübecker Weg Trittsicherheit und Schwindelfreiheit erforderlich.

Höchster Punkt:
Wilder Freiger (3418 m)

Ausgangspunkt:
Parkplatz kurz nach der Grawa Alm (1534 m)

Endpunkt:
Bushaltestelle bei Ranalt (1369 m)

Anfahrt:
Auto: Nach Innsbruck und weiter ins Stubaital bis zur Grawa Alm. Parkplatz kurz danach.
Bahn und Bus: Mit dem Zug nach Innsbruck, mit dem Bus weiter bis zur Bushaltestelle direkt am Parkplatz

Gehzeiten:
Parkplatz–Sulzenauhütte 2 Std., Sulzenauhütte–Müllerhütte 4 Std., Müllerhütte–Wilder Freiger 2 Std., Wilder Freiger–Nürnberger Hütte 2:30 Std., Nürnberger Hütte–Ranalt 2 Std.

Übernachtung:
Sulzenauhütte (2191 m), DAV Sektion Leipzig, Tel. 0043/(0)5226/243 20, www.sulzenauhuette.at,
Müllerhütte (3148 m), Autonome Provinz Bozen, Tel. 0043/(0)699/186 789 65, www.muellerhuette.eu,
Becherhaus (3196 m), Autonome Provinz Bozen, www.becherhaus.it

Karte:
Alpenvereinskarte 1:25 000, Blatt Nr. 31/1 »Stubaier Alpen, Hochstubai«

Ausrüstung:
Gletscherausrüstung, Helm

Die schönste Tour auf den Wilden Freiger ist seine Überschreitung. Wir gehen zuerst am Gipfel vorbei zur hochgelegenen Müllerhütte, um ihn dann von Süden nach Norden zu überschreiten. Vom Gipfel genießt man eine wunderbare Aussicht und steigt anschließend am Normalweg über die Nürnberger Hütte ab.

Der **Wilde Freiger** wird klassisch über die 1885 erbaute Nürnberger Hütte von Norden bestiegen. Wir wollen hier aber den Umweg über die Südtiroler Südseite vorstellen. Landschaftlich prächtig stehen die Müllerhütte und das Becherhaus am Rand des Übeltalferners. Früher konnte man von der Sulzenauhütte über die Fernerstube und einen kurzen Klettersteig direkt zur Müllerhütte gelangen. Seit einem schweren Felssturz muss man den Umweg über den Lübecker Weg nehmen. Dieser historische Weg, der inzwischen gut markiert und versichert wurde, führt bis kurz unter den Freigergipfel, um dann den Übertritt nach Südtirol zu ermöglichen.

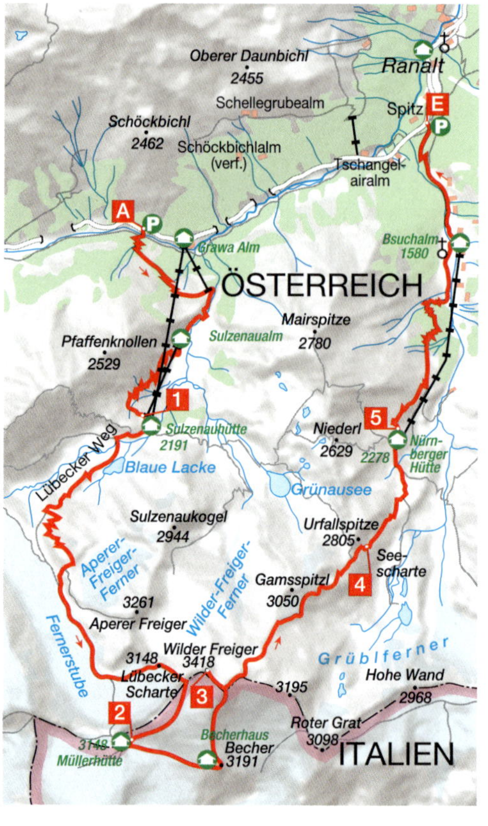

Zur Sulzenauhütte Vom Parkplatz nach der Grawa Alm (1534 m) gehen wir über eine Brücke und wandern durch den Wald auf dem hinaufziehenden Weg hoch zur Bergstation einer Materialseilbahn. Hier öffnet sich der schöne Talboden mit der Sulzenaualm (1857 m). Oberhalb der Alm lässt uns ein toller Wasserfall staunen, etwas darüber sehen wir schon die Sulzenauhütte, unser heutiges Ziel. Der Weg führt vom Almboden in zahlreichen steilen Kehren hoch bis zur

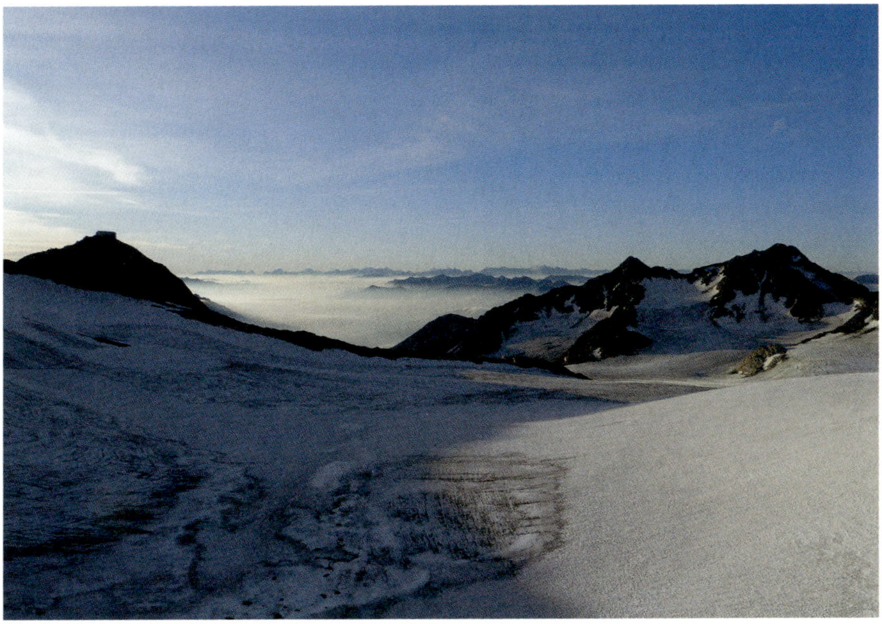

Fantastisch: Morgendliche Stimmung am Übeltalferner. Links Becherhaus, rechts Botzer.

Höhe der Hütte. Nach einer kurzen Querung nach links hinüber erreichen wir die ❶ Sulzenauhütte (2191 m).

Zur Müllerhütte Am nächsten Morgen folgen wir den Wegweisern »Müllerhütte, Wilder Freiger« nach Westen. Bald zweigt nach links der Weg in Richtung Müller-

Über den Wolken: die letzten Meter am Südgrat des Wilden Freigers

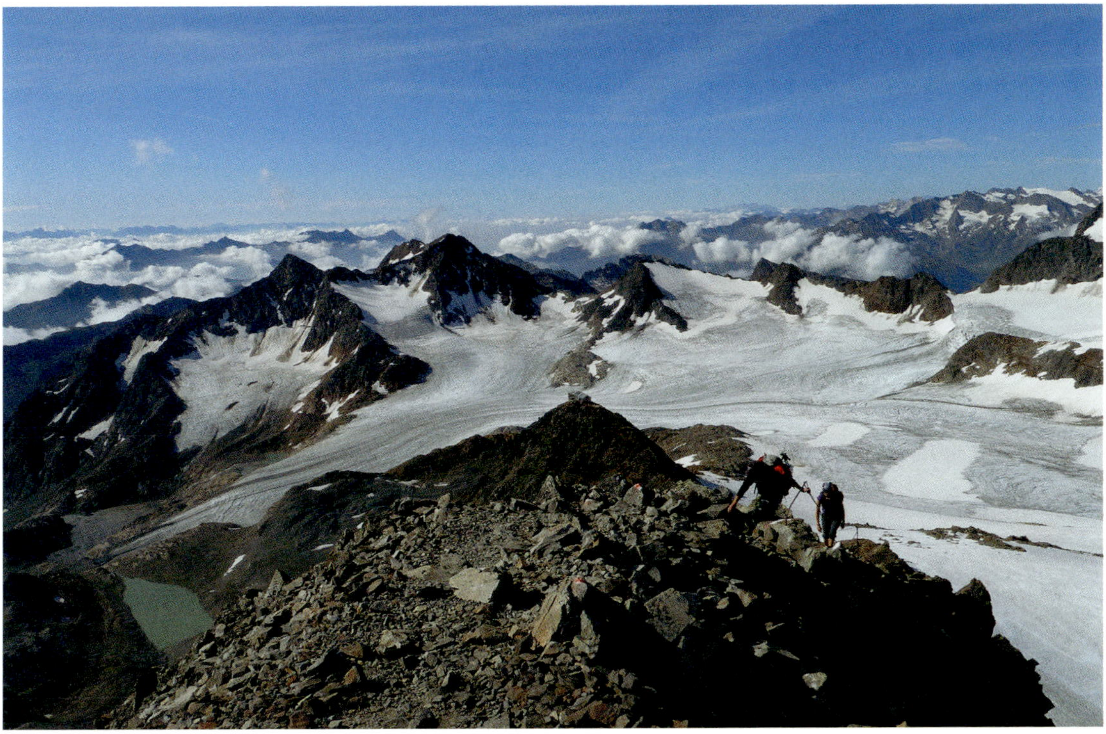

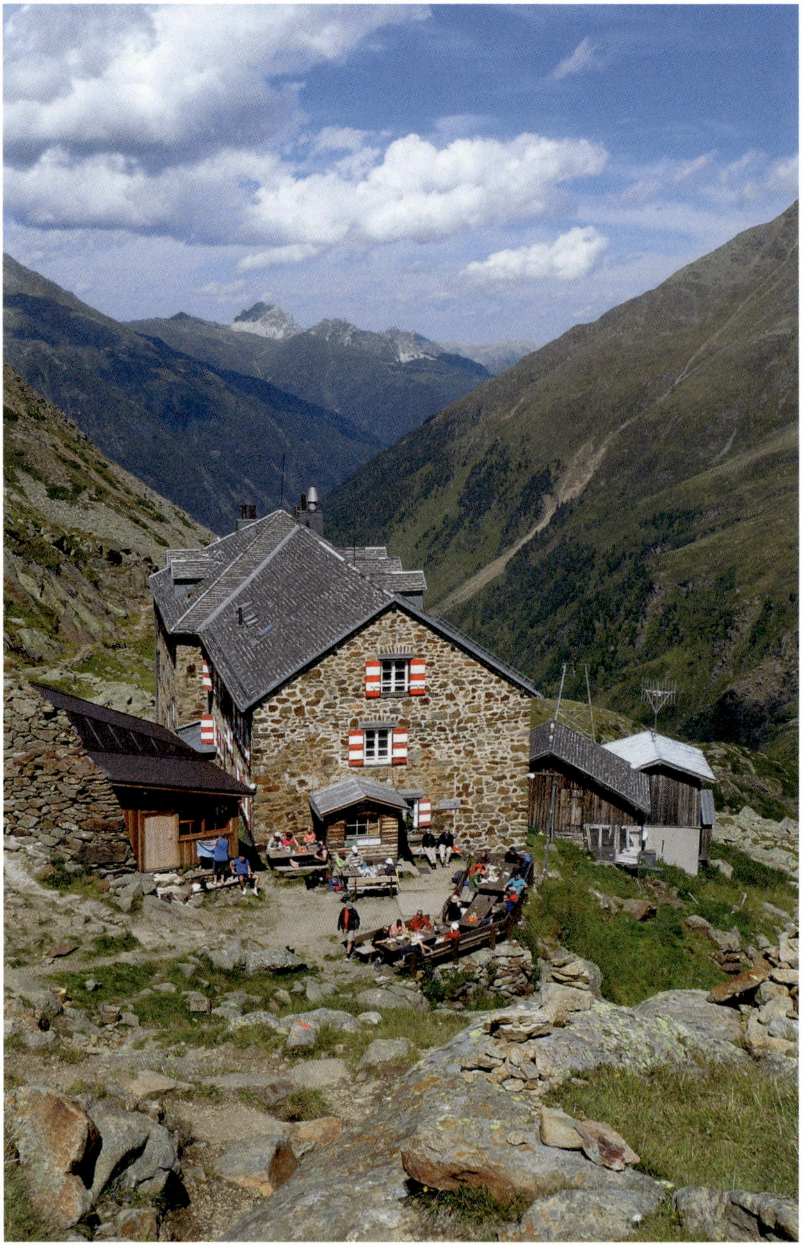

Raststation: die Nürnberger Hütte im Abstieg nach Ranalt

hütte ab. Wir queren den Bach und gelangen nach einem kurzen Anstieg zur Blauen Lacke, einem wunderschönen Gletschersee. Durch ein »Dorf« von Steinmännern gehen wir weiter. Den wenig später abzweigenden Anstieg zum Aperen Freiger lassen wir unberücksichtigt. Stattdessen gehen wir über Blockwerk, teilweise etwas mühsam, hinüber zur Fernerstube. Bald betreten wir den Gletscher und sehen im Talschluss die Felsmauer, über die früher der Anstieg führte. Wir wandern nun um den Südwestgrat des Aperen Freigers im Bogen nach links. Zwischenzeitlich ist der Gletscher kurz ein wenig steiler und weist einige Spalten auf. Über den nun wieder flacheren Gletscher gelangen wir zur Lübecker Scharte (3146 m). In der Scharte beginnen die Versicherungen des Lübecker Wegs. Wir kraxeln nun teilweise ziemlich ausgesetzt entlang des Grates mithilfe der Versicherungen hoch zu einer Einschartung im Westgrat des Wilden Freigers. Von hier wäre es nicht mehr weit zum Gipfel, allerdings ist das Schlussstück nochmals deutlich ausgesetzter als der bisherige Anstieg. Deshalb betreten wir hier nun den Übeltalferner und steigen meistens auf vorhandener Spur hinab in Richtung ❷ Müllerhütte (3148 m). Kurz vor der Hütte kommen wir noch einmal an ein paar größeren Spalten vorbei. Die letzten Meter zur Hütte führen über brüchigen Fels. Die Hütte liegt in großartiger Lage am Rand des Übeltalferners, umrahmt von Wildem Pfaff, Sonklarspitze, Botzer und Wildem Freiger. Im Westen grüßt das Becherhaus herüber, in dem man ebenfalls übernachten kann. Beide Hütten bieten leckere Südtiroler Verpflegung mit hervorragendem Wein, da sie beide schon auf Südtiroler Boden stehen.

Auf den Wilden Freiger Von der Müllerhütte steigen wir kurz ab zum Übeltalferner und gehen unterhalb der Hütte entlang in Richtung Becherhaus. Wir steuern eine Einschartung im Südgrat des Freigers, nördlich der Hütte, an. Dort betreten wir den Grat, der teilweise etwas ausgesetzt, aber mit guten Versicherungen sowie ausgelegten Felsplatten versehen ist und hinauf zum Signalgipfel des Freigers führt. Von hier ist es nicht mehr weit zum Hauptgipfel. Über den teilweise etwas schmalen Firngrat gehen wir hinüber zum Gipfel des ❸ Wilden Freigers (3418 m), den wir zuletzt über unschwierige Felsen erreichen. Der Blick vor allem nach Süden zum Übeltalferner mit Becherhaus, Botzer und Sonklarspitze ist gewaltig.

Ziel: Vom Gipfel des Wilden Freigers trennt uns nur der Gipfelgrat.

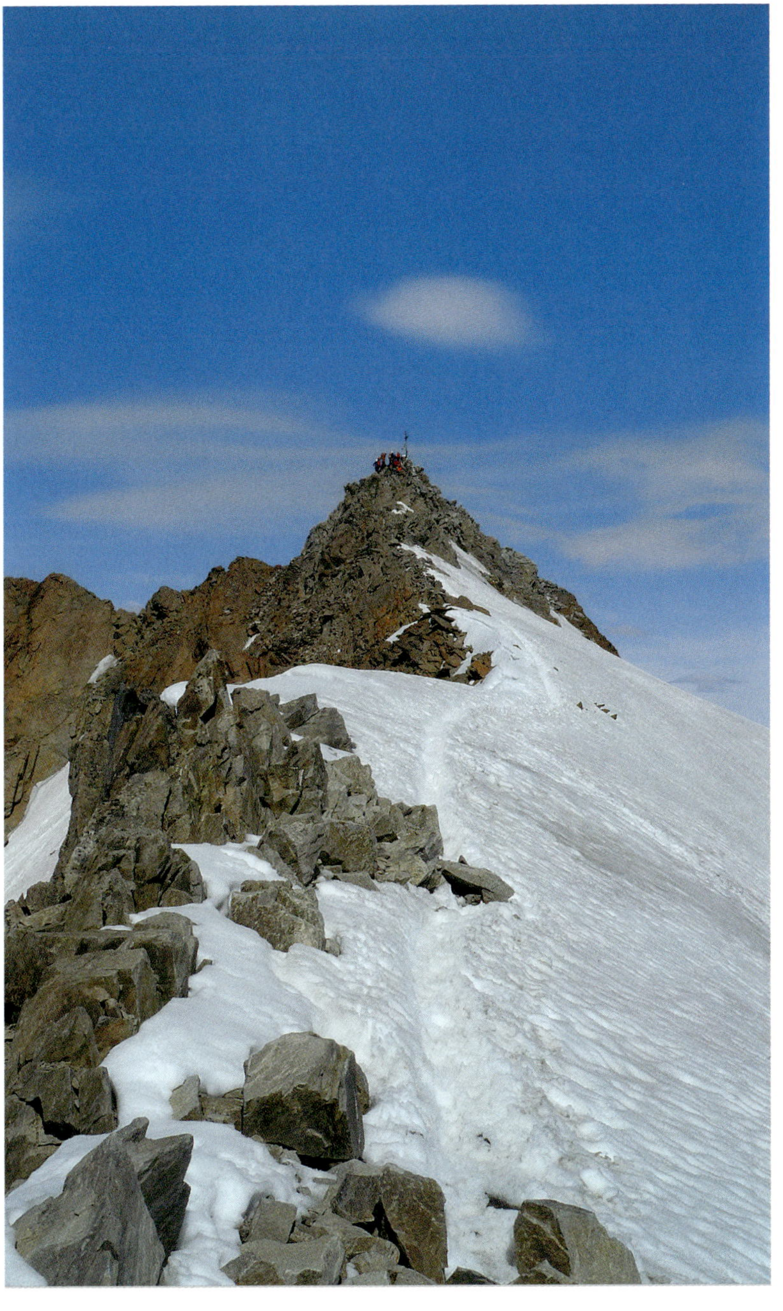

Abstieg Vom Gipfel steigen wir kurz am Grat zurück und ziehen dann kurz vor dem Signalgipfel nach schräg links unten. Der gutmütige Gletscher ist nur kurzzeitig etwas steiler und auch fast spaltenfrei. Er zieht sich auch immer mehr zurück. Schon bald erreichen wir den markierten Steig, der am Gamsspitzl vorbei über grobes Blockwerk abwärts führt. Wir queren an einem kleinen Firnfeld vorbei und steigen weiter hinab zur ❹ Seescharte (2762 m). Von der Scharte schlängelt sich der gut markierte Weg in vielen Kehren hinab zu einer Wegverzweigung, an der wir dem linken Weg folgen und in wenigen Minuten zur ❺ Nürnberger Hütte (2278 m) kommen. Von dort bringt uns der weitere Abstieg zu einer Geländekante und weiter in zahlreichen Kehren bergab zu den Almwiesen der Bsuchalm (1580 m). Nach der Alm folgen wir dem Forstweg und später dem Pfad, der den Forstweg abkürzt, hinab zum Hüttenparkplatz der Nürnberger Hütte bei Ranalt (1369 m), an dem sich die Bushaltestelle befindet. Der Bus bringt uns zum Ausgangspunkt an der Grawa Alm zurück.

16

Auf den Wilden Pfaff

Zu den höchsten Gipfeln in den Stubaier Alpen

WS 11:00 Std. 1500 Hm

Tourencharakter:
Gut markierte Wanderung bis zur Hütte. Spaltenreicher Gletscher zum Pfaffensattel. Gipfelanstieg unschwierig. Variante zum Zuckerhütl leichte Kletterei im II. Schwierigkeitsgrad.

Höchster Punkt:
Wilder Pfaff (3456 m)

Ausgangs-/Endpunkt:
Gasthaus Fiegl (1956 m) im Windachtal

Anfahrt:
Auto: Ins Ötztal bis Sölden und mit dem Wanderbus von der Freizeitarena ins Windachtal.
Bahn und Bus: Ins Ötztal über Oetz bis nach Sölden und mit dem Wanderbus zum Gasthaus Fiegl

Gehzeiten:
Gasthaus Fiegl–Hildesheimer Hütte 3 Std., Gipfelaufstieg 3 Std., Abstieg zur Hütte 2:30 Std., Abstieg zum Gasthaus Fiegl 2:30 Std.

Übernachtung:
Hildesheimer Hütte (2899 m), Mitte Juni bis Mitte Sept., Tel. 0043/(0)5254/2300, www.hildesheimerhuette.at

Karte:
Alpenvereinskarte 1:25 000, Nr. 31/1 »Stubaier Alpen/Hochstubai«

Tourismus-Info:
Ötztal Tourismus, Tel. 0043/(0)57/200, www.oetztal.com

Ausrüstung:
Gletscherausrüstung

Der Wilde Pfaff ist der kleine Nachbar des Zuckerhütls. Auch wenn das Hütl als höchster Stubaier Gipfel sehr begehrt ist, so ist der Pfaff etwas einfacher, weshalb wir ihn hier vorrangig empfehlen möchten.

Zur Hildesheimer Hütte Nach der Auffahrt mit dem Bus bis kurz vor das Gasthaus Fiegl (1956 m) wandern wir in das schöne Windachtal hinein. Der Wanderweg in dem breiten Tal ist lange Zeit ziemlich flach und verläuft immer am Bach entlang. Bei einem Wegweiser zweigt der Anstieg zur Hildesheimer Hütte nach links ab. Während der geradeaus führende Weg weiter in das Windachtal hinein und zur Siegerlandhütte hinaufzieht, folgen wir dem sogenannten Aschenbrennerweg, der den Hang ein Stück quert und unter der Materialseilbahn hindurchführt. In der Folge schlängelt sich der Steig in vielen Kehren unterhalb der Seilbahn bergauf. Weiter oben queren wir hinüber ins Falkenkar, durch das wir die ❶ **Hildesheimer Hütte** (2900 m) erreichen.

Aus dem Stubaital Die Hütte kann auf deutlich kürzerem Weg vom Schaufeljoch, der Bergstation der Stubaier Gletscherbahnen, erreicht werden. In einer Stunde steigt man über den Gaiskarferner zur Hütte hinunter.

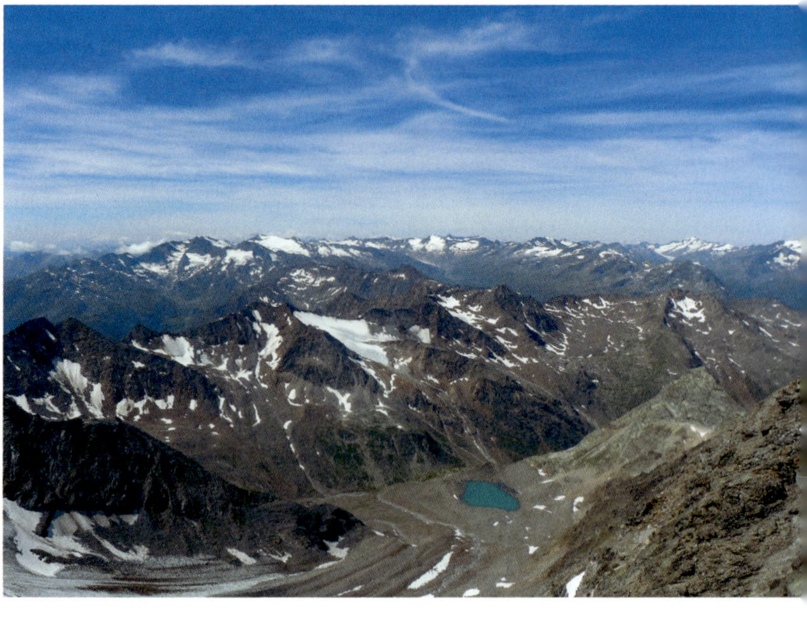

Grandioser Gipfelausblick

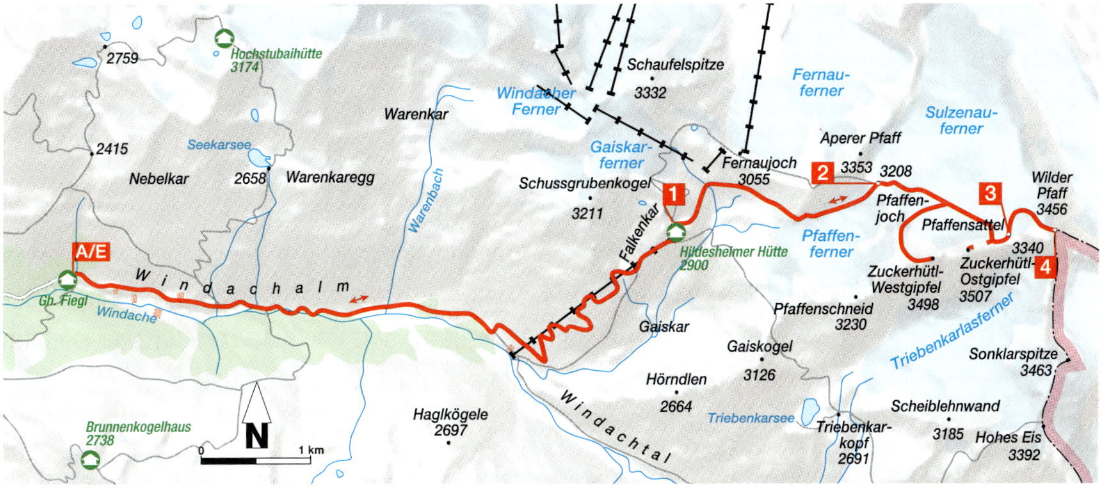

Auf den Wilden Pfaff Von der Hütte steigt man versichert hinab zum Hüttensee. In einem weiten Bogen geht man zum Pfaffenferner, der relativ harmlos ist. Wir erreichen das ❷ **Pfaffenjoch** (3208 m). Nach dem Joch betreten wir den spaltigen Sulzenauferner. Vorsichtig queren wir hinüber in den ❸ **Pfaffensattel** (3344 m) zwischen Zuckerhütl und Wilder Pfaff. Vom Sattel ist es nun nicht mehr weit über Schnee und Blockgelände bis zum ❹ **Gipfel des Wilden Pfaffs** (3456 m). Wunderschön ist die Aussicht von hier oben, beeindruckend der Blick hinüber zum Wilden Freiger und dem exponiert stehenden Becherhaus. Eindrucksvoll ist aber auch die Sicht hinüber zum steilen Zuckerhütl.

Abstieg Für den Abstieg wählen wir den Anstiegsweg zurück zur Hildesheimer Hütte und weiter ins Windachtal zum Gasthaus Fiegl. Mit dem Bus fahren wir schließlich zurück nach Sölden im Ötztal.

Variante auf das Zuckerhütl Natürlich lockt als weiteres Gipfelziel das Zuckerhütl (3507 m). Wegen eines Felsabbruches raten wir vom Hauptgipfel ab. Eine Alternative bietet der etwas niedrigere Westgipfel. Dafür quert man unter dem Hütl durch und steigt über einen steilen Firnhang zum Grat. Dort wartet Blockkletterei (II-III) bis zum Gipfel mit der Madonnenfigur..

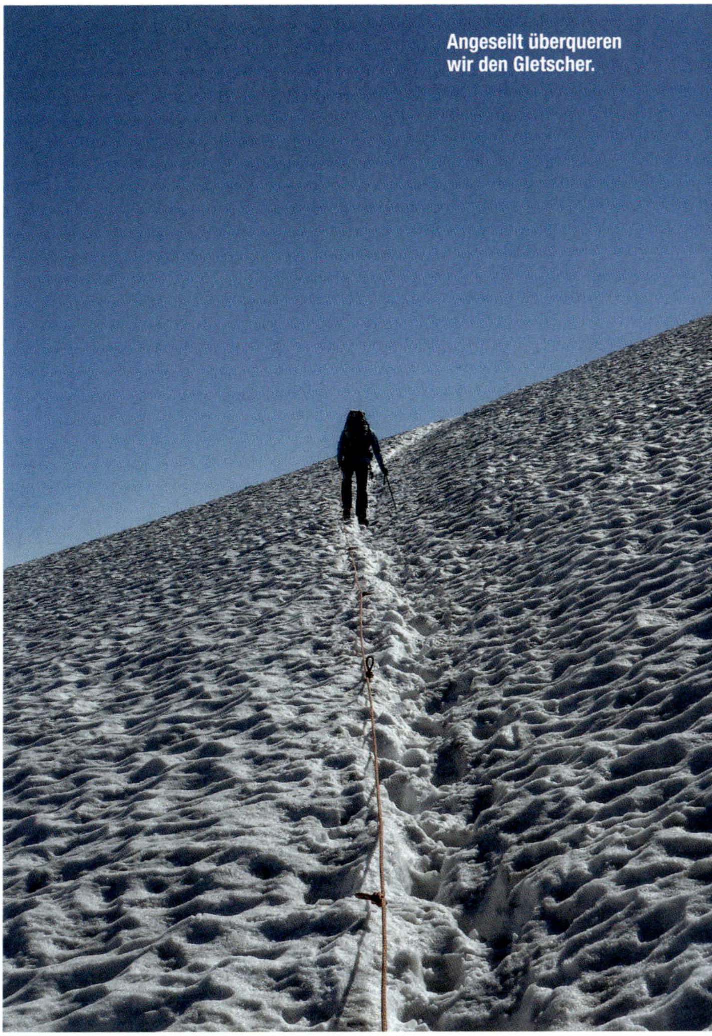

Angeseilt überqueren wir den Gletscher.

17

Von Winnebach zum Breiten Grieskogel

Paradetour der Winnebachseehütte

WS– 9:30 Std. 1650 Hm

Tourencharakter:
Mittelschwere Hochtour mit kurzem Steilstück am Gletscher. Der Gletscher wartet mit einigen Spalten auf. Leichter Blockgrat.

Höchster Punkt:
Breiter Grieskogel (3287 m)

Ausgangs-/Endpunkt:
Hüttenparkplatz unterhalb von Winnebach (ca. 1650 m)

Anfahrt:
Auto: Über den Fernpass nach Imst und weiter ins Ötztal nach Längenfeld. Dort links ab nach Gries und weiter in Richtung Winnebach. Parkplatz in der Kurve vor dem Ort.
Bahn und Bus: Mit dem Zug nach Oetz und mit dem Bus weiter nach Gries

Gehzeiten:
Parkplatz–Winnebachseehütte 2 Std., Winnebachseehütte–Breiter Grieskogel 3:30 Std., Breiter Grieskogel–Winnebachseehütte 2:30 Std., Winnebachseehütte–Parkplatz 1:30 Std.

Übernachtung:
Winnebachseehütte (2361 m), DAV Sektion Hof, Tel. 0043/(0)5253/5197, www.winnebachseehuette.com

Karte:
Alpenvereinskarte 1:25 000, Blatt Nr. 31/2 »Stubaier Alpen, Sellrain«

Tourismus-Info:
Ötztal Tourismus, A-6450 Sölden, Tel. 0043/(0)57/200, www.oetztal.com

Ausrüstung:
Gletscherausrüstung

Der Anstieg auf den Breiten Grieskogel von der Winnebachseehütte ist vor allem bei Firn eine wunderschöne Hochtour auf einen fantastischen Aussichtsgipfel und gilt zu Recht als Paradetour der Hütte. Der Anstieg verläuft von der Hütte auf markiertem Weg in Richtung Zwieselbachjoch und weiter über den Gletscher zum Gipfel.

Der **Breite Grieskogel** ist als Skiberg eher im Winter populär, im Sommer wird er leider etwas vernachlässigt. Aber auch dann lohnt die Besteigung. Stützpunkt ist die kleine, gemütliche Winnebachseehütte, die idyl-

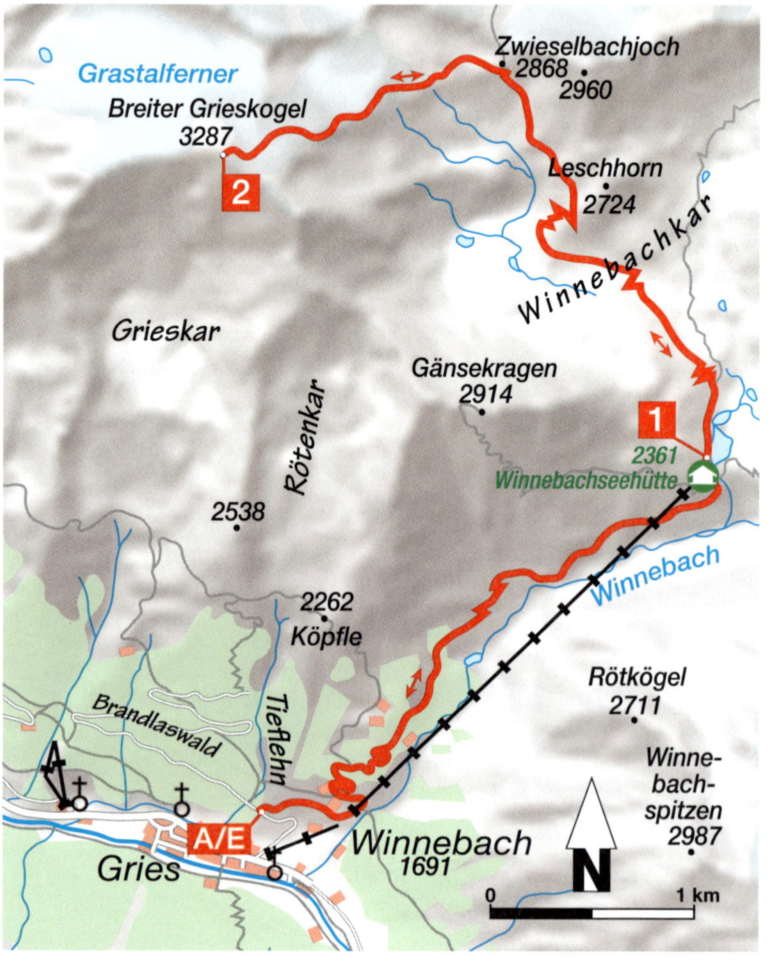

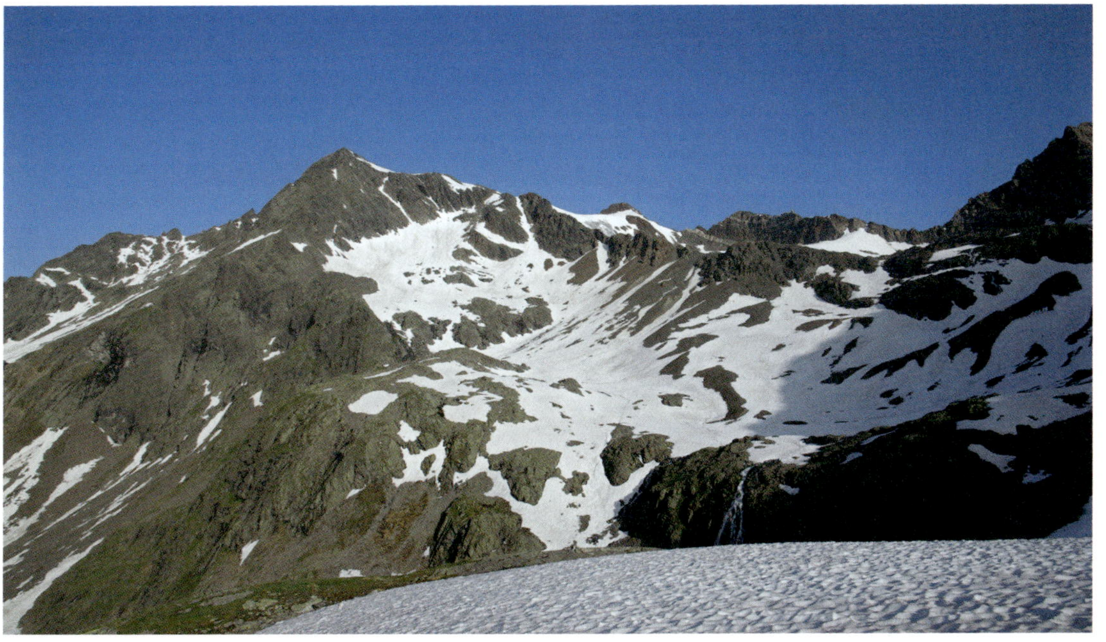

lisch am gleichnamigen See liegt. Die Hütte wurde 1900/01 von der DAV-Sektion Frankfurt (Oder) gebaut. Seit 1954 wird die Hütte von der fränkischen Sektion Hof liebevoll betreut.

Einsam: Im Sommer wird der Breite Grieskogel selten bestiegen.

Zur Winnebachseehütte Vom Parkplatz unterhalb von Winnebach (ca. 1650 m) wandern wir auf der Teerstraße hoch in das Örtchen. Wir gehen zwischen den Häusern hindurch und folgen nach einem Gatter einem breiten Weg in ein paar Kehren aufwärts zu einer Wegverzweigung. Hier halten wir uns links und wandern im Wald in gleichmäßiger Steigung bergauf. Das Gelände wird bald freier, und wir erreichen eine Bank (2000-Meter-Bank), an der sich eine erste Rast anbietet. Der Steig

Abzweig: Wegweiser unterm Zwieselbachjoch

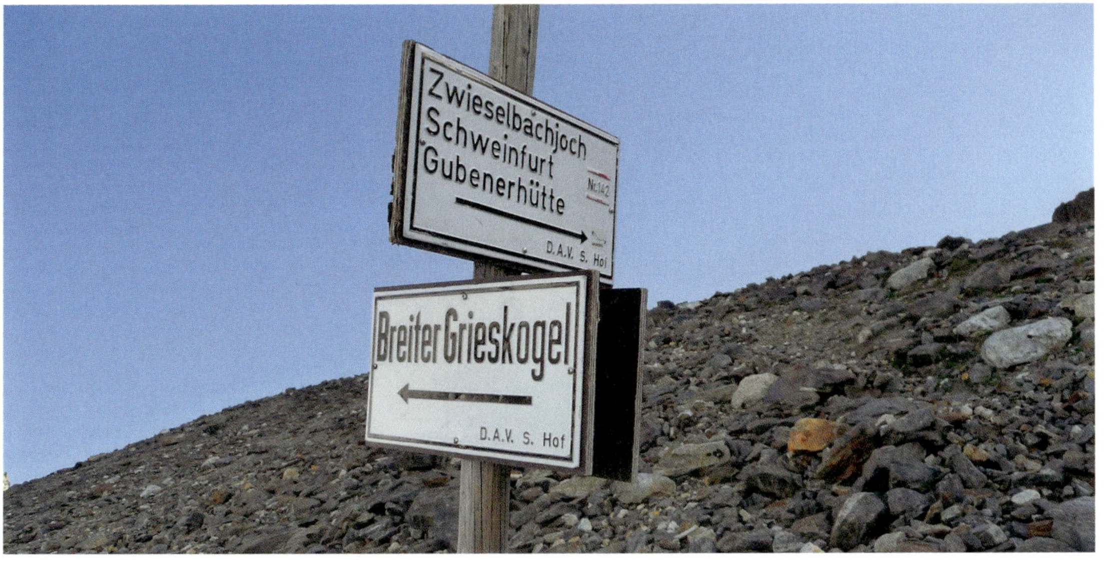

zieht nun durch die sonnigen Latschenhänge aufwärts zu einer kleinen Hütte. Hier öffnet sich ein schöner Blick in den Talschluss mit dem Wasserfall. Der Weg führt nun ein wenig flach weiter taleinwärts. Den Abzweig zum Klettergarten »Klein-Kanada« lassen wir unberücksichtigt und steigen die letzten Höhenmeter wieder etwas steiler hoch zur kleinen ❶ **Winnebachseehütte** (2361 m). Wunderschön liegt sie neben dem Winnebachsee und bietet eine märchenhafte Aussicht auf den gegenüberliegenden Wasserfall. Hier können wir den restlichen Tag genießen oder noch am Nachmittag den Hüttengipfel, den Gänsekragen (2914 m) besteigen. Der Anstieg zum Gipfel auf dem markierten Steig dauert eineinhalb Stunden und erfordert Trittsicherheit sowie Schwindelfreiheit. Der Abstecher ist aufgrund seiner Aussicht sehr lohnend.

Zum Breiten Grieskogel Am nächsten Morgen gehen wir von der Hütte aus am linken Ufer des Sees entlang und gelangen bald zu einer Wegverzweigung. Wir folgen dem linken Weg Richtung Zwieselbachjoch und Schweinfurter Hütte. Dieser führt uns im Blockwerk kurz aufwärts und dann weiter ziemlich flach an einigen Wasserläufen entlang taleinwärts. Der Weg biegt bald nach rechts und windet sich in zahlreichen Kehren hoch zu einem flacheren Abschnitt, direkt neben dem Leschhorn. Hier rasten wir kurz vor dem weiteren Anstieg. Der Steig läuft anschließend noch ein kurzes Stück relativ flach weiter, um sich dann sehr steil über einen Rücken in zahlreichen Serpentinen bis unter das Zwieselbachjoch hinaufzuschlängeln. Kurz vor dem Joch schickt uns ein Wegweiser »Breiter Grieskogel« nach links. Auf Steigspuren gehen wir nun auf den Gletscher zu. Wir halten uns noch so weit wie möglich auf dem linken Felsrücken, bis wir unterhalb der steilen Gletscherstufe auf den Gletscher hinabsteigen. Nun beginnt die Steilstufe des Gletschers, die wir am linken Rand erklimmen wollen. Diese Passage ist nur bei Firnauflage empfehlenswert. Bei Ausaperung spät im Jahr kann die Passage unangenehm sein, und man

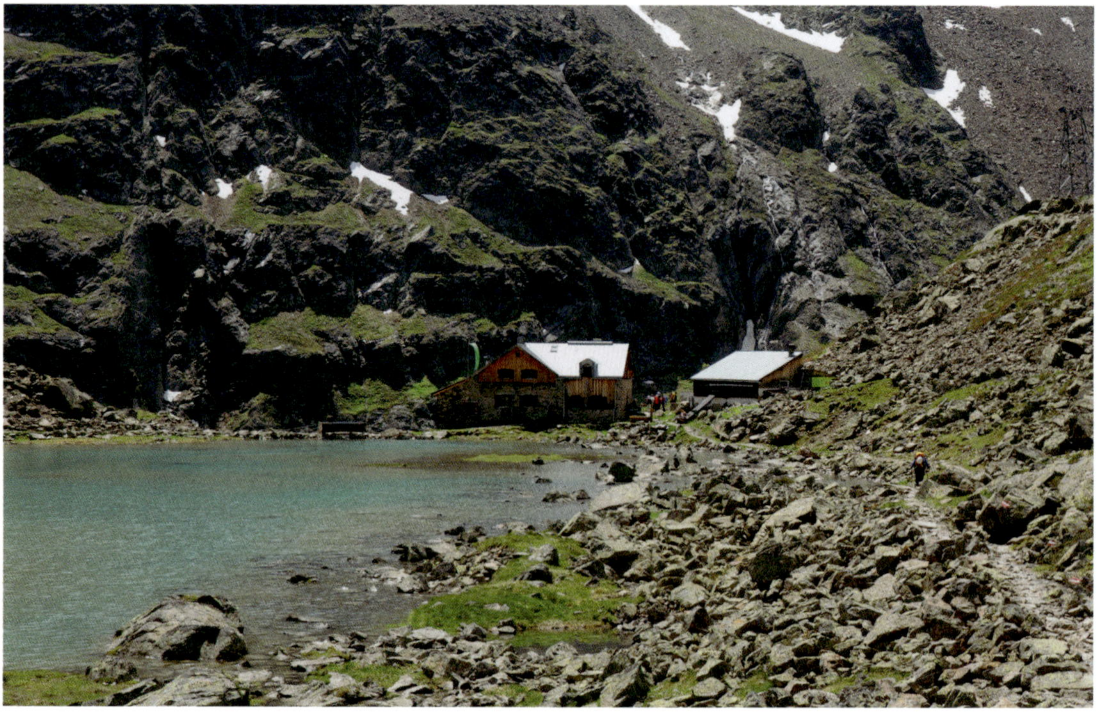

Traumhafte Lage: die Winnebachseehütte am Winnebachsee

muss gegebenenfalls sichern. Nach diesem steileren Abschnitt erreichen wir das flache Gletscherbecken unterhalb des Gipfels. Achtung, hier befinden sich einige Gletscherspalten. Nun folgen wir nicht den Beschreibungen des AV-Führers, der uns nach rechts zum Nordgrat schickt, sondern halten uns links und erreichen so einen Felsrücken, über den wir hoch zum Gipfelgrat steigen. Über den unschwierigen Grat gehen wir hinüber zum Gipfelkreuz auf dem ❷ Breiten Grieskogel (3287 m). Die Aussicht vom geräumigen Gipfel ist wirklich großartig. Vor allem die prominenten Ötztaler Gipfel wie Weißkugel und Wildspitze grüßen zu uns herüber. Aber auch die Gipfelkreuze der benachbarten Gipfel wie Hoher Seeblaskogel und Winnebacher Weißkogel sind gut zu erkennen. Und natürlich darf der zweithöchste Stubaier Gipfel nicht unterschlagen werden: Der benachbarte mächtige Schrankogel zieht ebenfalls unsere Blicke auf sich. Besonders eindrucksvoll ist der gegenüberliegende Strahlkogel, dessen Kreuz förmlich unerreichbar erscheint.

Tipp

Eine schöne Tour von der Winnebachseehütte führt auf den Hohen Seeblaskogel. Dabei wird mit dem Grüne-Tatzen-Ferner ein leichter Gletscher betreten über den man ohne Schwierigkeiten zum Gipfel gelangt.

Abstieg Für den Abstieg zur Hütte gehen wir über den Grat zurück. Nun folgen wir dem Blockkamm zum flachen Gletscherbecken. An der Steilstufe sollte man besonders aufpassen. Haben wir diese gemeistert, wandern wir anschließend vom Ende des Gletschers hinüber Richtung Zwieselbachjoch und am bekannten Aufstiegsweg zurück zur ❶ Winnebachseehütte (2361 m). Nach einer gemütlichen Rast auf der Hüttenterrasse wandern wir am Hüttenanstieg zurück nach Winnebach und weiter zum kurz unterhalb befindlichen Hüttenparkplatz (ca. 1650 m). Alternativ kann man noch eine Nacht auf der Hütte verbringen und am nächsten Tag mit dem Hohen Seeblaskogel noch eine weitere leichte Hochtour unternehmen.

Abstieg: am Gipfelgrat des Breiten Grieskogels

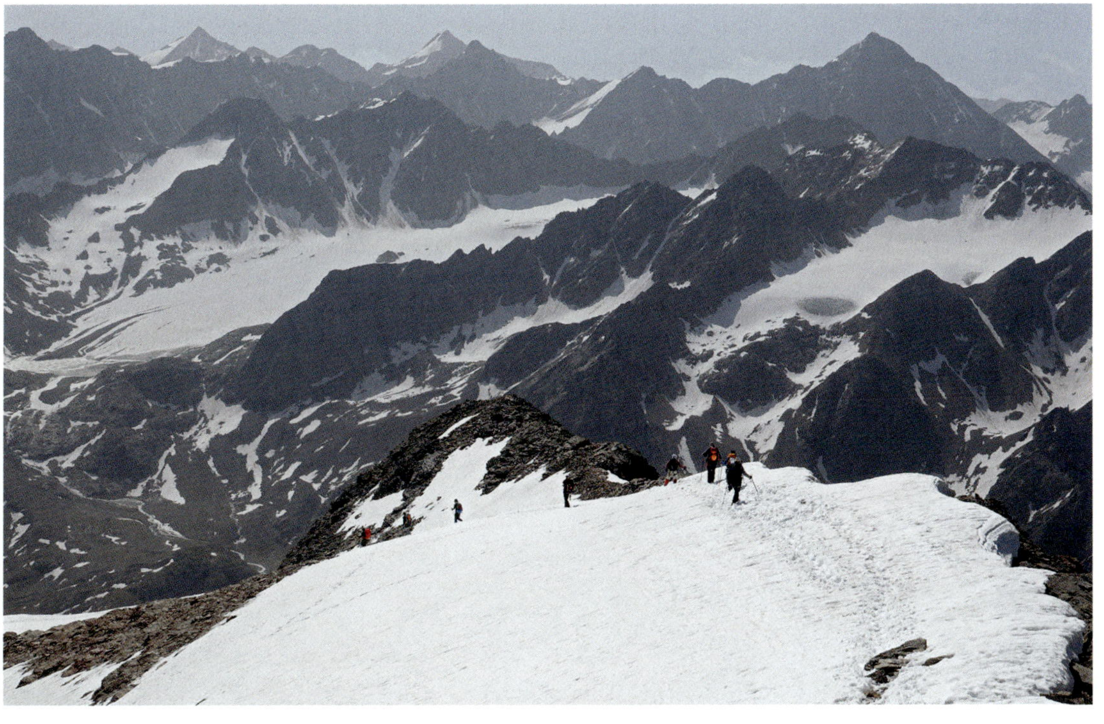

18

Über die Siegerlandhütte zur Sonklarspitze

Im Schatten der Prominenz

WS– 10:00 Std. 1600 Hm

Tourencharakter:
Mittelschwere Hochtour ohne Spaltengefahr, aber mit kurzen Firn- und Gletscherpassagen. Trittsicherheit und Schwindelfreiheit am Grat (stellenweise II) erforderlich.

Höchster Punkt:
Sonklarspitze (3467 m)

Ausgangs-/Enpunkt:
Gasthaus Fiegl (1958 m)

Anfahrt:
Auto: Über den Fernpass nach Imst und weiter ins Ötztal nach Sölden. Von dort mit dem Bus zum Gasthaus Fiegl
Bahn und Bus: Mit dem Zug nach Oetz und mit dem Bus weiter nach Sölden und zum Gasthaus Fiegl

Gehzeiten:
Gasthaus Fiegl–Siegerlandhütte 3 Std., Siegerlandhütte–Sonklarspitze 3 Std., Sonklarspitze–Siegerlandhütte 2 Std., Siegerlandhütte–Gasthaus Fiegl 2 Std.

Übernachtung:
Siegerlandhütte (2710 m), DAV Sektion Siegerland, Tel. 0043/(0)664/241 40 40, www.siegerlandhuette.com

Karte:
Alpenvereinskarte 1:25 000, Blatt Nr. 31/1 »Stubaier Alpen Hochstubai«

Tourismus-Info:
Ötztal Tourismus, A-6450 Sölden, Tel. 0043/(0)57/200, www.oetztal.com

Ausrüstung:
Steigeisen, Pickel

Der Anstieg von Sölden zur Siegerlandhütte verläuft durch das landschaftlich wunderschöne Windachtal. Von der Hütte kraxeln wir über unschwieriges Blockwerk, gewürzt mit einer kurzen versicherten Kletterstelle, zum Hohen Eis. Von diesem Vorgipfel steigen wir über den spaltenlosen Gletscher zum Gipfel.

Die **Sonklarspitze** ist nach Zuckerhütl, Schrankogel und Ruderhofspitze der vierthöchste Stubaier Gipfel. Sie steht aber etwas im Schatten der großen Prominenz. Vielleicht lohnt sich gerade deshalb ein Besuch, da die landschaftlichen Eindrücke auf dieser Tour vollends überzeugen. Stützpunkt ist die Siegerlandhütte, die 1930 von der Sektion Siegerland eingeweiht wurde. Das große Haus aus Stein ist der Stolz der Siegerländer. Wir durften selbst einmal an einem Sektionsabend auf der Hütte sein und die große Verbundenheit zur Hütte spüren.

Zur Siegerlandhütte Von Sölden fahren wir mit dem Ötztalerbus zum Gasthaus Fiegl (1958 m). Vom Gasthaus spazieren wir auf breitem Wanderweg taleinwärts. Wir passieren den Abzweig zur Hildesheimer Hütte, den wir unberücksichtigt lassen, und kommen bald danach zur Talstation der Materialseilbahn zur Hildesheimer Hütte. Das Windachtal ist ein wirklich wunderschönes, ursprüngliches Tal. Entlang der Windachklamm wandern wir eine weitere Stunde taleinwärts bis zur Materialseilbahn für die Siegerlandhütte. In einigen Kehren schlängeln wir uns nun

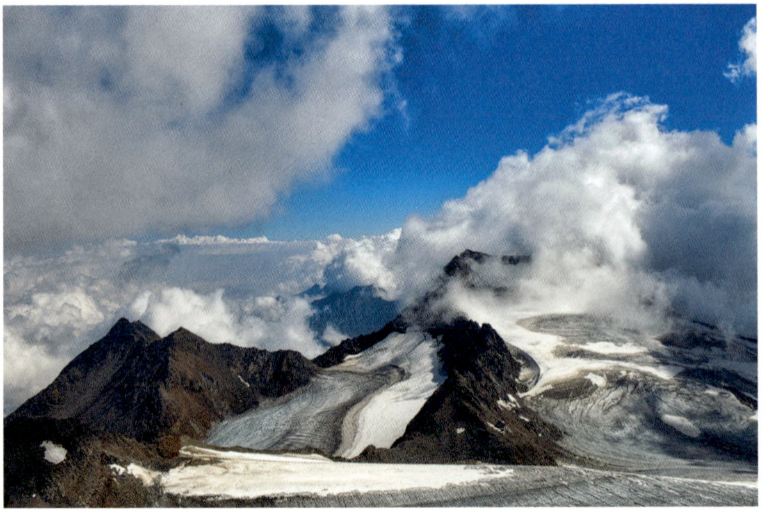

Tolle Landschaft – auf der Sonklarspitze

empor zur ❶ Siegerlandhütte (2710 m).

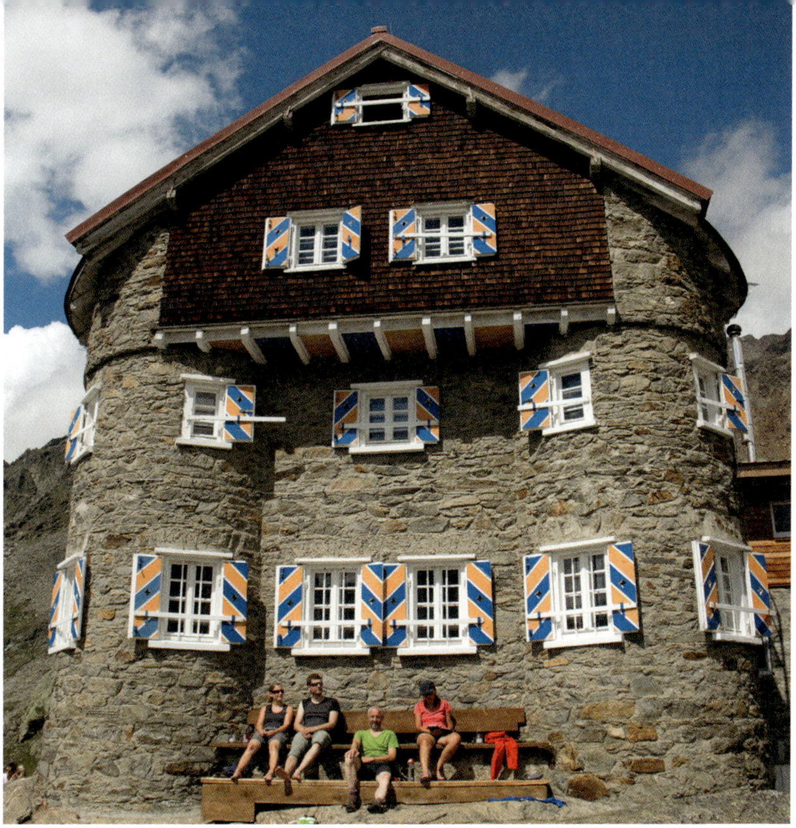

Zur Sonklarspitze Am nächsten Morgen wandern wir den Markierungen folgend Richtung Nordosten. Ziel ist das kleine Kar, das von der Scheiblehnwand und dem Südgrat des Hohen Eises gebildet wird. Hier gehen wir nach rechts zu dem deutlichen Blockgrat, der vom Hohen Eis südwestwärts in Richtung Siegerlandhütte zieht. Wir erreichen den Grat an einer schmalen Scharte auf zirka 3100 Metern. Der Grat ist nun teilweise etwas ausgesetzt, steigt aber nur mäßig an. An einem Drahtseil gesichert klettern wir fünf Meter zu einer Scharte ab. Von dieser folgen wir dem Grat weiter über Blockwerk bis zu Punkt 3306 Meter. Am Grat steigen wir weiter bis zum Hohen Eis (3392 m). Von hier ist es nicht mehr weit bis zum Hauptgipfel. Am Hohen Eis betreten wir Firn, über den wir in einem weiten Bogen hinüber zum Gipfel der ❷ Sonklarspitze (3467 m) gelangen. Wie es sich für einen Gipfel dieser Höhe gehört, ist die Aussicht wunderschön – vor allem hinunter auf den großen Übeltalferner und zu den direkten Nachbarn Zuckerhütl, Wilder Pfaff, Wilder Freiger, Becher und Botzer. Der Anstieg von der Hütte zum Gipfel ist gut markiert. Anschließend helfen Steinmännchen bei der Orientierung.

Hüttennachmittag auf der Siegerlandhütte

Abstieg Nach einer ausgiebigen Rast geht es vorsichtig über den Grat zurück zur Scharte und weiter zur ❶ Siegerlandhütte (2710 m). Anschließend folgen wir dem langen Weg durch das Windachtal hinaus zum Gasthaus Fiegl (1958 m).

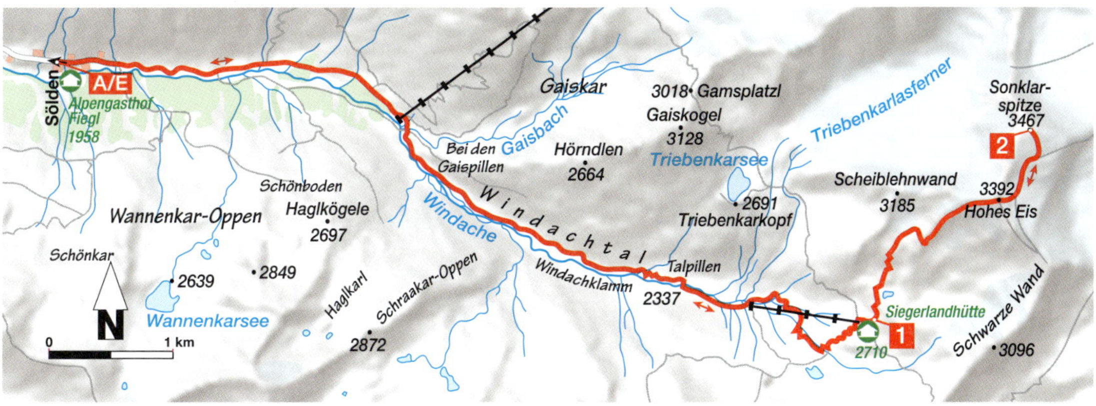

19

Über die Hauerseehütte auf den Luibiskogel

Einsamer Gipfel über idyllischem Stützpunkt

L+ 10:30 Std. 1950 Hm

Tourencharakter:
Gut markierter Wanderweg bis zur Hauerseehütte (kurze Stellen versichert). Der Gipfelanstieg erfolgt teils über Blockwerk am Rand des zurückgegangenen Hauerferners. Der Gipfelaufbau ist ausgesetzt und teilweise versichert.

Höchster Punkt:
Luibiskogel (3110 m)

Ausgangs-/Endpunkt:
Längenfeld-Lehn (1159 m), Parkplatz am Heimatmuseum

Anfahrt:
Auto: Ins Ötztal bis zum Ortseingang von Lehn, dort rechts zum Parkplatz am Heimatmuseum
Bahn und Bus: Mit dem Zug nach Oetz und weiter mit dem Bus nach Längenfeld. Zu Fuß nach Lehn.

Gehzeiten:
Lehn–Hauerseehütte 4 Std.,
Hauerseehütte–Luibiskogel 2 Std.,
Abstieg zur Hütte 1:30 Std.,
Abstieg ins Tal 3 Std.

Übernachtung:
Hauerseehütte, nicht bewirtschaftet, im Sommer von Sektionsmitgliedern bewartet

Karte:
Alpenvereinskarte 1:25 000, Blatt 30/5 »Ötztaler Alpen, Geigenkamm«

Tourismus-Info:
Ötztal Tourismus,
Tel. 0043/(0)57/200,
www.oetztal.com

Ausrüstung:
Gletscherausrüstung

Der Luibiskogel im Geigenkamm ist ein relativ einsamer Gipfel. Vom Tal ist es weit hinauf, und die Hauerseehütte ist eine Selbstversorgerhütte. Vielleicht gerade deswegen ist die Bergtour in dieser großartigen Landschaft ein unvergessliches Erlebnis.

Zur Hauerseehütte Am Waldrand bei **Lehn** (1159 m) beginnt der Wanderweg und zieht steil in den Wald hinauf. Zwischendrin queren wir zweimal eine Forststraße, bleiben aber immer auf dem schmalen Steig und gewinnen schnell an Höhe. An einer Bank im Wald rasten wir erstmalig, bevor es weiter steil und schweißtreibend bergauf geht. Wir queren auf einer Brücke den Lehnbach und gelangen wenig später zu den freien Wiesen unterhalb der Stabelealm. Jetzt gehen wir geradeaus hinüber zur ❶ **Innerbergalm** (1965 m), die zu den am schönsten gelegenen Almen im Ötztal gehört. Nach der Einkehr orientieren wir uns am Wegweiser in Richtung Hauersee. Dann folgen wir dem Grat weiter in Richtung Hauersee. Zwischendurch wird der Steig etwas felsiger, ist aber nirgends besonders schwierig. An der Abzweigung zur Frischmannhütte sehen wir links bereits die ❷ **Hauerseehütte** (2383 m). Über Blockwerk kraxeln wir noch einen kleinen Bogen aus und stehen schon bald am idyllischen türkisblauen See.

Auf den Luibiskogel Der Luibiskogel (3110 m) ist der Hüttenberg der Hauerseehütte. Früher musste man zwingend über den Hauerferner, der

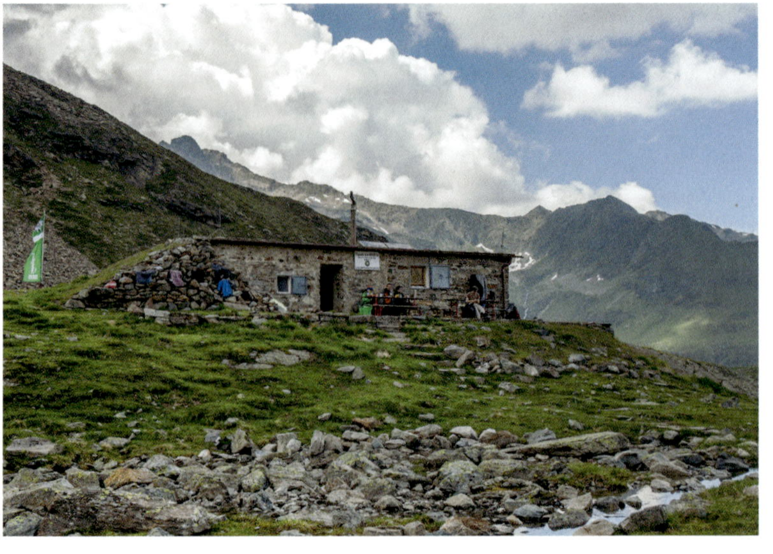

Gemütlich: Die Hauerseehütte

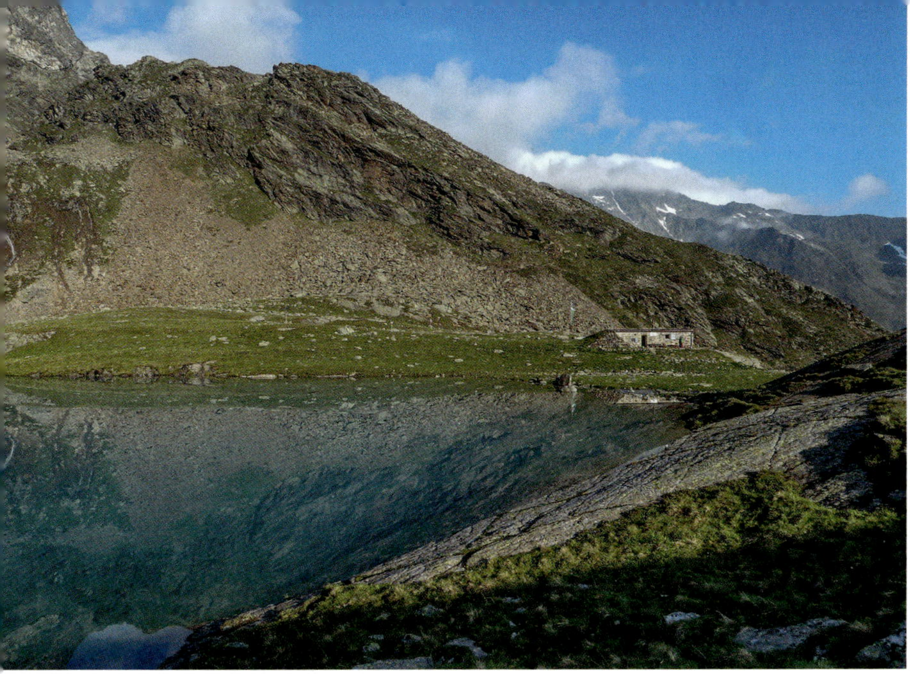

Der Hauersee mit der gleichnamigen Hütte

bei Vereisung unangenehm war. Inzwischen ist der Gletscher so weit zurückgegangen, dass wir den Markierungen bis zum Gipfel folgen können. Die schwierigen Stellen sind zwar versichert, erfordern aber dennoch einen trittsicheren und schwindelfreien Bergsteiger. Wir überqueren den Abfluss des Hauersees und wandern um diesen herum. In Kehren zieht der Steig hinauf, sodass wir schnell an Höhe gewinnen. In einer kleinen Einschartung sehen wir den Gipfel und den Rest des Gletschers vor uns. Im Frühsommer bei Schneeauflage können wir problemlos über den spaltenlosen Ferner aufsteigen. Ansonsten folgen wir den Markierungen am rechten Rand, wobei einige Stellen versichert sind. Unterhalb der Luibisscharte zweigen die Markierungen nach rechts ab und leiten uns über Schutt hinauf zum Gipfelaufbau. Die Gipfelwand überwinden wir mithilfe von zuverlässigen Ketten und stehen wenig später am aussichtsreichen Gipfel des ❸ **Luibiskogels** (3110 m).

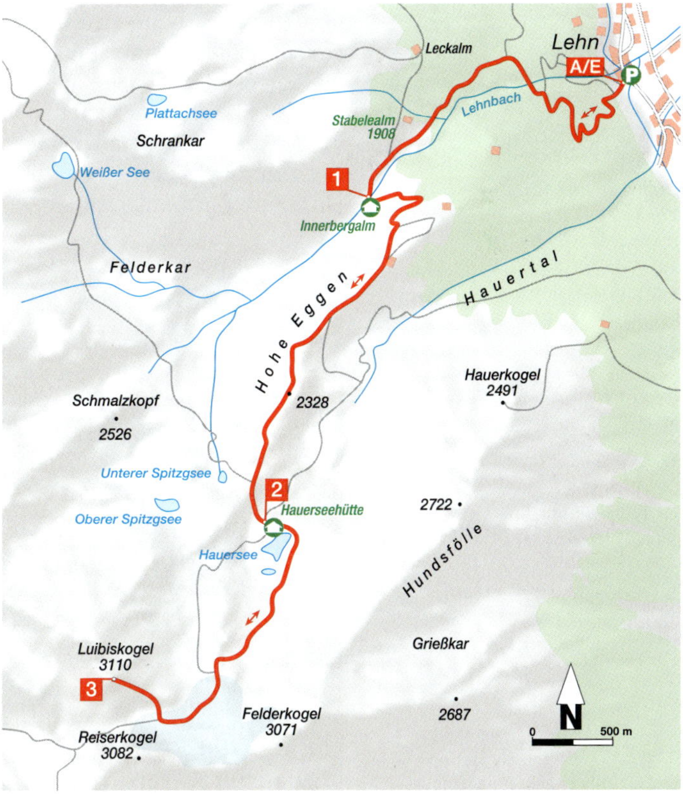

Abstieg Für den Abstieg nehmen wir den bekannten Weg hinunter zur ❷ **Hauerseehütte** und weiter zur ❶ **Innerbergalm.** Hier können wir noch einmal einkehren und anschließend nach **Lehn** zurückwandern. Wem der Abstieg zu weit ist, kann mit dem Hüttentaxi ins Tal fahren.

20

Auf den Nördlichen Ramolkogel (Anichspitze)

Leichter Aussichtsgipfel am Ramolhaus

L+ 10:00 Std. 1640 Hm

Tourencharakter:
Leichte Hochtour mit einem hohen Hüttenstützpunkt. Gutmütiger, nicht zu steiler Gletscher und einfacher Blockgrat.

Höchster Punkt:
Nördlicher Ramolkogel (3427 m)

Ausgangs-/Endpunkt:
Obergurgl (1926 m), Parkplätze an der Festkogelbahn

Anfahrt:
Auto: Mit dem Auto ins Ötztal, weiter bis Zwieselstein und weiter nach Obergurgl
Bahn und Bus: Mit dem Zug nach Oetz und mit dem Bus bis nach Obergurgl

Gehzeiten:
Obergurgl–Ramolhaus 4 Std., Ramolhaus–Nördlicher Ramolkogel 2 Std., Nördlicher Ramolkogel–Ramolhaus 1:30 Std., Ramolhaus–Obergurgl 2:30 Std.

Übernachtung:
Ramolhaus (3005 m), DAV Sektion Hamburg und Niederelbe,
Tel. 0043/(0)5256/6223,
www.edelweiss-gurgl.com/de/hotel/ramolhaus

Karte:
Alpenvereinskarte 1:25 000, Blatt Nr. 30/1 »Ötztaler Alpen Gurgl«

Tourismus-Info:
Ötztal Tourismus,
A-6450 Sölden,
Tel. 0043/(0)473/57200,
www.oetztal.com

Ausrüstung:
Gletscherausrüstung

Das Ramolhaus, eine recht hoch gelegene AV-Hütte in den Ötztaler Alpen, ist ein prima Stützpunkt für Dreitausender. Der Nördliche Ramolkogel ist eine schöne, kurze Gletschertour, die ideal für Einsteiger geeignet ist. Sollte man noch einen weiteren Gipfel besteigen wollen, so bietet sich der Hintere Spiegelkogel an.

Der **Nördliche Ramolkogel** steht eigentlich etwas im Schatten des Großen Ramolkogels. Da die Besteigung des letztgenannten aber über einen brüchigen, ausgesetzten Grat verläuft und der Nördliche Ramolkogel (auch Anichspitze) deutlich gutmütiger ist, möchten wir diese hier beschreiben. Stützpunkt ist das aussichtsreich über dem Gurgler Ferner gelegene Ramolhaus.

Zum Ramolhaus Von Obergurgl (1926 m) wandern wir dem Wegweiser »Ramolhaus« folgend auf einem Teersträßchen zur Brücke über die Gurgler Ache. Nun wird der Weg steil und windet sich in Serpentinen hoch zu einem ersten schönen Aussichtspunkt. Der Weg führt nun gleichmäßig ansteigend lange am Hang entlang bis zur Küppelealm. Hier legen wir eine erste Rast ein und bewundern die Aussicht. Hinter dem Seilbahnberg Hohe Mut erkennen wir den Hochfirst und die Liebener Spitze, zwei eindrucksvolle Gipfel. Der Weg in Richtung Ramolhaus zieht nun lange am Hang entlang taleinwärts. Immer großartiger werden dabei die

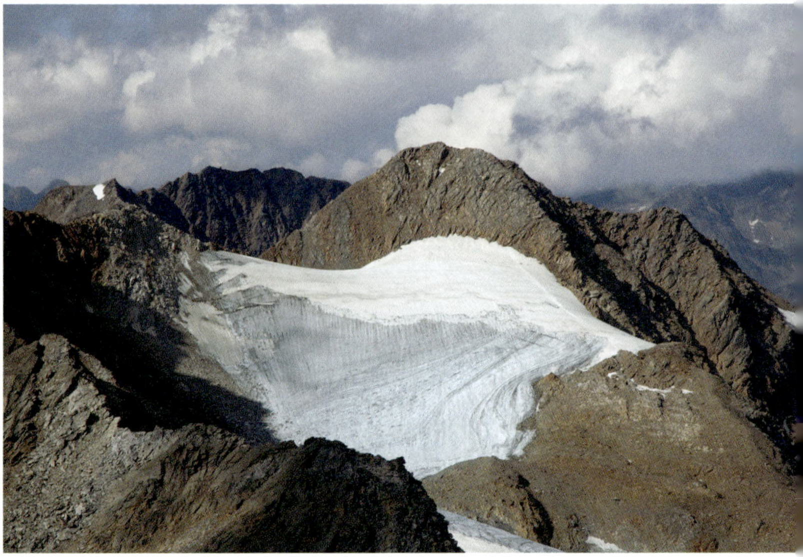

Gipfelziel: der Nördliche Ramolkogel vom Hinteren Spiegelkogel

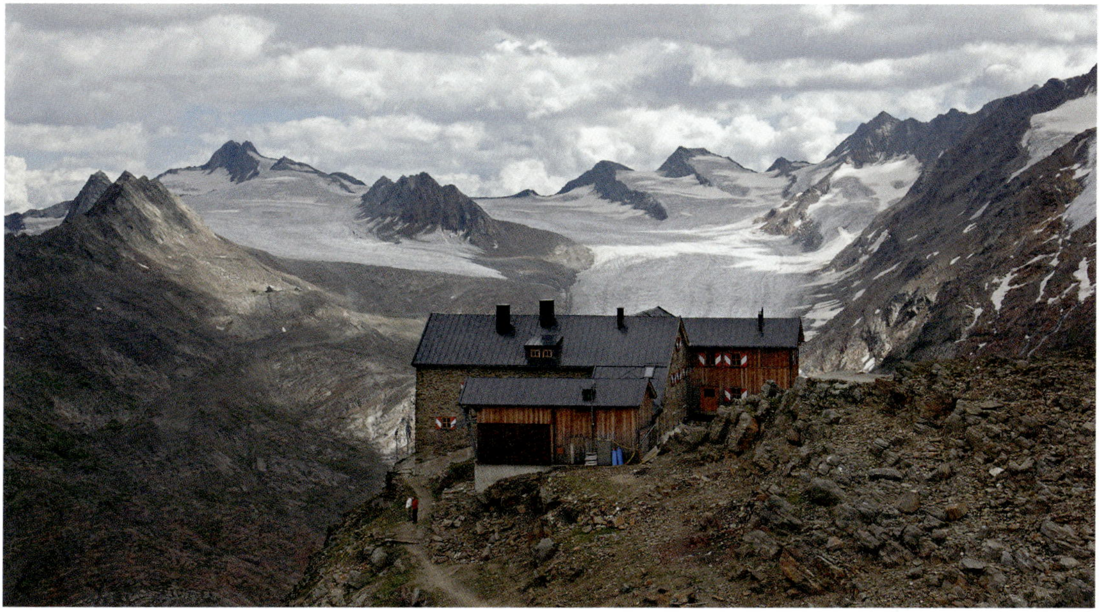

Adlerhorst: das Ramolhaus mit Blick zum Gurgler Ferner

Ausblicke auf die Gletscherwelt im Norden. Bald sehen wir das Ramolhaus auf einem Felsen hoch oben stehen. Der Weg dorthin ist aber noch recht weit. Unterhalb der Hütte kommen von links zweimal Anstiege vom Hochwildehaus herauf. Nun wird der Weg deutlich steiler und schlängelt sich in zahlreichen Serpentinen, zuletzt

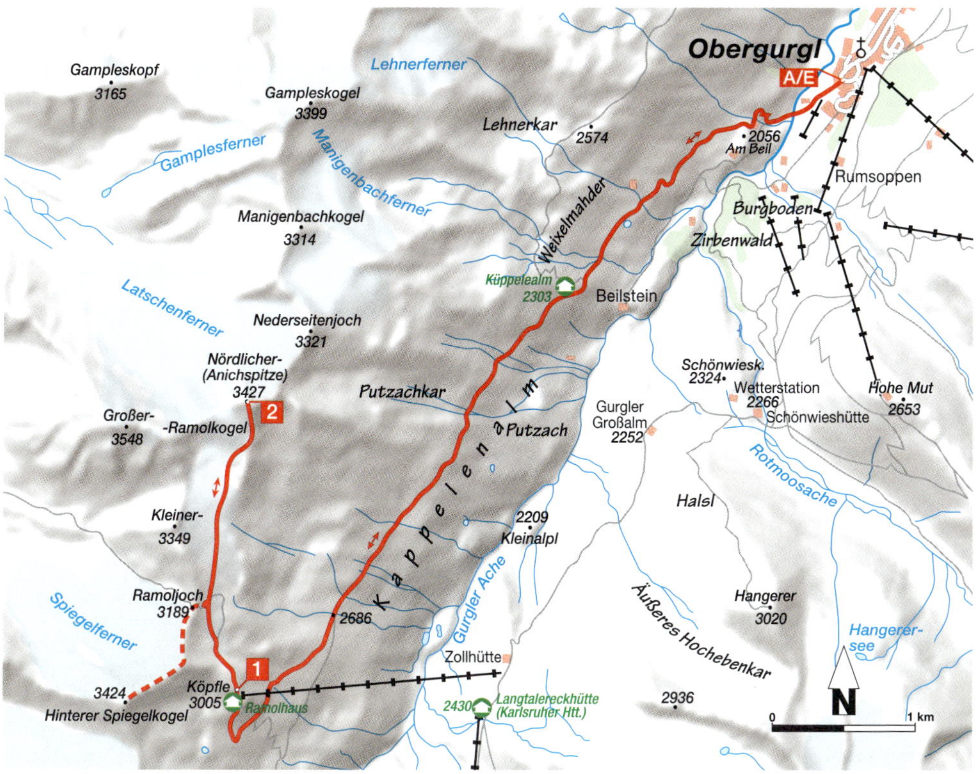

recht anstrengend, hoch zum ❶ Ramolhaus (3005 m). Fantastisch ist die Aussicht von hier oben, vor allem hinüber zum Gurgler Ferner mit der darüber aufragenden Hochwilde. Auf der gegenüberliegenden Talseite oberhalb der Langtalereckhütte ragen die Seelenkögel auf. Auf der Terrasse wollen wir wirklich stundenlang sitzen bleiben und die Aussicht genießen.

Zum Nördlichen Ramolkogel Vom Ramolhaus wandern wir den Markierungen folgend in Richtung Ramoljoch. Der Weg steigt gleich nach der Hütte ein wenig bergauf bis zu einem kleinen Schartl zwischen Ramolhaus und Ramolferner. Nun führt der Weg steil hinab in ein Tälchen. Bald schon zweigt nach links der gut markierte Weg zum Ramoljoch ab. Wir wandern stattdessen auf deutlichen Steigspuren geradeaus in Richtung Ramolferner. Am Gletscher angekommen, legen wir die Gletscherausrüstung an und steigen ziemlich steil über den ersten Aufschwung bergwärts. Nach einer flacheren Querung stellt sich ein Moränenrücken in den Weg. Auf dem Rücken befinden sich einige Steinmännchen, sodass wir auf dem Moränenrücken den nächsten Abschnitt des Gletschers umgehen können und erst kurz unterhalb des Gipfelaufbaus des Nördlichen Ramolkogels wieder den Gletscher betreten. Bei guten Verhältnissen ist es aber meistens einfach, den Moränenrücken links auf dem Gletscher zu umgehen und etwas steiler ins obere Gletscherbecken zu gelangen. Wir queren nun nach links in Richtung Firnsattel zwischen Nördlichem und Mittlerem Ramolkogel. Auf Höhe des Sattels drehen wir aber wieder nach rechts ab und gelangen so an die Gipfelfelsen des Nördlichen Ramolkogels. Rote Punkte markieren den Einstieg am Fels. Vorsichtig steigen wir über losen Fels bergauf zum Grat. Über die großen Blöcke des Grats kraxeln wir hoch zum schönen Gipfelkreuz auf dem ❷ Nördlichen Ramolkogel (3427 m). Das Gipfelkreuz wird von einer Weltkugel geschmückt, die an Peter Anich, den »Bauernkartografen« aus Oberperfuss, erinnert. Die Aussicht ist fantastisch. Nebenan steht gleich der Große Ramolkogel,

Blockgelände: die letzten Meter zum Kreuz auf dem Nördlichen Ramolkogel

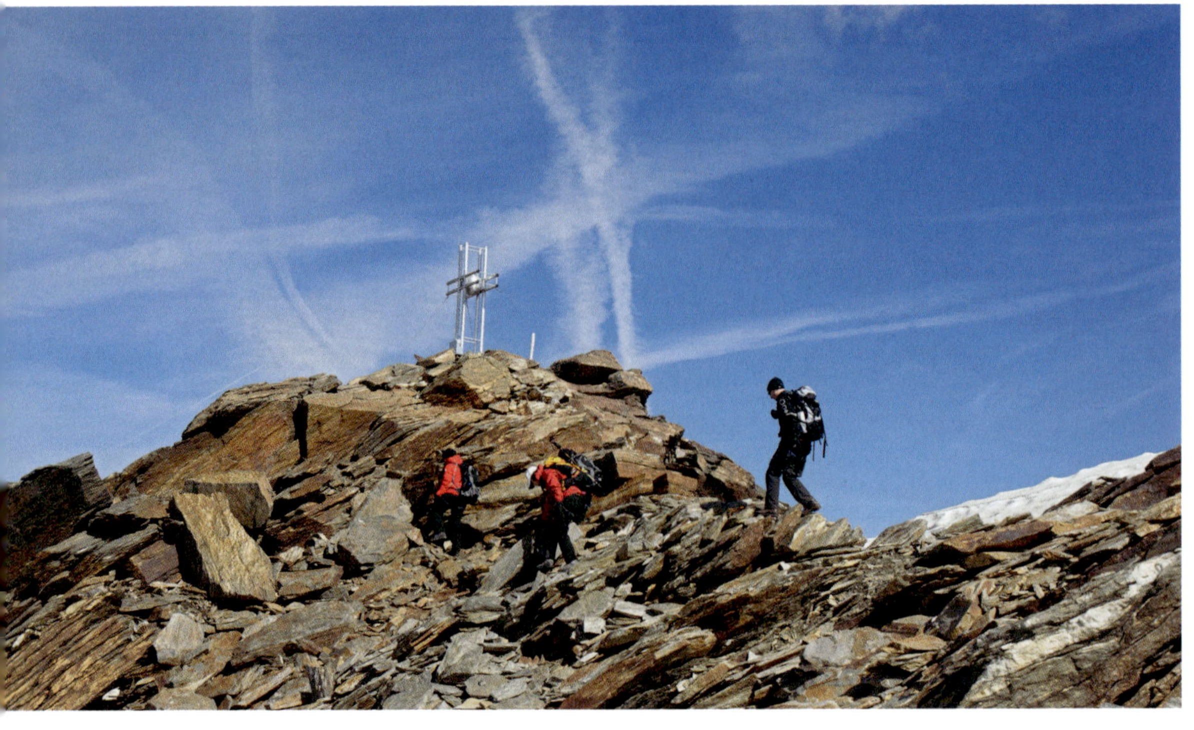

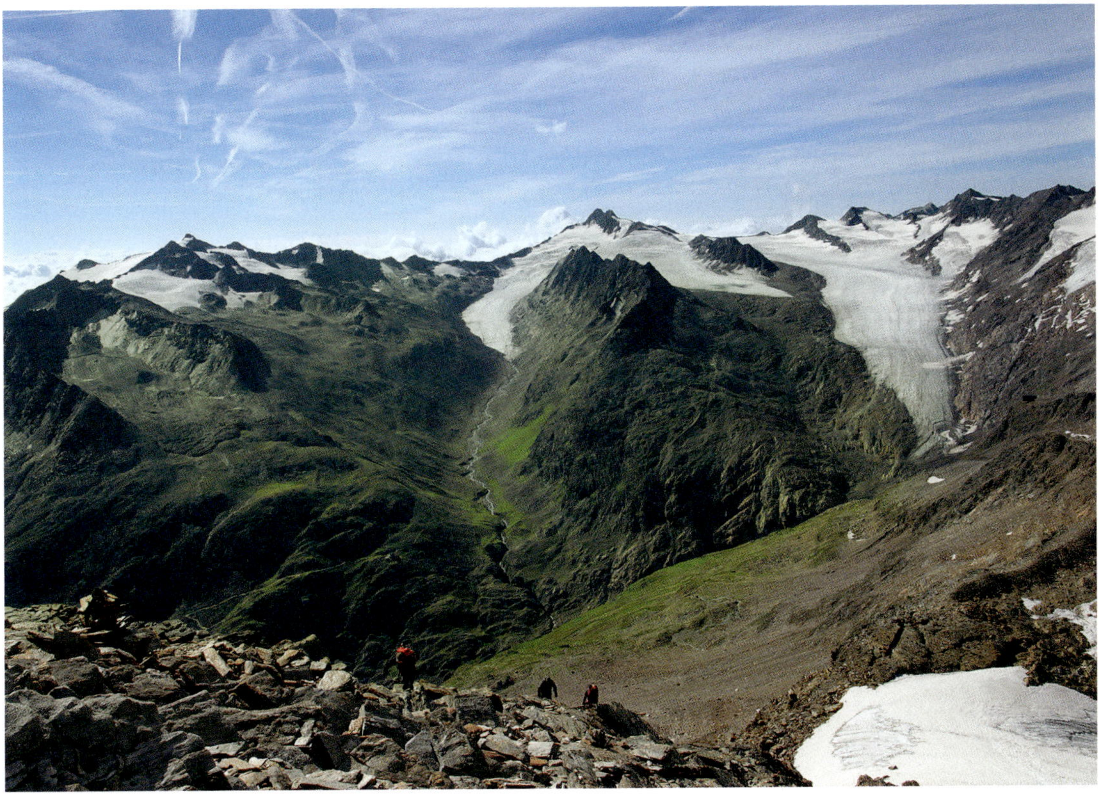

Gletscherwelt: Blick vom Gipfelgrat des Nördl. Ramolkogels zu den Seelenkögeln und der Hochwilde

daneben grüßt die Wildspitze herüber. Über Obergurgl liegen die Seelenkögel, im Süden Hochwilde und der Schalfkogel.

Abstieg Nach der Gipfelrast steigen wir über den Grat zurück zum Gletscher, über diesen gehen wir hinab bis unter das Ramoljoch. Der Gegenanstieg kurz vor der Hütte kostet noch einmal Überwindung, bevor wir nach wenigen Minuten vor dem ❶ Ramolhaus (3005 m) stehen.
Nach einer Einkehr in der Hütte wandern wir am Anstiegsweg zurück nach Obergurgl (1926 m).

Hinterer Spiegelkogel Ein weiterer schöner Gipfel ist der Hintere Spiegelkogel (3424 m). Da der Anstieg nur über Fels verläuft, ist Gletscherausrüstung nicht erforderlich. Wir folgen dem Weg in Richtung Ramoljoch wie beim Anstieg zum Nördlichen Ramolkogel bis in das Tälchen vor dem Ramolferner. Hier zweigen wir auf dem gut markierten Weg nach links ab. Einige Drahtseilversicherungen bringen uns in das Ramoljoch, das den Übergang nach Vent markiert. Hier ist erstmals der Spiegelkogel mit seiner Nordflanke und seinem Gipfelgrat zu erkennen. Wir folgen dem teilweise sehr schmalen Grat aufwärts. Vor allem im letzten Bereich direkt vor dem Gipfel sind einige schmale Stellen zu überwinden, die unbedingt Schwindelfreiheit erfordern. Am großen Gipfelkreuz angekommen, genießen wir eine ähnlich schöne Aussicht wie vom Nördlichen Ramolkogel, nur sind wir dem Schalfkogel etwas näher.
Nach der Rast auf dem Gipfel kraxeln wir vorsichtig am Grat zurück zum Ramoljoch. Von dort folgen wir den Versicherungen hinab in das Tälchen. Nach dem Gegenanstieg sind wir bald zurück am Ramolhaus.

21

Über das Brandenburger Haus zum Fluchtkogel

Zur höchsten DAV-Hütte

WS– 11:30 Std. 1680 Hm

Tourencharakter:
Mittelschwere Hochtour. Kurze steilere Passagen unterhalb des Gipfels. Spalten auf beiden Gletschern.

Höchster Punkt:
Fluchtkogel (3497 m)

Ausgangs-/Endpunkt:
Rofenhöfe (2011 m), oberhalb von Vent

Anfahrt:
Auto: Über den Fernpass nach Imst, dann weiter ins Ötztal nach Vent und weiter zu den Rofenhöfen
Bahn und Bus: Mit dem Zug nach Oetz und mit dem Bus weiter nach Vent. Zu Fuß in einer Stunde zu den Rofenhöfen.

Gehzeiten:
Rofenhöfe–Hochjoch-Hospiz 2:30 Std., Hochjoch-Hospiz–Brandenburger Haus 3 Std., Brandenburger Haus–Fluchtkogel 2 Std., Fluchtkogel–Vernagthütte 2 Std., Vernagthütte–Rofenhöfe 2 Std.

Übernachtung:
Brandenburger Haus (3274 m), DAV Sektion Berlin, Tel. 0043/(0)720/920308, www.dav-berlin.de/huetten-ueberblick-anfahrt/oetztal/brandenburger-haus/

Karte:
Alpenvereinskarte 1:25 000, Blatt Nr. 30/2 »Ötztaler Alpen Weißkugel«

Tourismus-Info:
Ötztal Tourismus, A-6450 Sölden, Tel. 0043/(0)57/200, www.oetztal.com

Ausrüstung:
Gletscherausrüstung

Allein schon der Anstieg zum Brandenburger Haus ist eine richtige Bergtour. Großartig ist die Lage über dem Kesselwandferner. Der Aufstieg zum Fluchtkogel präsentiert sich als zahm und sollte keine Probleme bereiten. Die Steilstücke sind recht kurz und die Spalten nicht allzu groß, aber trotzdem ernstzunehmen.

Der **Fluchtkogel** wurde ebenfalls vom Venter Gletscherpfarrer Franz Senn erstbestiegen. Die schönste Besteigung des Fluchtkogels ist die Überschreitung vom Brandenburger Haus zur Vernagthütte. Das Brandenburger Haus ist die höchste Hütte des Deutschen Alpenvereins und wurde bereits 1909 von der Sektion Mark Brandenburg errichtet.

Zum Hochjoch-Hozpiz Von Vent fahren wir auf schmaler Straße zu den Rofenhöfen (2011 m). Hier kann man parken, muss aber unbedingt um Erlaubnis fragen. Eine Einkehr nach der Tour versteht sich dann von selbst. Von den Rofenhöfen wandern wir auf breitem Weg taleinwärts bis zur Materialseilbahn der Vernagthütte. Kurz darauf wird der Weg schmaler und führt in die Rofenschlucht hinein. Der Weg heißt Cyprian-Granbichler-Weg. Er ist nach dem langjährigen Führer und Freund von Franz

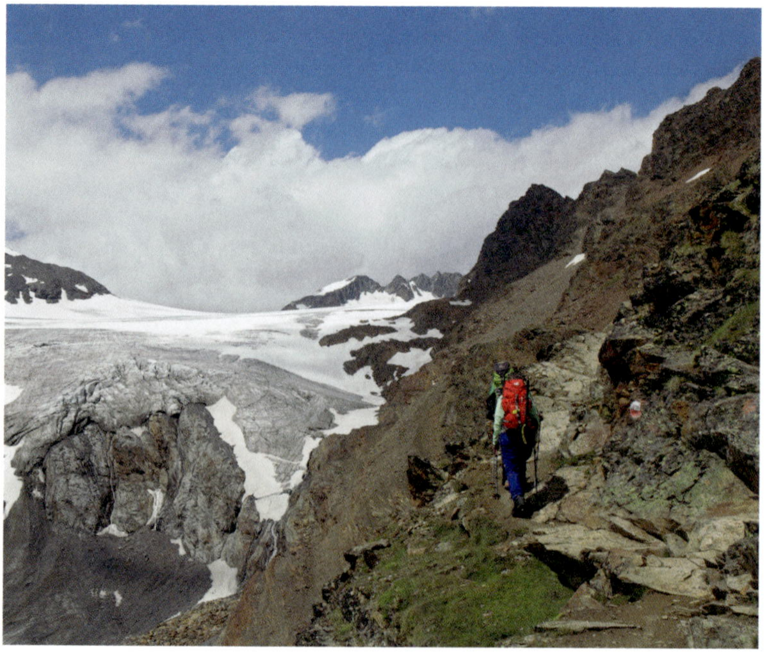

Aussichtsreich: der Anstieg zum Brandenburger Haus über den Deloretteweg

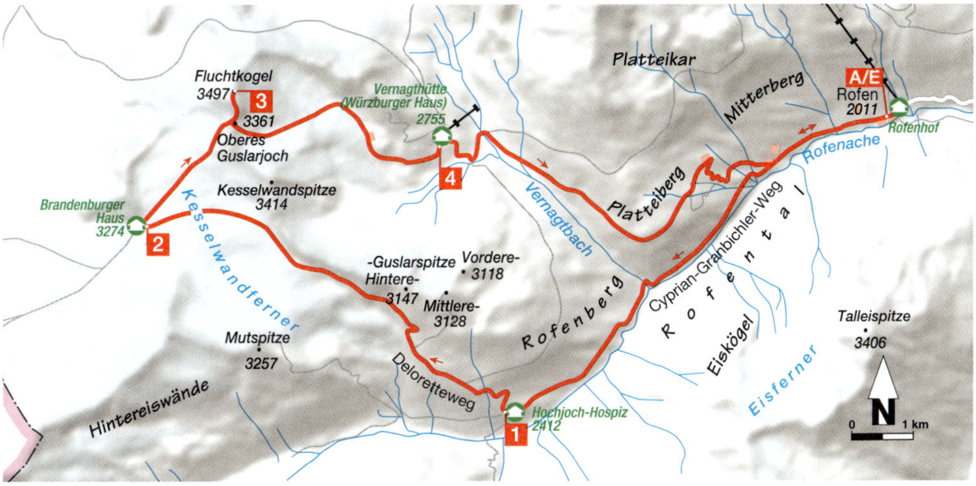

Senn benannt, der 1868 nicht weit von hier in einem Wettersturz ums Leben kam. Die Schlucht wird tiefer, und der schmale Weg führt hoch über dem Bach weiter das Rofental hinein. An den wenigen ausgesetzten Stellen ist der Weg mit Drahtseilen gut versichert. An der Brücke über den Vernaglbach wird das Tal wieder breiter. Wir wandern noch ein wenig am Bach entlang und steigen dann in ein paar Kehren hoch zum **1** **Hochjoch-Hospiz** (2412 m). Die Hütte steht schön an einem Hang oberhalb des Rofentales. An der gegenüberliegenden Hangseite sehen wir noch die Reste der alten Hütte, die auf Anregungen von Franz Senn 1869 bis 1872 erbaut wurde.

Zum Brandenburger Haus Nach einer ausgiebigen Pause machen wir uns auf den Weg zum Brandenburger Haus. Der Weg schlängelt sich hinter dem Hochjoch-Hospiz in einigen Kehren bergauf. Von rechts mündet der Übergang von der

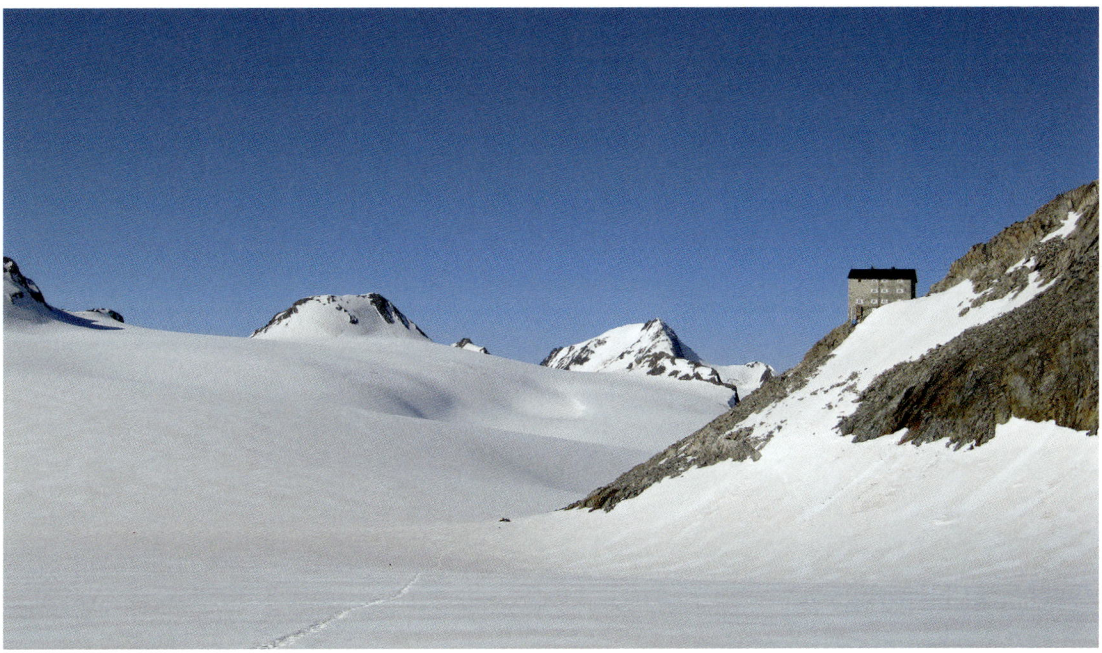

Bergschloss: das Brandenburger Haus über dem Kesselwandferner

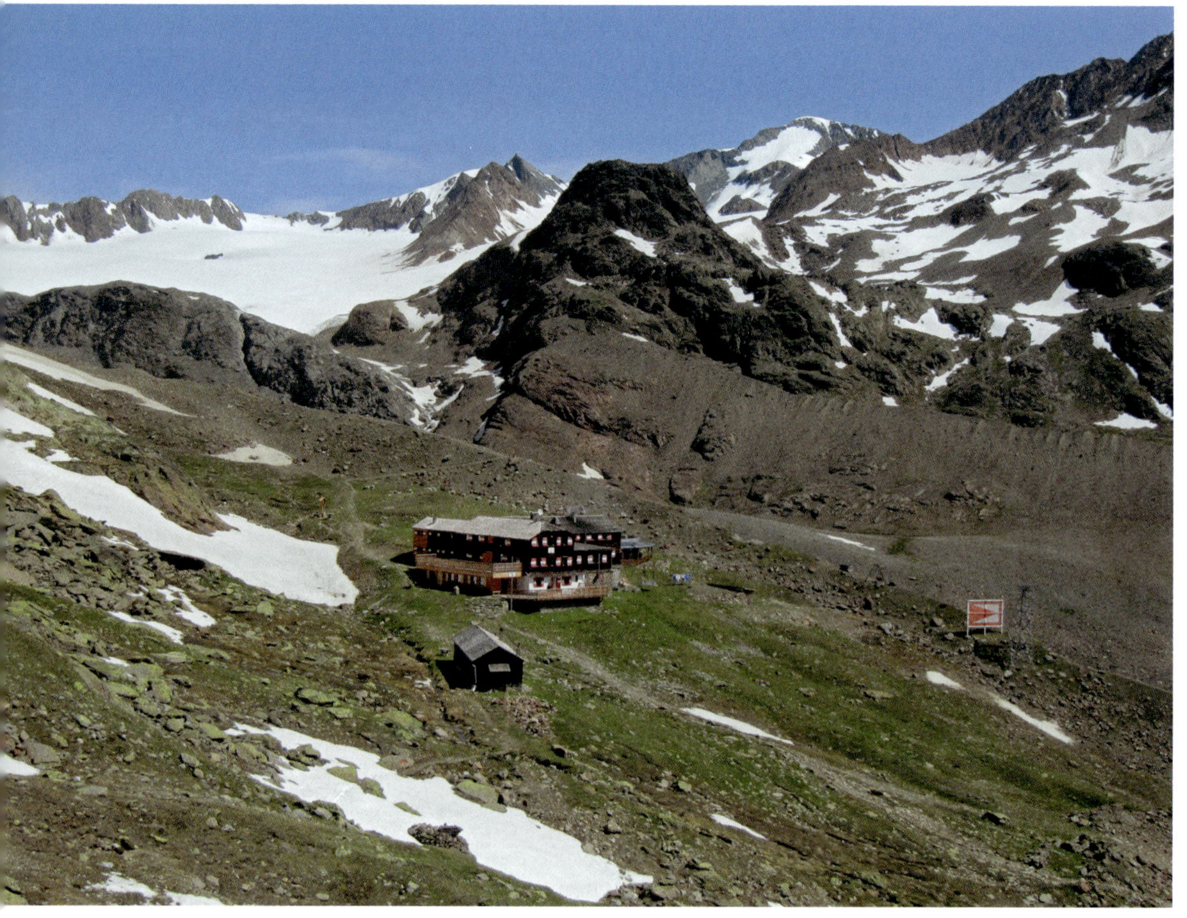

Grün: Die Vernagthütte steht in recht freundlicher Umgebung.

Vernagthütte ein. Wir gehen aber auf dem Deloretteweg weiter bis zur nächsten Wegverzweigung. Hier könnte man noch einen Abstecher auf die Guslarspitze unternehmen. Aufgrund der Länge des Anstieges wandern wir aber gleich weiter in Richtung Brandenburger Haus. Der Deloretteweg quert hoch über dem Talkessel hinüber zum Kesselwandferner. Alte Markierungen zeigen, dass der Weg früher etwas tiefer verlief, durch den Gletscherrückgang aber nach oben verlegt werden musste. Während des Anstieges genießen wir immer wieder schöne Blicke hinüber zum langen Hintereisferner, der hinauf zur Weißkugel führt. Wir betreten nun den Kesselwandferner, den wir hinüber zum schon sichtbaren Brandenburger Haus queren. Obwohl Stangen ausgesteckt sind und die Spur hinüber zur Hütte in der Regel gewalzt ist, sollte man auf dem Gletscher achtsam sein. Der Gletscherrückgang der vergangenen Jahre hat die Spaltengefahr nicht geringer werden lassen. Am Ende der Querung des Gletschers steuern wir auf einen großen, rot markierten Steinmann zu. Von ihm steigen wir über leichtes Blockgelände hoch zum ❷ Brandenburger Haus (3274 m). Von der Hüttenterrasse genießen wir ein wunderbares Panorama auf die umliegende Gletscherwelt. Beeindruckend ist vor allem der große Gepatschferner mit der Weißseespitze.

Zum Fluchtkogel Am nächsten Morgen steigen wir wieder über das Blockwerk hinab zum Gletscher. Heute heißt es unbedingt anseilen, da der Kesselwandferner am Weg zum Fluchtkogel einige Spalten bereithält. Ziemlich sanft wandern wir über den Gletscher in Richtung Guslarjoch. Erst die letzten Meter zum Joch werden etwas steiler. Ab dem Oberen Guslarjoch steigen wir über den steilen Südhang hoch bis kurz vor den Gipfel und gehen die wenigen Meter hinüber zum Kreuz auf dem ❸ Fluchtkogel (3497 m). Großartig ist die Rundumschau von diesem zentralen Ötztaler Gipfel. Vor allem die beiden höchsten Ötztaler Gipfel, die Weißkugel und die Wildspitze, beherrschen die Aussicht.

Zur Vernagthütte Nach der Gipfelbrotzeit steigen wir über den steilen Hang hinab zum Oberen Guslarjoch und nochmals steil nach links hinab zum Guslarferner. Der Gletscher wird kurz etwas flacher, fällt dann aber bald wieder stärker ab. Nach diesem steileren Stück kommen wir zum unteren, flacheren Teil und verlassen bald darauf den Gletscher. Von hier wandern wir den Steinmännern und Steigspuren folgend durch Geröll und Blockwerk hinab in Richtung Vernagthütte. Kurz vor der Hütte kommen wir zu einer Moräne, die wir kurz vor ihrem Ende nach links verlassen und in wenigen Minuten die ❹ Vernagthütte (2755 m) erreichen. Nach einer Pause an der Hütte steigen wir in einigen Kehren hinab zum Vernagtbach, den wir auf einer Brücke überqueren. Nun folgt eine flache, zum Schluss sogar leicht fallende Querung zum Vernaglegg. Hier biegen wir um eine Kurve und steigen anschließend steil in zahlreichen Kehren hinab zur Talstation der Materialseilbahn. Auf dem vom Anstieg bekannten, breiten Weg spazieren wir hinaus zu den Rofenhöfen (2011 m), wo wir, wie versprochen, einkehren und die Tour Revue passieren lassen.

Frostig: kurz vor dem Gipfel des Fluchtkogels

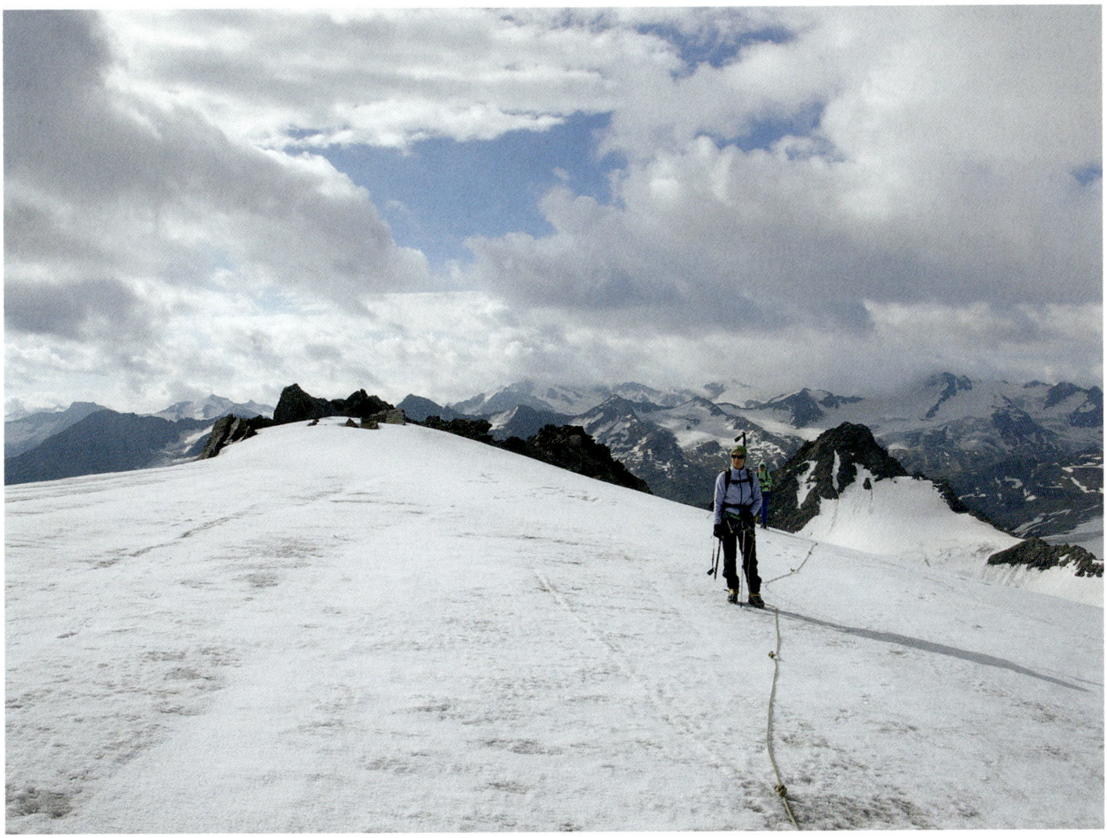

22 Zu Similaun und Fineilspitze

Eis oder Fels in den Ötztaler Alpen

WS — 14:45 Std. — 2500 Hm

Tourencharakter:
Unschwieriger Gletscher mit Spalten. Schmaler Grat, bei Vereisung schwierig. Fineilspitze im Sommer häufig Felsanstieg durch ausgesetztes Blockgelände.

Höchster Punkt:
Similaun (3599 m)

Ausgangs-/Endpunkt:
Parkplatz am Ortsbeginn von Vent (1895 m) bzw. Vernagt (1700 m)

Anfahrt:
Auto: Ins Ötztal bis nach Zwieselstein, dort rechts ab nach Vent. Alternative: Über Bozen nach Meran und weiter Richtung Vinschgau bis Naturns. Abzweig ins Schnalstal bis nach Vernagt. Bahn und Bus: Mit dem Zug nach Oetz und weiter mit dem Bus nach Vent. Alternativ: Mit dem Zug über Bozen und Meran nach Naturns, mit dem Bus nach Vernagt.

Gehzeiten:
Vent–Martin-Busch-Hütte 2:30 Std., Martin-Busch-Hütte–Similaunhütte 2 Std., Similaunhütte–Similaun 2 Std., Similaun–Similaunhütte 1:30 Std., Similaunhütte–Fineilspitze 2:15 Std., Fineilspitze–Similaunhütte 1:30 Std., Similaunhütte–Vent 3 Std. Alternative: Vernagt–Tisenhof 0:30 Std., Tisenhof–Similaunhütte 3 Std., Abstieg 2:30 Std.

Übernachtung:
Similaunhütte (3019 m), privat, Tel. 0039/0473/669711, www.similaunhuette.com

Karte:
Alpenvereinskarten 1:25 000, Blatt Nr. 30/2 »Ötztaler Alpen Weißkugel« und Blatt Nr. 30/1 »Ötztaler Alpen Gurgl«

Ausrüstung:
Gletscherausrüstung

Den hohen Ausgangspunkt der Similaunhütte sollte man für die beiden hohen Ötztaler Gipfel Similaun und Fineilspitze nutzen. Während am Similaun trotz Gletscherschmelze immer noch das Eis dominiert, ist die Fineilspitze im Sommer häufig komplett schneefrei. Am Weg zu ihrem Gipfel kommt man noch am Tisenjoch, dem Fundort von Ötzi, vorbei.

Der **Similaun** wurde früher häufig als Firndom bezeichnet. Inzwischen schmilzt das Eis sehr deutlich an seinen Flanken. Trotzdem erreicht man ihn immer noch am besten über den Niederjochferner. Während man aus Deutschland häufig über das Ötztal anreist, bietet der Weg von Süden eine interessante Alternative, vor allem wenn man vielleicht vorher in der Ortlerregion unterwegs war. Wurde der Gipfel doch aus dem Schnalstal erstbestiegen. An der Fineilspitze, dem zweiten attraktiven Gipfel, der über die 1899 erbaute private Similaunhütte führt, ist dagegen das Eis fast vollständig verschwunden. Bis zum Tisenjoch wird man häufig von Wanderern begleitet, da der E5 an der Hütte vorbeiläuft und die Fernwanderer häufig einen Abstecher zu Ötzis Fundstelle machen. Die Fineilspitze wurde übrigens 1865 von Franz Senn, einem der Gründer des Deutschen Alpenvereins, erstbestiegen.

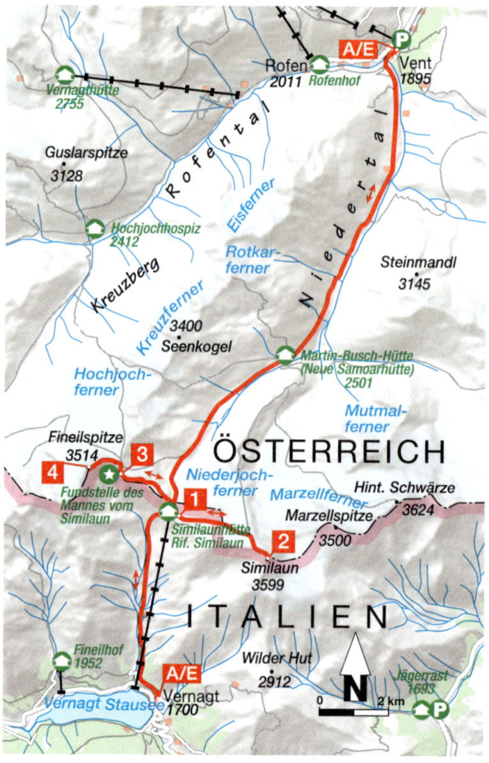

Aus dem Ötztal zur Similaunhütte

In Vent (1895 m) überqueren wir die Ache und wandern zum südwestlichen Ortsende. Der Weg führt kurz ein wenig bergauf und anschließend hinein ins Niedertal. Der breite Weg bringt uns in wechselnder Steigung taleinwärts

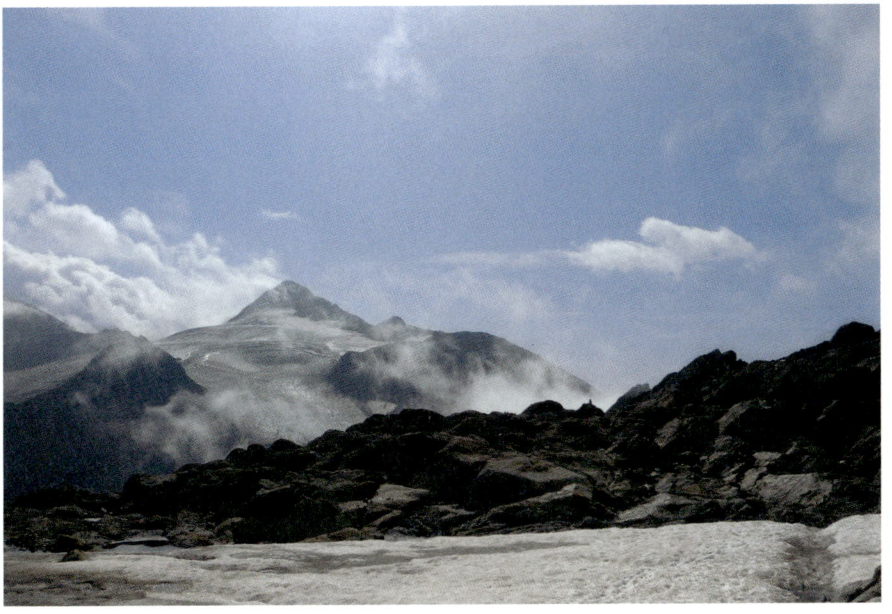

Nebelumwoben: der Similaun vom Anstieg zur Fineilspitze

zu einer Schäferhütte. Von der Hütte ist es noch eine Stunde zur Martin-Busch-Hütte (2501 m). Dem Wegweiser »Similaunhütte« folgen wir weiter entlang des Niederjochbaches, bis zu einer Wegteilung auf 2600 Metern. Hier nehmen wir den rechten Weg. Das Gelände wird mit zunehmender Höhe deutlich karger und rauer, aber nicht schwierig. Der Niederjochferner ist inzwischen so weit zurückgegangen, dass wir auf dem gewählten oberen Weg ohne Gletscherberührung zur 1 Similaunhütte (3019 m) gelan-

Spaltig: über den Niederjochferner zum Similaun

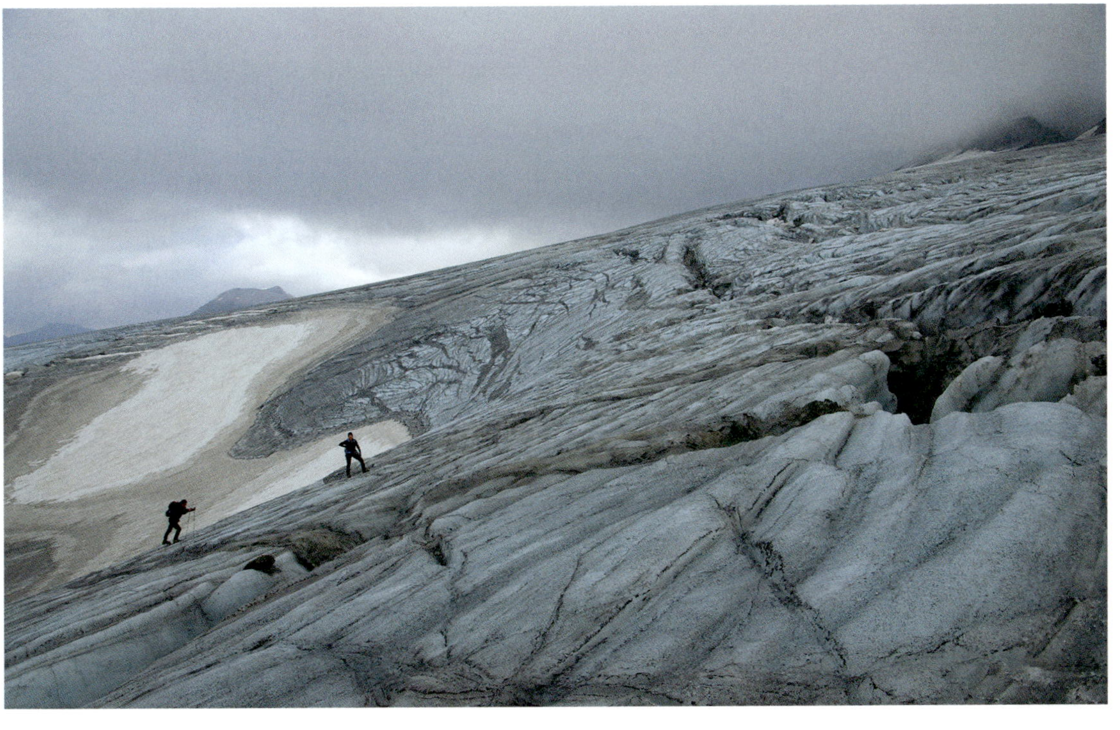

gen.

Aus dem Schnalstal zur Similaunhütte Vom Parkplatz am Ortseingang von Vernagt (1700 m) wandern wir auf der Fahrstraße hoch zum Tisenhof. Dort folgen wir dem Wegweiser durch ein Gatter. Der Weg führt über Wiesengelände bergauf zum Wald, kurz durch diesen hindurch und über schöne Bergwiesen entlang eines kleinen Baches hinauf. Nach der Hälfte der Strecke kommen wir zu einem schönen Platz mit ein paar Steinmännchen. Von hier bietet sich ein lieblicher Tiefblick auf den Vernagtstausee. Der Weg führt weiter bis unter die Felsen des Hauptkammes. In zahlreichen Kehren, zuerst durch Blockwerk, später über Felsgelände, windet sich der gut angelegte, aber nun deutlich steilere Weg hoch zur ❶ Similaunhütte (3019 m).

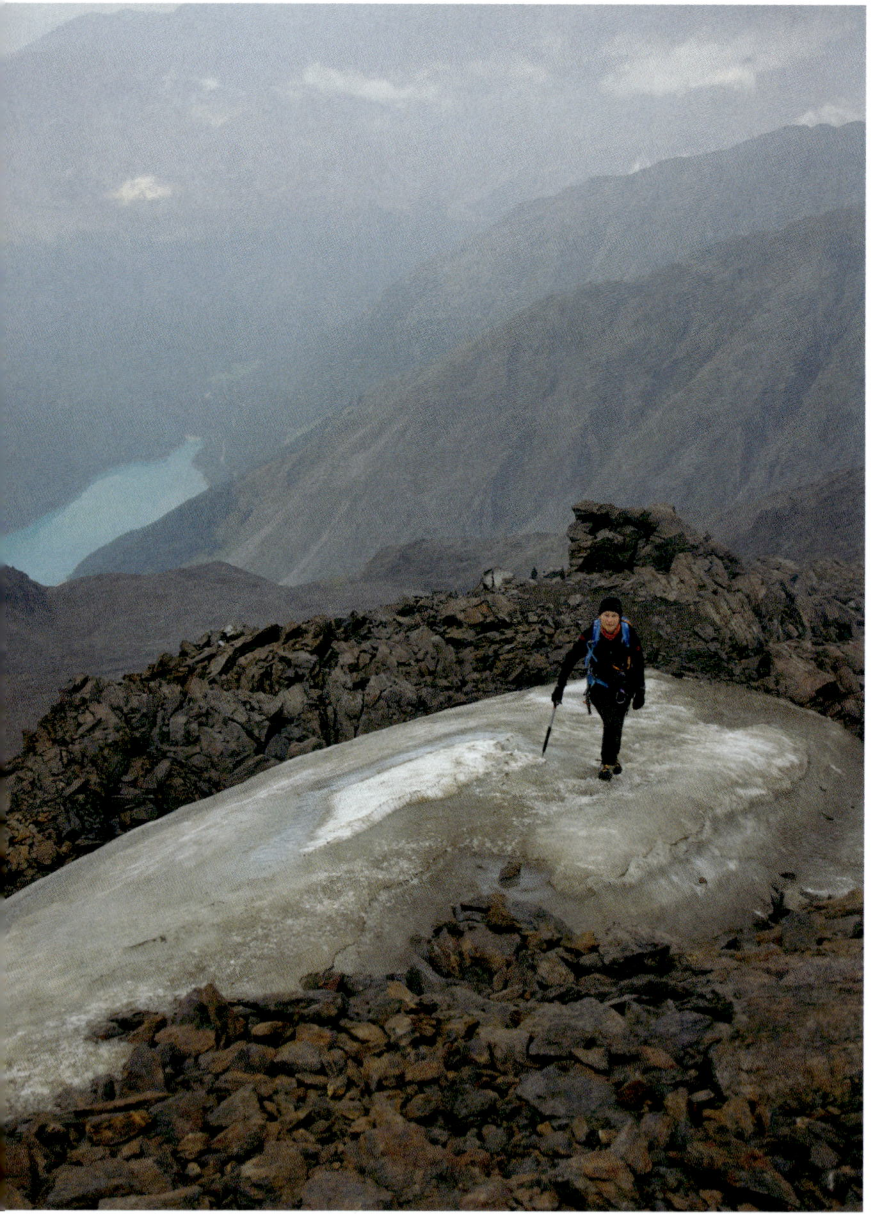

Breiter Grat: Im unteren Gratabschnitt zum Similaun. Tief unten der Vernagtstausee.

Zum Similaun Von der Hütte folgen wir den Steigspuren über Blockwerk hinüber zur Hütte. Über den anfangs flachen, später deutlich steileren Gletscher wandern wir entlang des Gratkammes hoch bis zum Ansatz des Gipfelgrates. Obwohl immer einige Sologänger unterwegs sind, seilen wir uns auf dem teils schneebedeckten Gletscher an, da er beträchtliche Spalten aufweist. Über den häufig im Sommer schneefreien Blockgrat steigen wir höher bis zum Schlussgrat. Dieser ist nun deutlich schmaler, da nach links direkt die Nordwand abstürzt. Bei Vereisung ist sicheres Steigeisengehen unbedingt erforderlich. Ist dieses schmale Stück überwunden, gehen wir problemlos hoch zum großen Gipfelkreuz auf dem ❷ Similaun (3599 m).

Abstieg Der Abstieg erfolgt am Anstiegsweg über den Grat zurück zum Gletscher. Recht flott gelangen wir über diesen zurück zur ❶ Similaunhütte (3019 m).

Zur Fineilspitze Hinter der Hütte kraxeln wir den deutlichen Markierungen folgend den Felskamm über der Hütte hoch. Der Steig ist an einigen ausgesetzten Passagen versichert. Vom Kamm müssen wir einen kleinen Zwischenabstieg entlang von Sicherungen in Kauf nehmen, bevor es in stetem Auf und Ab durch einfaches Block- und Felsgelände in Richtung Tisenjoch geht. Als wir schon das Denkmal für die Fundstelle von Ötzi sehen, führt der Weg nochmals deutlich bergab. Bald schon sind wir aber am ❸ Tisenjoch (3210 m) mit der Ötzi-Fundstelle. Nun verschwinden die Markierungen, und wir folgen den Steinmännchen und Steigspuren durch ziemlich karges Felsgelände in Richtung Hauslabjoch. Direkt vor dem Joch hat sich ein Gletschersee gebildet. Wir müssen nun nicht hinüber zum Joch gehen, sondern können (Steinmännchen!) direkt über einen blockigen Grat unschwierig hoch zum Vorgipfel mit Stange kraxeln. Der Übergang zum nahen Hauptgipfel ist technisch nicht schwierig, aber doch recht ausgesetzt. Vor allem im Frühsommer bei Schneeauflage kann der Übergang heikel sein. Im Spätsommer, bei schneefreien Verhältnissen, erreichen wir aber problemlos den Gipfel der ❹ Fineilspitze (3514 m). Man könnte den Gipfel vom Hauslabjoch über den direkt dort ansetzenden Grat in ähnlicher Schwierigkeit erreichen.

Abstieg Nach der Gipfelrast steigt man am Anstiegsweg zurück zum ❸ Tisenjoch (3210 m) und weiter zur ❶ Similaunhütte (3019 m). Von der Hütte wandert man entweder zurück nach Vernagt (1700 m) im Schnalstal, wobei man unbedingt im urigen Tisenhof einkehren sollte, oder es geht über die Martin-Busch-Hütte nach Norden ins Ötztal bis Vent (1895 m).

Schmaler Grat: Schlussanstieg zum Similaun

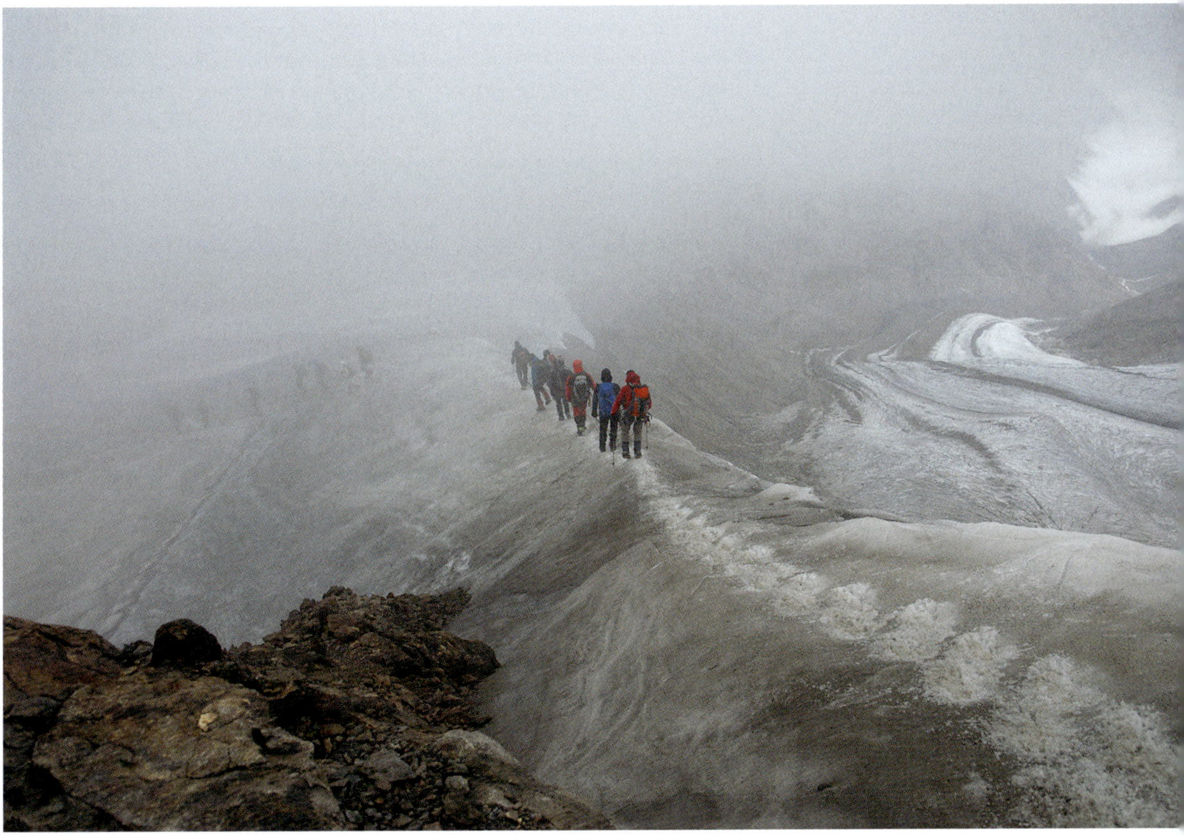

23

Über die Weißkugelhütte zur Weißseespitze

Von Südtirol zum Gepatschferner

WS– 10:30 Std. 1600 Hm

Tourencharakter:
Mittelschwere Hochtour. Gesicherter Steig zum Gepatschferner. Flacher Gletscher mit einigen verdeckten Spalten.

Höchster Punkt:
Weißseespitze (3518 m)

Ausgangs-/Endpunkt:
Melag (1915 m) im Langtauferer Tal

Anfahrt:
Auto: Zum Reschenpass, weiter bis nach Graun, links ab ins Langtauferer Tal bis Melag
Bahn und Bus: Nach Landeck und weiter über den Reschenpass nach Melag

Gehzeiten:
Melag–Weißkugelhütte 2 Std., Weißkugelhütte–Eisbrüche 1:30 Std., Eisbrüche–Weißseespitze 2:30 Std., Weißseespitze–Weißkugelhütte 3 Std., Weißkugelhütte–Melag 1:30 Std.

Übernachtung:
Weißkugelhütte (2542 m), Autonome Provinz Bozen, Tel. 0039/0473/633191, www.ferienwohnung-reschenpass.com/de/weisskugel-huette/

Karte:
Alpenvereinskarte 1:25 000, Blatt Nr. 30/2 »Ötztaler Alpen Weißkugel«

Tourismus-Info:
Ferienregion Reschenpass, I-39027 Graun, Tel. 0039/0473/633101, www.reschenpass.it

Ausrüstung:
Gletscherausrüstung, Helm

Der Anstieg von Südtirol auf die Weißseespitze führt über die schön gelegene Weißkugelhütte und den Richtersteig zum Gepatschferner. Der Anstieg durch die Vernaglwände wurde in den letzten Jahren saniert und bietet einen äußerst lohnenden Aufstieg zum Gletscher, über den es sehr flach zum Gipfelkreuz geht.

Die **Weißseespitze** ist seit Jahren das Objekt der Kaunertaler Liftbetreiber. Die Nordseite mit dem Sommerskigebiet schreckt den Sommerbergsteiger ziemlich ab. Umso schöner ist der hier beschriebene Anstieg von Süden, der durch eine großartige Landschaft verläuft. Hoffentlich bleibt das so, nicht dass irgendwann Seilbahntouristen auf den Gepatschferner schweben.

Zur Weißkugelhütte Vom Parkplatz in Melag (1915 m) gehen wir zwischen den Häusern durch und spazieren bald auf einem breiten Wanderweg über schöne Wiesen in Richtung Melager Alm. Wir durchschreiten ein Gatter und kommen zu einer Ansammlung von Steinmännchen direkt am Bach. Nun folgen wir dem breiten Weg am Bach aufwärts bis zu einer Brücke, an der der Weg zur Melager Alm (1970 m) nach rechts

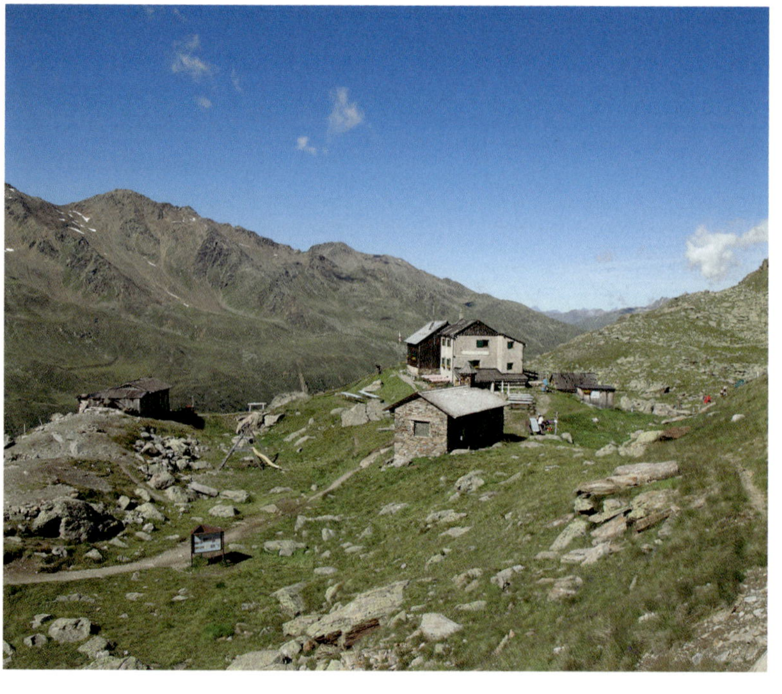

Alt: Die Weißkugelhütte soll durch einen Neubau ersetzt werden.

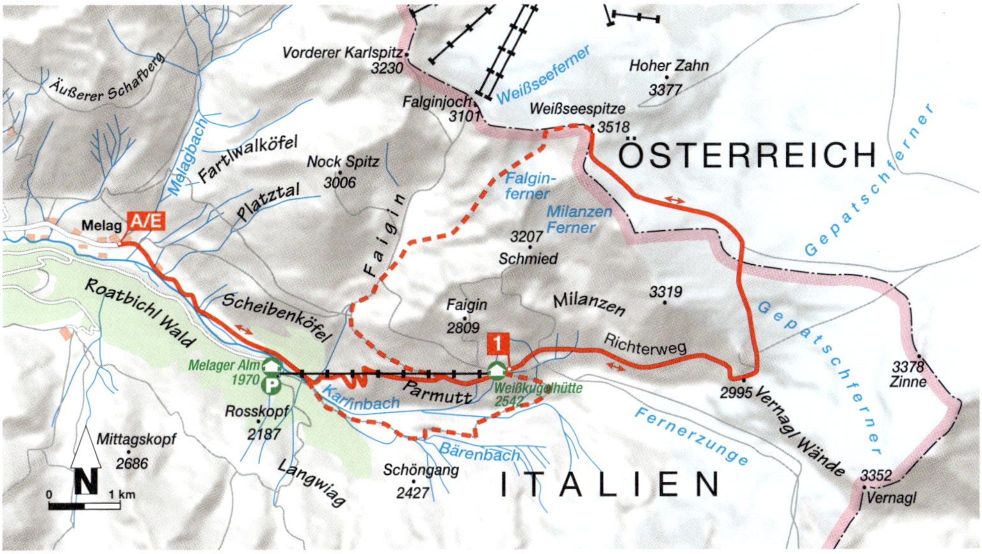

abzweigt. Hier gehen wir geradeaus auf dem nun schmaler werdenden Hüttenanstieg. Dieser zieht bald nach links ziemlich steil die Wiesenhänge bergauf. Dabei wird während des Anstiegs die Aussicht von Meter zu Meter schöner. Ist die Materialseilbahn in Betrieb, geben wir beim Queren der Trasse ein wenig acht, da das Seil teilweise sehr tief verläuft. Nach einigen Serpentinen kommen wir an einen schönen Aussichtspunkt, von dem aus uns der Blick zur gegenüber aufragenden Weißkugel begeistert. Nach einer kurzen Rast wandern wir nun deutlich flacher hoch über dem Tal weiter in Richtung ❶ **Weißkugelhütte** (2542 m), die wir bald erreichen. Die Hütte liegt weit über dem Langtauferer Ferner und bietet eine

Richterweg: schöner Anstieg von Süden zur Weißseespitze

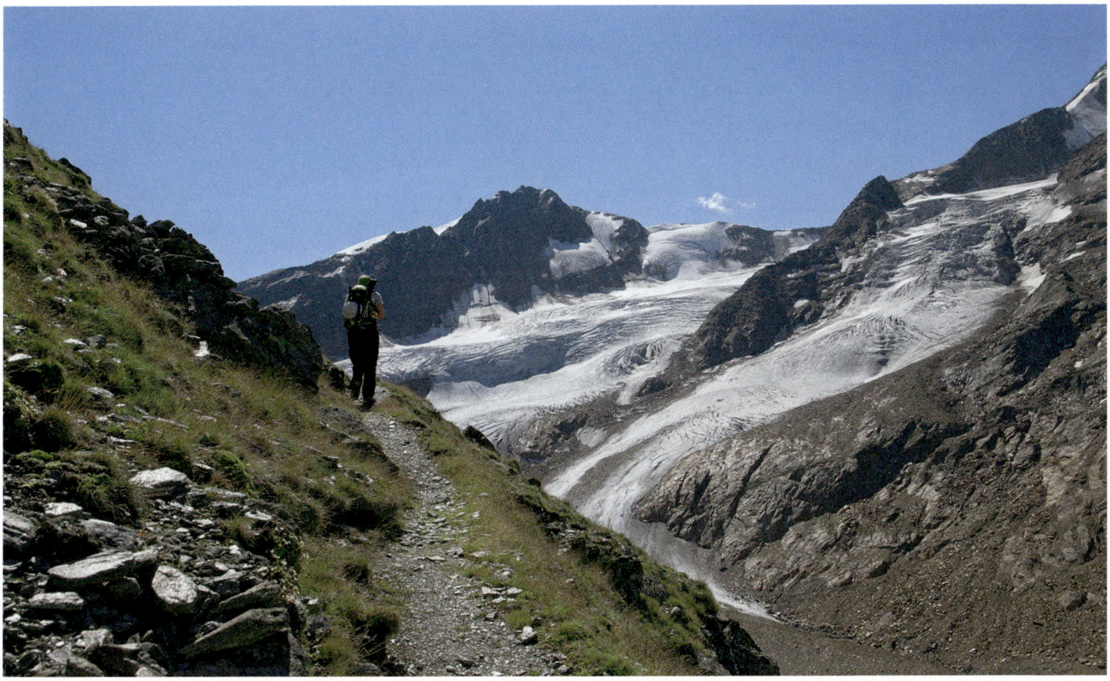

schöne Aussicht. Die gemütliche alte Hütte wurde 1892 von der Sektion Frankfurt am Main erbaut. 2010 ging sie mit 24 weiteren Schutzhütten in das Eigentum der Autonomen Provinz Bozen über. Aufgrund des schlechten baulichen Zustandes der Hütte beschloss die Landesregierung einen Neubau, der allerdings noch aussteht.

Zu den Eisbrüchen Von der Hütte folgen wir den Wegweisern zur Weißseespitze und den Eisbrüchen. Der Richterweg führt hoch über dem Langtauferer Gletscher taleinwärts in Richtung der Eisbrüche. Der Steig ist nicht schwierig, aber an ein paar Stellen doch etwas abschüssig und ausgesetzt. Nach einer Bachquerung kommen wir zu einem Wasserfall, den wir am besten ganz rechts außen queren. Direkt an der Felswand ist es deutlich nasser. Hier beginnen die Drahtseilversicherungen, die auf einem Band recht eindrucksvoll nach oben führen. Auf Höhe der Eisbrüche achten wir auf die Markierung und biegen scharf nach links ab. Dieser Abzweig ist leicht zu übersehen, da Steigspuren geradeaus verlaufen. Gelangt man aber an eine Gedenktafel für einen Verunglückten, ist man zu weit gegangen.

Zur Weißseespitze Wir kraxeln entlang der Versicherungen in einigen Kehren steil hoch in Richtung Gletscher, den wir knapp unter 3000 Metern Höhe erreichen. Hier folgen wir den Markierungen nach links in die Felsen. Diese führen, teilweise mit Klammern gangbar gemacht, steil höher auf den Felskamm. Von hier gelangen wir leicht hinüber zum Gletscher. Am Rand des Gletschers erkennen wir im Nordosten das Brandenburger Haus. Wir gehen noch ein Stück auf dem Felskamm und wechseln dann auf den Gletscher. Es geht auf dem sehr flachen Gletscher bergauf.

Abendstimmung: Langtauferer Spitze von der Weißkugelhütte

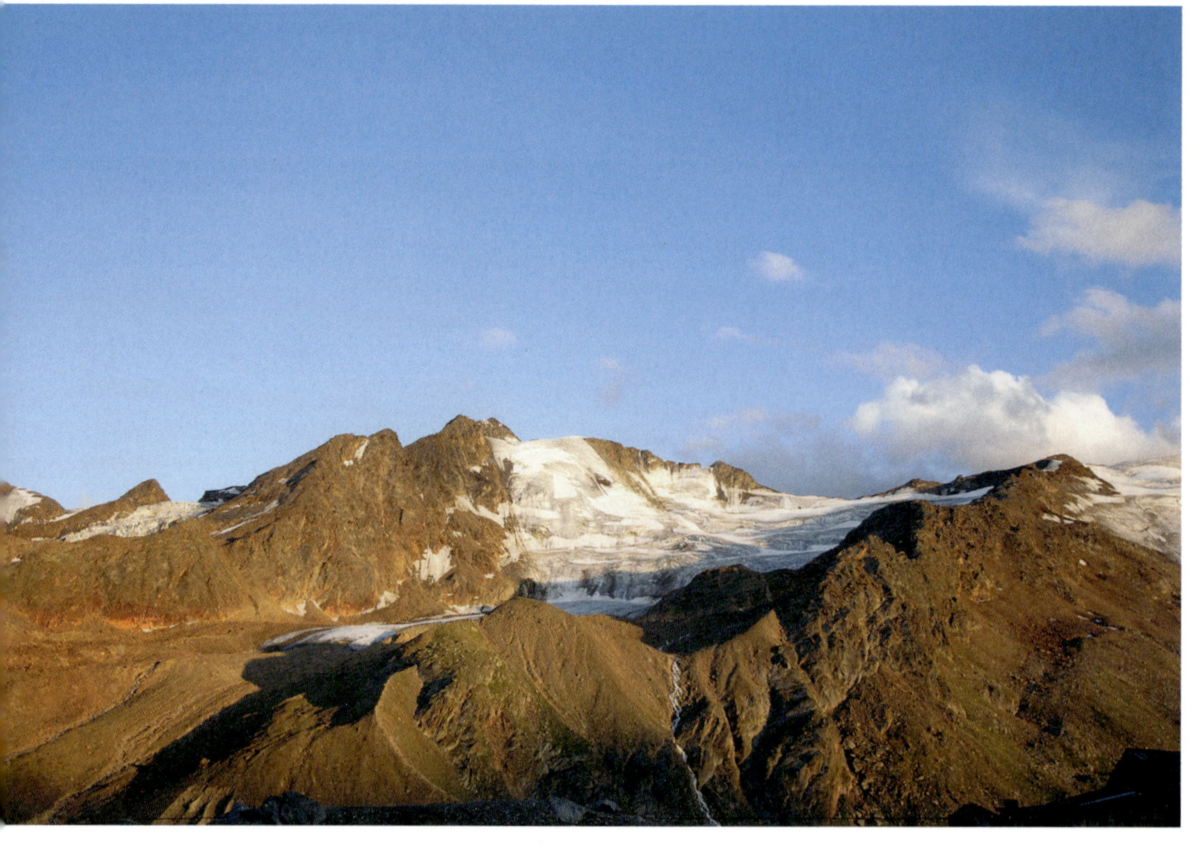

Es dauert eine Weile, bis wir endlich das Gipfelkreuz auf der Weißseespitze sehen. Auch von hier ist es dann noch gut eine halbe Stunde bis zu den Gipfelfelsen. Man sollte sich auf dem Gletscher unbedingt anseilen, da besonders im Gipfelbereich einige tückische Spalten lauern. Die Aussicht von der ❷ **Weißseespitze** (3518 m) ist großartig, vor allem nach Süden zur alles beherrschenden Weißkugel. Aber auch hinüber zu den Gipfeln (Fluchtkogel, Wildspitze) hinter dem Brandenburger Haus über dem großen Gepatschferner ist das Panorama besonders schön.

Abstieg Der Abstieg erfolgt in der Regel entlang des Aufstiegsweges hinab zur ❶ **Weißkugelhütte** (2542 m) und weiter nach Melag (1915 m). Die Variante über den Steilaufschwung am Gepatschferner sollte man im Abstieg nur nehmen, wenn dieser nicht blank ist. Ansonsten ist die markierte Route über den Fels zu bevorzugen.

Alternativer Abstieg Eine Abstiegsvariante vom Gipfel führt über den Westgrat bis zum Joch auf 3309 Metern. Dort steigt man über den Falginferner ab und weiter hinunter durch das Falgintal. Über den markierten Wanderweg gelangt man zurück zur Hütte.

Gletscherlehrpfad Als Abstiegsalternative von der Hütte bietet sich der 2007 eröffnete Gletscherlehrpfad an. Er führt in Richtung der Zunge des Langtauferer Ferners und informiert mit zahlreichen Schautafeln über das Thema Gletscher. Entlang der südlichen Seitenmoräne wandert man hinab zur Melager Alm (1970 m) und hinaus nach Melag (1915 m).

Tief: Spalten kurz vor dem Gipfel der Weißseespitze

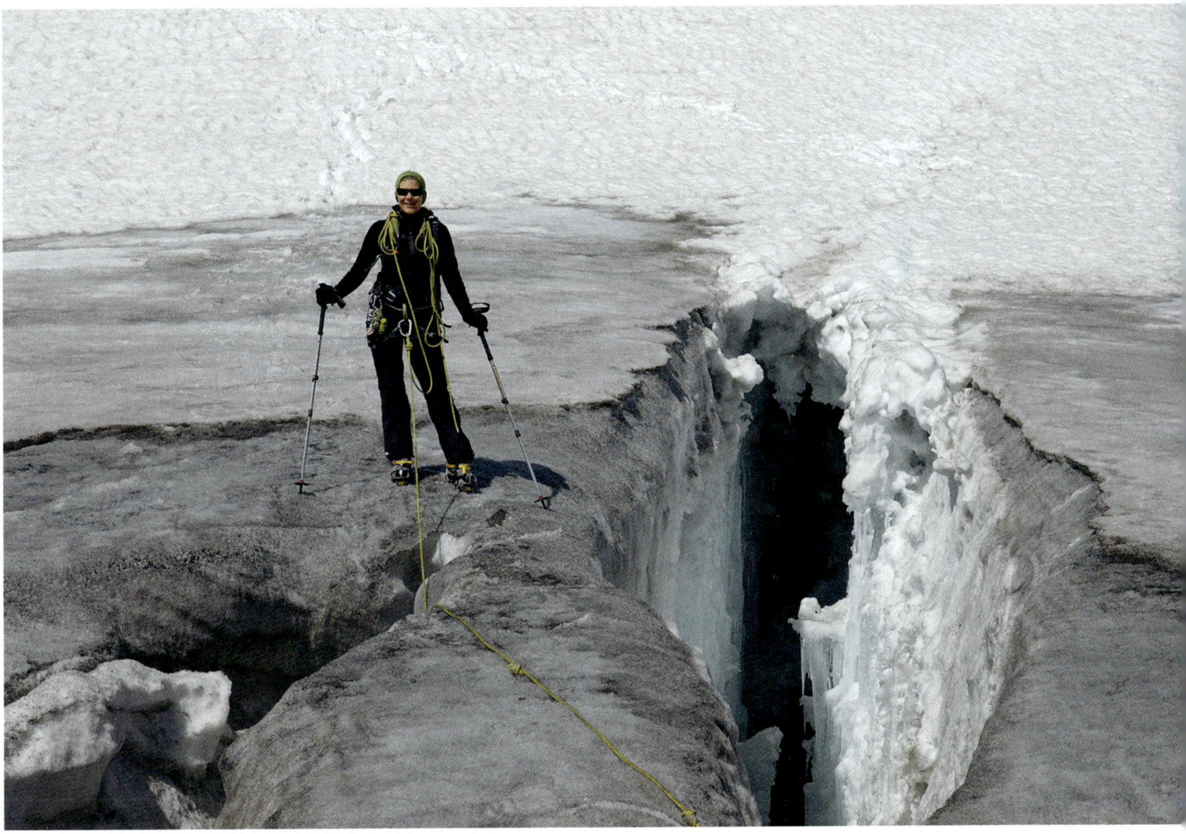

Von der Dreiländerspitze bis zum Monte Cevedale

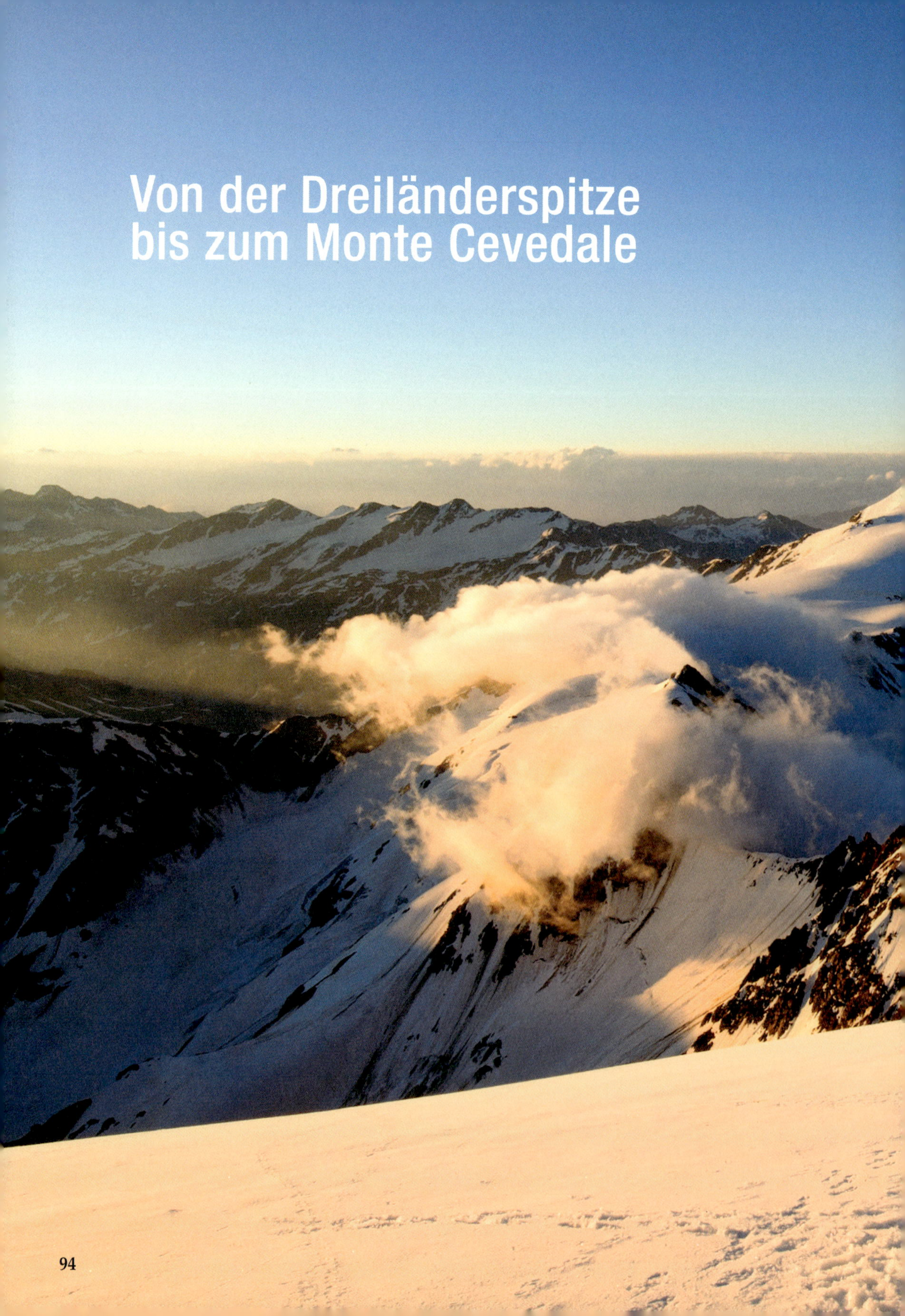

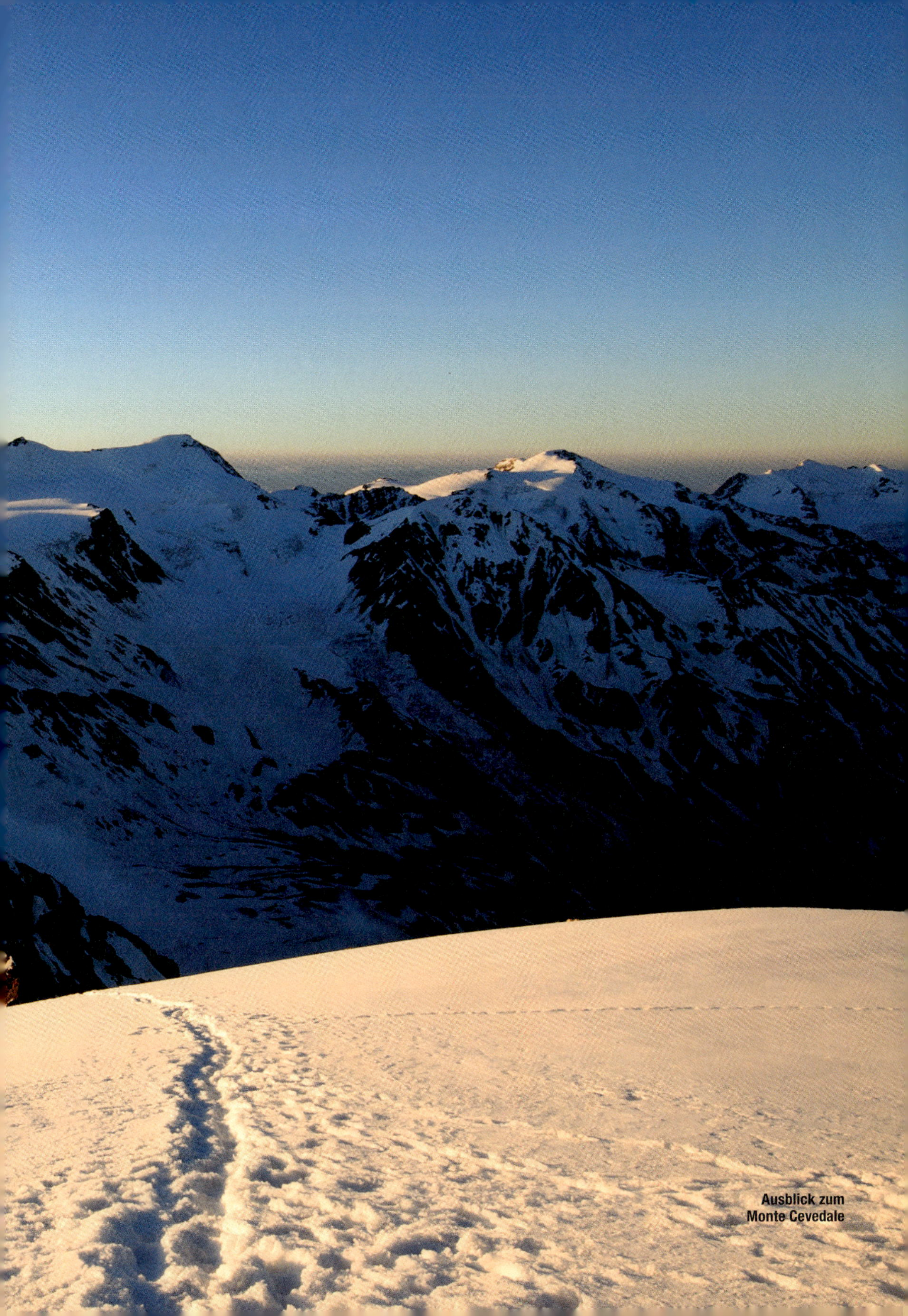

Ausblick zum
Monte Cevedale

24

Dreiländerspitze und Piz Buin

Top Hochtourengipfel an der Wiesbadener Hütte

WS

18:30 Std. 1170 Hm/1560 Hm

Tourencharakter:
Mittelschwere Hochtouren. Am Gipfelgrat bzw. Kamin Stellen II, teilweise sehr ausgesetzt. Ungeübte sollten gesichert werden.

Höchster Punkt:
Gr. Piz Buin (3312 m)

Ausgangs-/Endpunkt:
Bielerhöhe (2037 m) am Silvretta-Stausee

Anfahrt:
Auto: Nach Bludenz und über das Montafon nach Partenen, weiter über die Silvretta-Hochalpenstraße. Oder über den Fernpass und Landeck nach Galtür und weiter zur Bielerhöhe.
Bahn und Bus: Mit dem Zug über Bludenz nach Schruns und weiter mit dem Bus zur Bielerhöhe

Gehzeiten:
Bielerhöhe–Wiesbadener Hütte 2:30 Std., Wiesbadener Hütte–Piz Buin 4:30 Std., Piz Buin–Wiesbadener Hütte 3 Std., Wiesbadener Hütte–Silvrettahorn 4 Std., Silvrettahorn–Wiesbadener Hütte 3 Std., Wiesbadener Hütte–Bielerhöhe 1:30 Std.

Übernachtung:
Wiesbadener Hütte (2443 m), DAV Sektion Wiesbaden, Tel. 0043/(0)5558/4233, www.wiesbadener-huette.com

Karte:
Alpenvereinskarte 1:25 000, Blatt Nr. 26 »Silvrettagruppe«

Tourismus-Info:
Golm Silvretta Lünersee Tourismus, A-6773 Vandans, Tel. 0043/(0)5556/70 18 31 67, www.gsl-tourismus.at

Ausrüstung:
Gletscherausrüstung

Die Dreiländerspitze liegt an der Grenze der drei Länder Graubünden, Tirol und Vorarlberg, teilt also die Gebiete der Stämme der Rätoromanen, Bajuwaren und Alemannen. Aufgrund ihrer zentralen Lage und guten Erreichbarkeit – neben dem Anstieg von der Wiesbadener Hütte könnte man auch von der Tuoihütte oder der Jamtalhütte aufsteigen – ist die Dreiländerspitze eine sehr beliebte Hochtour in der Silvretta.

Der **Piz Buin** ist wohl die begehrteste Hochtour in der Silvretta. Sie bietet alle Faktoren für eine spannende Tour: zuerst der Auftakt am spaltigen Gletscher, schließlich das Finale am felsigen Gipfelaufbau. Ruhiger geht es am Silvrettahorn zu, das etwas leichter ist, trotzdem auch mit einer leichten Kletterei aufwartet.

Zur Wiesbadener Hütte Von der Bielerhöhe (2037 m) gehen wir am Ostufer des Silvretta-Stausees bis zu seinem Südende. Der Fahrweg führt

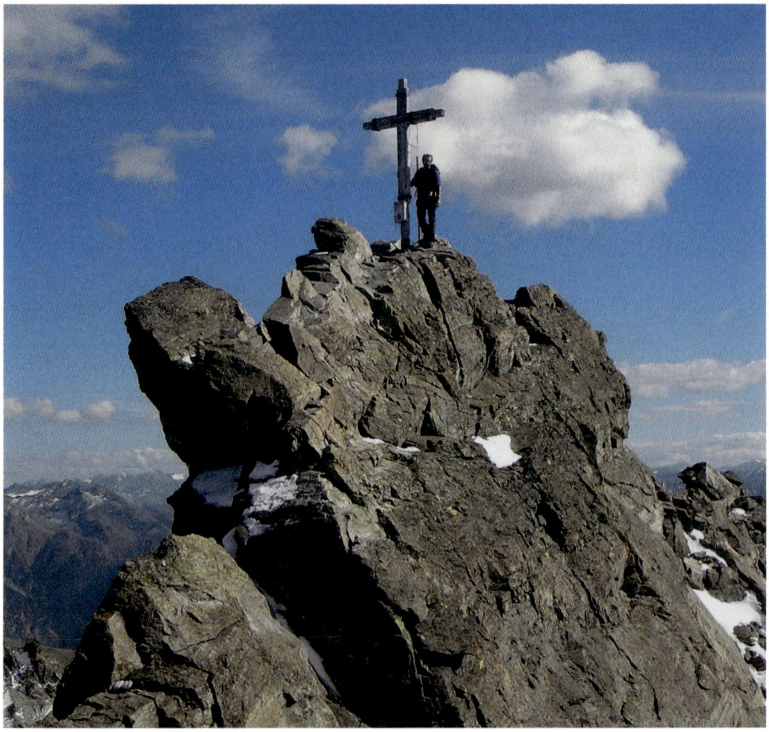

Exponiert: das Gipfelkreuz auf der Dreiländerspitze

uns nun hinein ins Ochsental, immer leicht ansteigend bringt er uns an der Ostseite des Tales zur großen ❶ Wiesbadener Hütte (2443 m).

Der Anstieg zur Hütte kann auch gut mit dem Fahrrad zurückgelegt werden. Beim Abstieg wird man dann froh sein, nicht den Fahrweg talwärts laufen zu müssen.

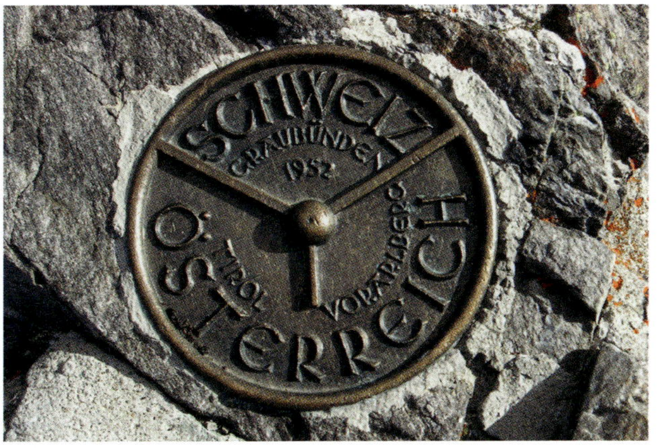

Treffpunkt: An der Dreiländerspitze treffen Vorarlberg, Tirol und Graubünden aufeinander.

Zur Dreiländerspitze Von der Wiesbadener Hütte (2443 m) gehen wir zuerst in Richtung Süden, biegen dann südlich vom Vermuntkopf Richtung Osten ab. Wir wandern entlang der Südabstürze von Vermuntkopf und Ochsenkopf weiter Richtung Osten, bis wir den Vermuntgletscher erreichen. Der Gletscher ist recht flach und sollte in der Regel keine großen Probleme bereiten. In der Nähe des linken Gletscherrandes steigen wir hoch, zuerst östlich, dann südöstlich bis auf Höhe der Ochsenscharte. Kurz vor der Scharte biegen wir nach rechts ab und gelangen an den steilen Hang, der zum Westgrat emporführt. Leicht rechtshaltend steigen wir hoch zu einer Einschartung im Grat. In leichter Kletterei kraxeln wir über den teilweise ausgesetzten Grat bis zum Vorgipfel. Nun trennt uns nur noch eine kleine Scharte vom Gipfelkreuz. Der Übergang ist allerdings sehr ausgesetzt. Vorsichtig klettern wir in die Scharte und sind in wenigen Minuten oben am Gipfelkreuz auf der freistehenden ❷ Dreiländerspitze (3197 m). Vom Gipfel genießen wir eine wunderschöne Aussicht, die an schönen Tagen bis weit ins Montafon reicht. Besonders beeindruckt von hier oben der direkte Nachbar, der mächtige Piz Buin, der seinerseits Bergsteigerträume weckt.

Abstieg Der Abstieg erfolgt am Anstiegsweg. Vorsichtig klettern wir zurück zum Vorgipfel und über den Grat hinab zur Einschartung. Von dort kann man zum steilen Hang, der hinab zum Vermuntgletscher

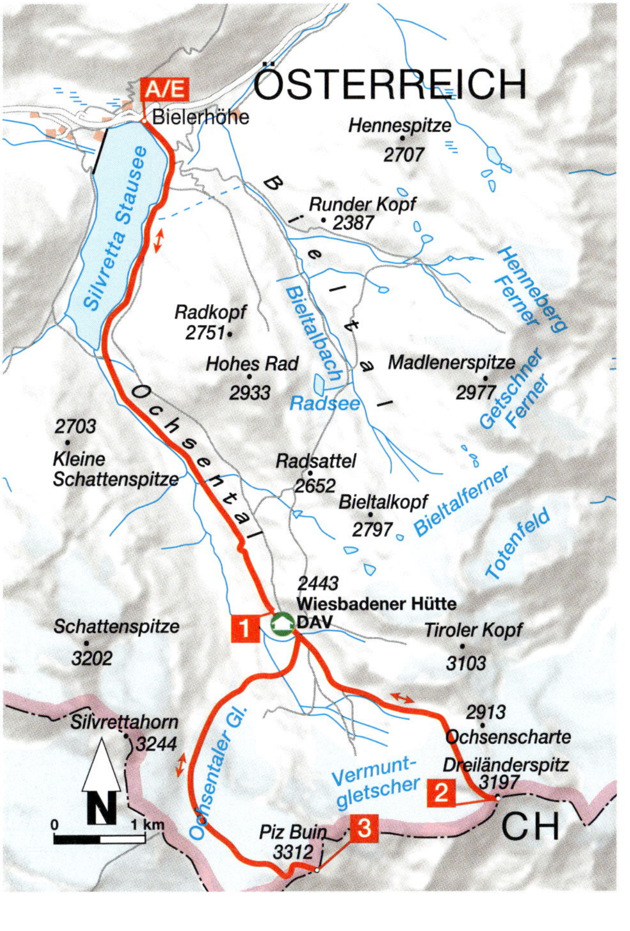

Tipp

Auch ein schönes Ziel ist das Silvrettahorn, das man ebenfalls vom Ochsentaler Gletscher erreicht. Der Gipfel ist etwas leichter als der Piz Buin. Der Anstieg über den Fels ist nicht besonders schwer und für alle Fälle ermöglichen Borhaken problemlos ein Sichern des Auf- und Abstiegs.

Wild: Gletscherbruch am Ochsentaler Gletscher

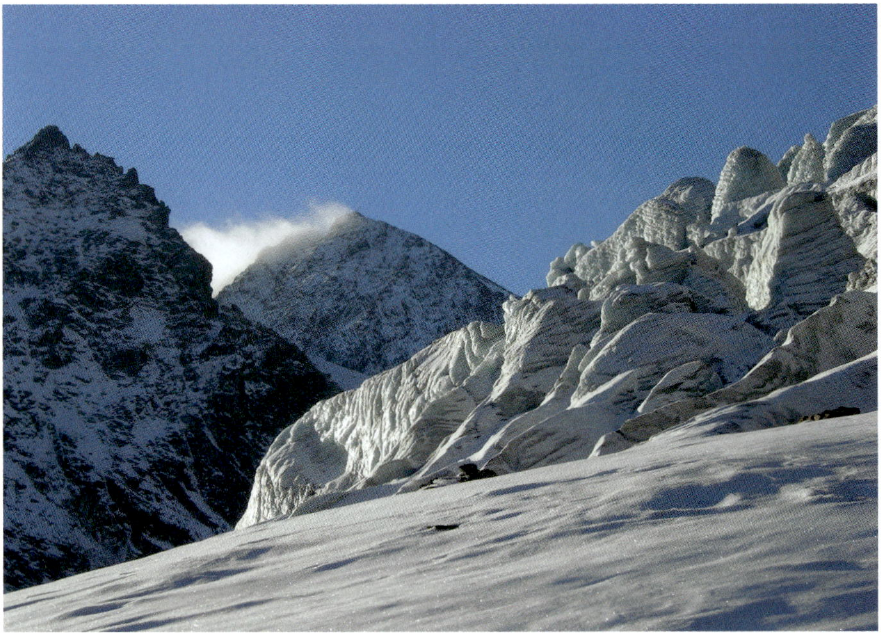

führt, an einer Stelle abseilen. Über den flachen Gletscher wandern wir bis zu seinem Ende und erreichen bald über den markierten Steig die ❶ Wiesbadener Hütte (2443 m).
Über den Fahrweg wandern wir gemütlich zurück zur Bielerhöhe (2037 m).

Der Große Piz Buin war meine erste Hochtour. Eine Sektionstour mit 28 (!) Teilnehmern von der Tuoihütte aus. Am Gipfelaufbau bekam ich eine persönliche Betreuung des Fachübungsleiters. Jahre später waren wir Ende September wieder dort. Dieses Mal wählten wir den Anstieg von der Wiesbadener Hütte. Eine herbstliche Kaltfront hatte den Gipfelaufbau mit Eis verziert, was die Kletterei durchaus anspruchsvoll machte.

Zur Buinlücke Der früher gern benutzte Anstieg über das Wiesbadener Gretel kann nicht mehr begangen werden. Auch vor dem Ochsentaler Gletscher macht der Gletscherschwund keinen Halt. Somit hat sich die Aufstiegsroute am Gletscher in den letzten Jahren immer wieder verändert. Auch der Anstieg über den Ochsentaler Gletscher wurde verlegt. Heute geht man nicht mehr über die Grüne Kuppe, sondern quert unterhalb in südwestliche Richtung. Man geht ebenfalls unter dem Gletscher hindurch und erreicht in einem großen Linksbogen den Gletscher. Dabei umgeht man auch die größten Spaltenzonen des Gletschers. Wir gehen dabei unterhalb des Silvrettahorns entlang und gelangen so zum oberen flachen Becken des Ochsentaler Gletschers. In einem weiteren großen Linksbogen gehen wir hinüber zur Buinlücke (3054 m) zwischen Kleinem und Großem Piz Buin.

Zum Großen Piz Buin Kurz vor der Buinlücke führen Steigspuren von rechts unten nach links oben bis zu einer Schulter. Wir steigen noch ein Stück weiter auf und queren anschließend etwas nach links, bis wir zum Kamin kommen. Über diese schluchtartige Felsstufe (Schwierigkeitsgrad II) klettern wir zum oberen Bereich der Westflanke. An den vorhandenen Bohrhaken kann man gut sichern, sodass man

ohne Probleme »durchkommen« sollte. Nun gehen wir auf Steigspuren über Geröll unschwierig zum Gipfelkreuz auf dem ❸ Großen Piz Buin (3312 m).
Das Panorama ist, wie es sich von so einem zentralen und hohen Gipfel gehört: Neben den direkten Nachbarn Dreiländerspitze und Silvrettahorn zieht der höchste Gipfel der Silvretta, die gleichmäßige Pyramide des Piz Linard, unsere Blicke auf sich.

Abstieg Über das Geröll gehen wir zurück zum Kamin, über den man auch abseilen kann. Über die steile Flanke gelangen wir zur Buinlücke und weiter zum Ochsentaler Gletscher. Entlang der Anstiegsroute steigen wir vorsichtig über den spaltenreichen Gletscher ab. Anschließend wandern wir über die Grüne Kuppe zur ❶ Wiesbadener Hütte (2443 m).

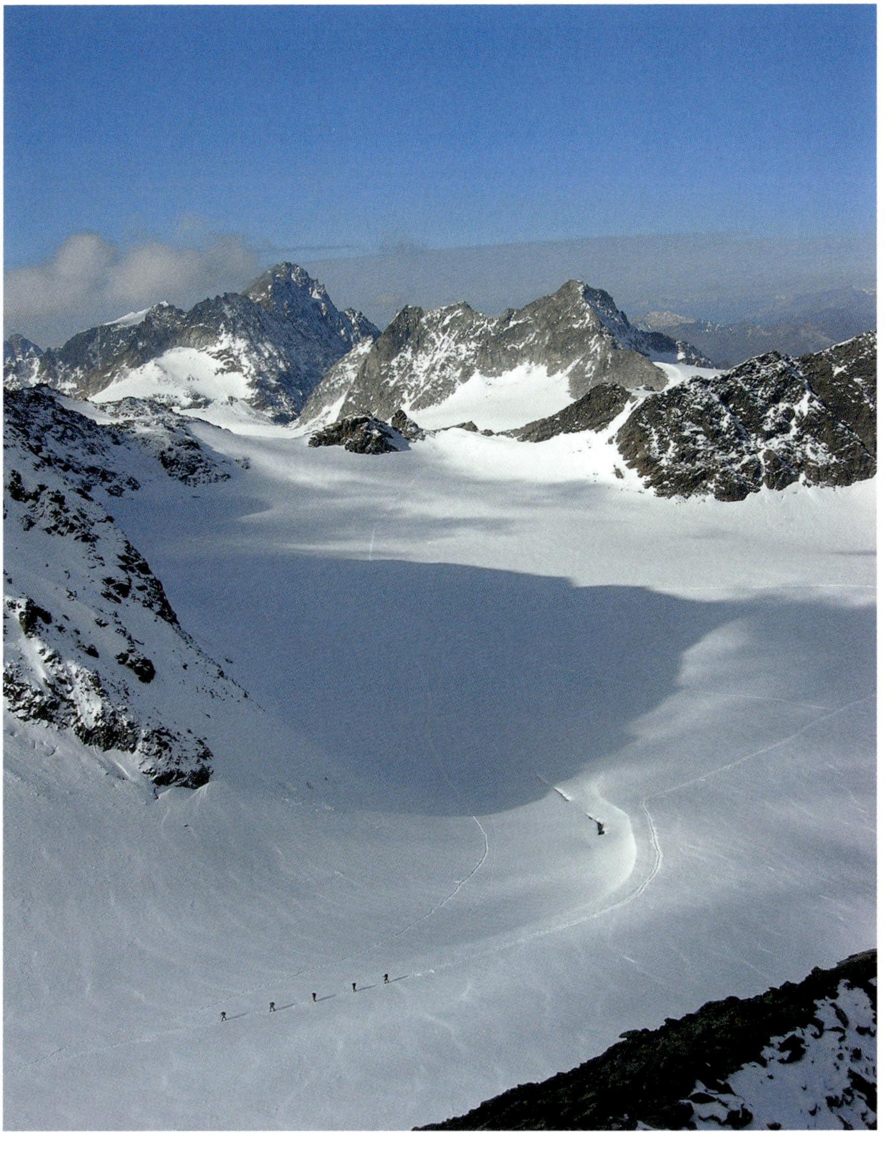

Verschneit: der obere Ochsentaler Gletscher nach einem Schneefall Ende September

25

Über die Sesvennahütte zum Piz Sesvenna

Zwischen Vinschgau und Engadin

L+ 9:30 Std. 1720 Hm

Tourencharakter:
Leichte Hochtour. Sanfter Gletscher mit kleinen Spalten. Blockgrat zum Gipfel. Variante aus dem Engadin erfordert gute Kondition für den Abstieg.

Höchster Punkt:
Piz Sesvenna (3204 m)

Ausgangs-/Endpunkt:
Schlinig (1738 m), oberhalb von Burgeis

Anfahrt:
Auto: Über den Reschenpass ins Vinschgau. Bei Burgeis rechts ab nach Schlinig.
Bahn und Bus: Mit dem Zug nach Mals und mit dem Bus weiter bis Schlinig

Gehzeiten:
Schlinig–Sesvennahütte 2 Std., Sesvennahütte–Piz Sesvenna 3:30 Std., Piz Sesvenna–Sesvennahütte 2:30 Std., Sesvennahütte–Schlinig 1:30 Std.

Übernachtung:
Sesvennahütte (2258 m), AVS-Sektionen Mals, Vinschgau, Untervinschgau, Martell, Lana, Tel. 0039/0473/830234, www.sesvenna.com

Karte:
Tabacco Karte 1:25000, Blatt Nr. 043 »Alta Val Venosta – Vinschgauer Oberland«; evtl. Topografische Landeskarte der Schweiz 1:25000, Blatt Nr. 1219 »S-charl« und Blatt Nr. 1199 »Scuol«

Tourismus-Info:
Ferienregion Obervinschgau, I-39024 Mals, Tel. 0039/0473/831190, www.ferienregion-obervinschgau.it

Ausrüstung:
Gletscherausrüstung

Wunderschöne, einfache Hochtour auf einen genussvollen Aussichtsgipfel. Die unscheinbare Sesvennagruppe ist umgeben von vielen Berühmtheiten wie Bernina, Ortlergruppe und Ötztaler Alpen. Aber gerade das macht den Reiz dieser Tour aus.

Der **Piz Sesvenna** liegt wenige Meter neben der Grenze auf Schweizer Boden. Trotzdem wird er meistens von der Südtiroler Seite begangen. Ein Grund ist sicherlich die gemütliche und komfortable Sesvennahütte, die 1980 von fünf Sektionen des Alpenvereins Südtirol erbaut wurde.

Zur Sesvennahütte Vom Ortsrand von Schlinig (1738 m) wandern wir durch das breite Schlinger Tal bis zur im Sommer bewirtschafteten Schlinger Alm (1868 m). Der Weg führt noch ein Stück nur sanft ansteigend taleinwärts. Am Ende des Tales befindet sich eine Stufe mit einem schönen Wasserfall. Hier schlängeln wir uns rechts am Hang in einigen Serpentinen steiler bergauf. Der gute Weg ist nun etwas schmaler und umgeht die steile Stufe in einem kleinen Bogen. Über Wiesen wandern wir zur schön gelegenen ❶ Sesvennahütte (2258 m). Von der Hütte lohnt sich ein Ausflug zum Schlinigpass und zur eindrucksvollen Uinaschlucht auf Engadiner Seite. Am Abend genießen wir die gute Südtiroler Küche und freuen uns auf den Gipfeltag.

Zum Piz Sesvenna Am nächsten Morgen gehen wir auf dem mit Nr. 5 bezeichneten Weg nach Westen aufwärts. Nach rechts ausholend umwandern wir einen kleinen Rücken und gehen weiter in Richtung Fuorcla Sesvenna. Kurz vor der Scharte erblicken wir den schönen Sesvennasee mit dem daneben liegenden Föllakopf. Von der breiten ❷ Fuorcla

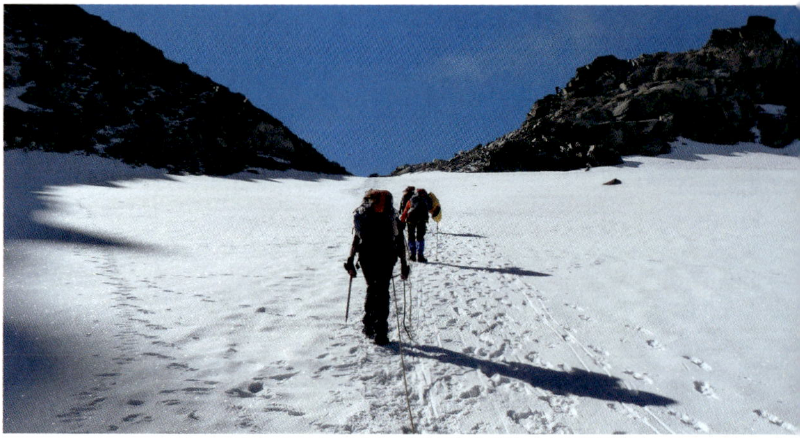

Gemächlich: Der Sesvennagletscher ist nicht besonders schwer.

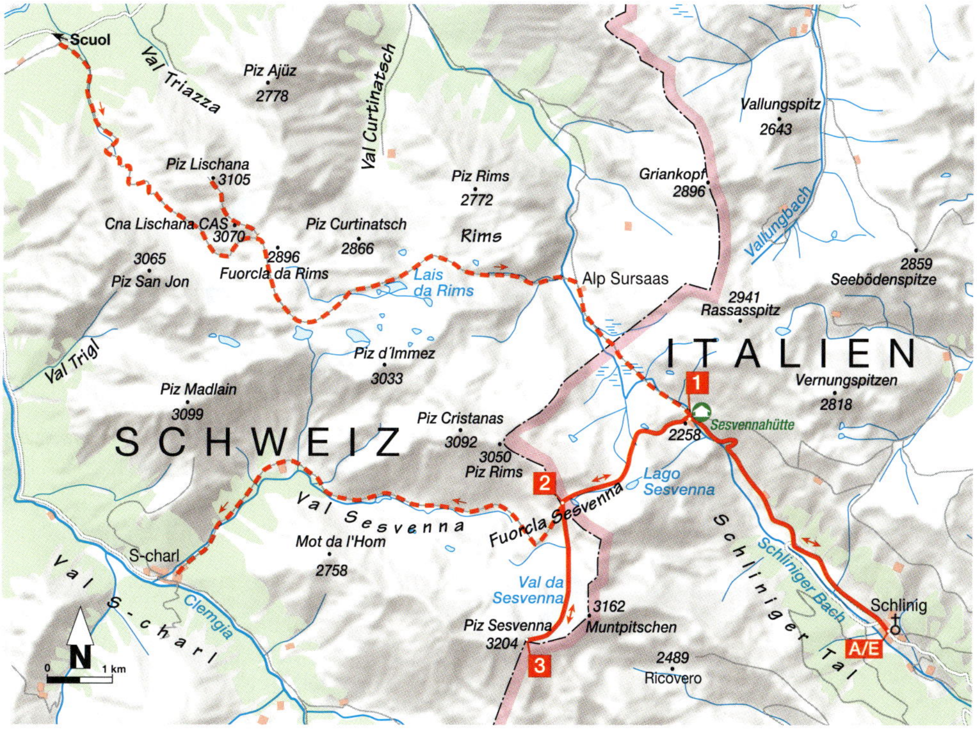

Sesvenna (2824 m) sehen wir erstmals den Piz Sesvenna mit seinem Gletscher. Wir steigen ein wenig ab und über Blockwerk hinüber zum Gletscher. Auch wenn der Gletscher nur wenige, kleine Spalten hat, so können diese doch für einen Spaltensturz ausreichen. Deshalb sollte man auf diesem harmlos aussehenden Gletscher die entsprechende Vorsicht walten lassen. Auf dem Gletscher gehen wir in einem kleinen Bogen hinüber zur Scharte zwischen Foratrida und Sesvenna.
Hier beginnt nun der Gipfelgrat. Über grobes Blockwerk steigen wir in leichter Kletterei zum aussichtsreichen Gipfel des ❸ Piz Sesvenna (3204 m). Hier oben sehen wir nun hinüber zu den berühmten Nachbarn: Bernina, Ortler und Weißkugel.

Abstieg Der Abstieg erfolgt am Anstiegsweg über den Grat zurück zum Gletscher und hinüber zur ❷ Fuorcla Sesvenna (2824 m). Von der Scharte steigen wir hinab zur ❶ Sesvennahütte (2258 m) und durch das Schliniger Tal hinaus nach Schlinig (1738 m).

Rundtour Eine schöne dreitägige Rundtour ergibt sich vom Schweizer Scuol. Am ersten Tag gehen wir hinauf zur Chamanna Lischana. Am nächsten Tag gehen wir durch zur Sesvennahütte. Nach einer Besteigung des Piz Sesvenna steigen wir von der Furcola Sesvenna nach S-charl ab.

Historisch: die Alte Pforzheimer Hütte mit dem Ortler

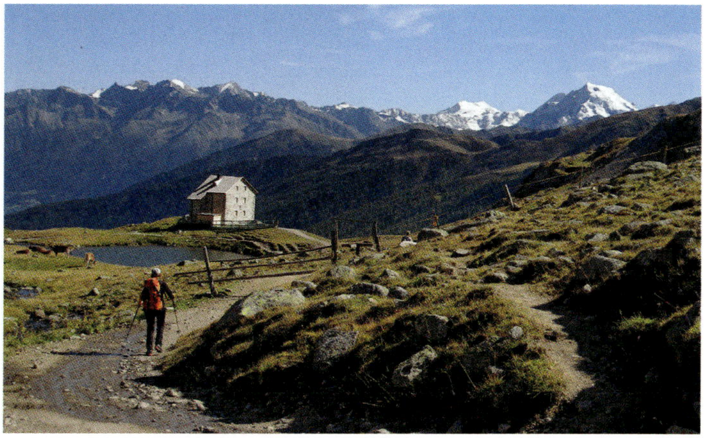

26

Zum Hohen Angelus und der Vertainspitze

Top Hochtouren über Sulden

WS · 9:30 Std. · 1510 Hm

Tourencharakter:
Mittelschwere, kombinierte Hochtour mit Gratpassagen im Fels und relativ sanften Gletscherpassagen

Höchster Punkt:
Vertainspitze (3545 m)

Ausgangs-/Endpunkt:
Bergstation Kanzellift (2348 m) oberhalb von Sulden

Anfahrt:
Auto: Über den Reschenpass ins Vinschgau. Bei Spondinig Abzweig nach Prad, kurz vor Trafoi links ab nach Sulden.
Bahn und Bus: Mit dem Zug nach Spondinig und weiter mit dem Bus nach Sulden

Gehzeiten:
Bergstation Kanzellift–Düsseldorfer Hütte 1:30 Std., Düsseldorfer Hütte–Angelusscharte 3 Std., Angelusscharte–Rosimjoch 1 Std., Rosimjoch–Vertainspitze 1 Std., Vertainspitze–Kanzellift 3 Std.

Übernachtung:
Düsseldorfer Hütte (2721 m), Autonome Provinz Bozen, Anfang Juni bis Anfang Okt., Tel. 0039/0473/613115, www.duesseldorferhuette.com

Karte:
Tabacco 1:25000, Blatt Nr. 08 »Ortles – Cevedale, Ortlergebiet«

Tourismus-Info:
Ferienregion Ortlergebiet, Tel.: 0039/0473/613015, www.ortlergebiet.it

Ausrüstung:
Gletscherausrüstung, Helm

Der Hohe Angelus kann bei guten Verhältnissen eisfrei erreicht werden. Der Übergang zur Vertainspitze über den Laaser Ferner ist großartig, aber deutlich anspruchsvoller. Als Stützpunkt dient die gemütliche Düsseldorfer Hütte.

Die **Vertainspitze** lässt sich von der Düsseldorfer Hütte ideal mit dem Hohen Angelus kombinieren. Steigt man doch bis zum Verbindungsgrat beider Gipfel an, um dann kurz vorm Angelusgipfel rechts zur Angelusscharte abzubiegen. Der direkte Anstieg zur Scharte ist inzwischen so ausgeapert, dass er nicht mehr begangen wird. Auch der direkte Anstieg vom Laaser Ferner über den Walterweg auf die Vertainspitze ist nicht mehr zu empfehlen. Bereits 2006 fielen uns beim Zustieg zum Grat die Steine entgegen. Nun muss man über das Rosimjoch gehen, was zwar zeitaufwendiger ist, die Tour aber sehr abwechslungsreich gestaltet.

Zur Düsseldorfer Hütte Von der Bergstation des Kanzelliftes (2348 m) wandern wir Richtung Westen ziemlich eben in Richtung Zaytal. Bald schon sehen wir hinten im Tal die Hütte. Ein Wegweiser schickt uns links bergab. Über ein paar schöne, kunstvolle Brücken führt der Weg durch Blockgelände zu einem Gatter. Wir gehen da durch und wandern weiter am Hang entlang, zuletzt etwas abfallend ins Zaytal. Dort drehen wir uns um und genießen den Ausblick auf das Suldener Dreigestirn. Dann über-

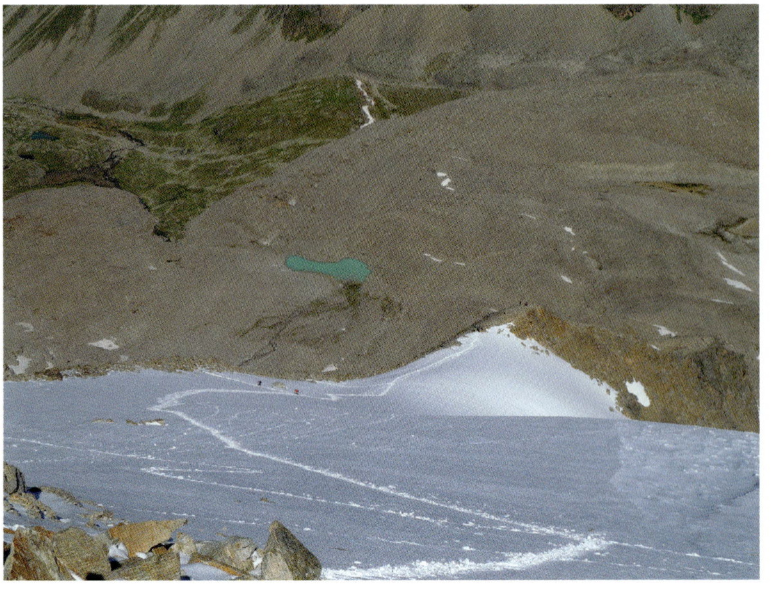

Gipfelflanke: Der steile Firn kann auf dem linken Felsgrat gut umgangen werden.

queren wir den Bach und steigen nun steiler, zuletzt in einigen Kehren, bergan zur ❶ Düsseldorfer Hütte (2721 m). Die Hütte blickt auf eine wechselvolle Geschichte zurück. Erbaut wurde sie 1892 von der Sektion Düsseldorf des Deutschen und Österreichischen Alpenvereins. Nach dem Ersten Weltkrieg ging sie an den CAI Sektion Mailand über. Seit 2010 wird sie von der Autonomen Provinz Bozen verwaltet. Bewirtschaftet wurde sie aber seit Anfang an von der Familie Reinstadler.
Von der Terrasse bietet sich uns nochmals ein großartiger Blick auf Königsspitze, Zebru und Ortler.

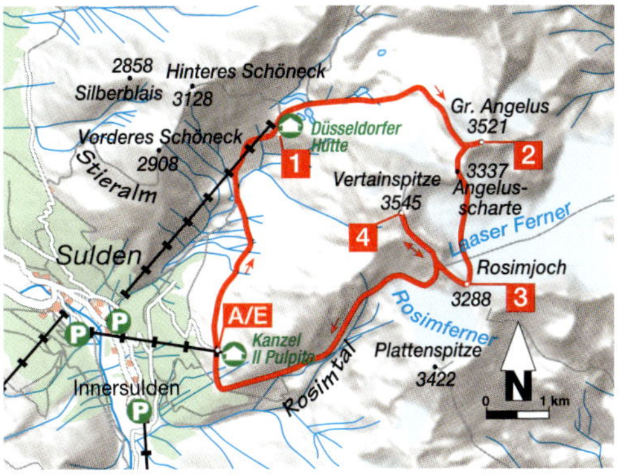

Auf den Hohen Angelus Am nächsten Morgen wandern wir kurz taleinwärts in Richtung Tschenglser Hochwand. Bald schon zweigt nach rechts der gelbrot markierte Anstieg zum Hohen Angelus ab. Der Weg führt uns zuerst über Almmatten, bald aber schon über Blockgelände auf den Nordwestgrat zu. Zwischendurch kommen wir an einem kleinen See vorbei. Der Weg zieht kurz danach stärker hinauf zum Blockrücken, der vom Nordwestgrat abfällt. Am Rücken halten wir uns rechts und gehen direkt auf den Grat zu. Kurz vor Beginn des Grates setzen wir den Helm auf. Dabei sollten wir einmal hinüberblicken zur Vertainspitze mit ihrer eindrucksvollen Nordwand. Der Steig führt nun in leichtes Felsgelände hinein. Zuerst wandern wir rechts des Grates hinauf, solide Versicherungen bringen uns aber bald direkt auf den Grat. Der gesamte Anstieg ist nicht sehr schwierig, trotzdem an einigen Stellen etwas ausgesetzt, sodass unbedingt Trittsicherheit erforderlich ist. Zwischendurch bleiben wir einmal stehen und blicken in das Gelände zwischen Hohem Angelus und Tschengelser Hochwand hinab. Ein paar schöne Gletscherseen liegen dort und bieten einen traumhaften Anblick inmitten der Felsberge.
Bald legt sich der Grat ein wenig zurück, und so erblicken wir erstmals den Gipfel des Hohen Angelus mit seiner schönen Firnflanke. Meistens betritt man den Firn nur kurz und steigt ansonsten die ganze Zeit den kleinen Steinmännern folgend hoch zum Verbindungsgrat zwischen Vertainspitze und Angelus. Dort halten wir uns links und klettern am Grat unschwierig weiter in Richtung Gipfel. Der Schlussabschnitt ist nicht schwierig, aber teilweise etwas ausgesetzt. Kurz nachdem wir einen kleinen Turm am Grat umgangen haben, erreichen wir bald den höchsten Punkt des ❷ Hohen Angelus (3521 m) mit seinem ungewöhnlichem Gipfelkreuz. Bei guten Verhältnissen kann man natürlich direkt über das Firnfeld hinaufstapfen, was entsprechende Ausrüstung und Erfahrung erfordert.
Am Gipfel angekommen, genießen wir die Aussicht auf die nahe Vertainspitze, die darüber aufragenden Königsspitze, Zebru und Ortler und die daneben stehenden Cevedale und Zufallspitzen. Weiter hinten erkennen wir sogar die Presanella. Sehr schön ist der nahe Tiefblick auf den großen Laaser Ferner, den man überqueren muss, wenn man zur Vertainspitze möchte.

Zur Vertainspitze Nach einer kurzen Gipfelpause gehen wir am gut begehbaren Grat hinab in die ❸ Angelusscharte (3337 m). Wir steigen kurz ab zum flachen

Tipp

Wer nach dem Hüttenanstieg noch einen hübschen Dreitausender besteigen will, dem möchten wir das Hintere Schöneck (3128 m) empfehlen. Es ist vom Gipfel in eineinhalb Stunden zu erreichen. Der Anstieg ist zwischendrin ziemlich steil und an einigen Stellen versichert, sodass Trittsicherheit und Schwindelfreiheit erforderlich sind. Der Gipfel bietet einen fantastischen Blick auf den Ortler. Im Norden ist die Weißkugel, im Westen die Bernina zu erkennen.

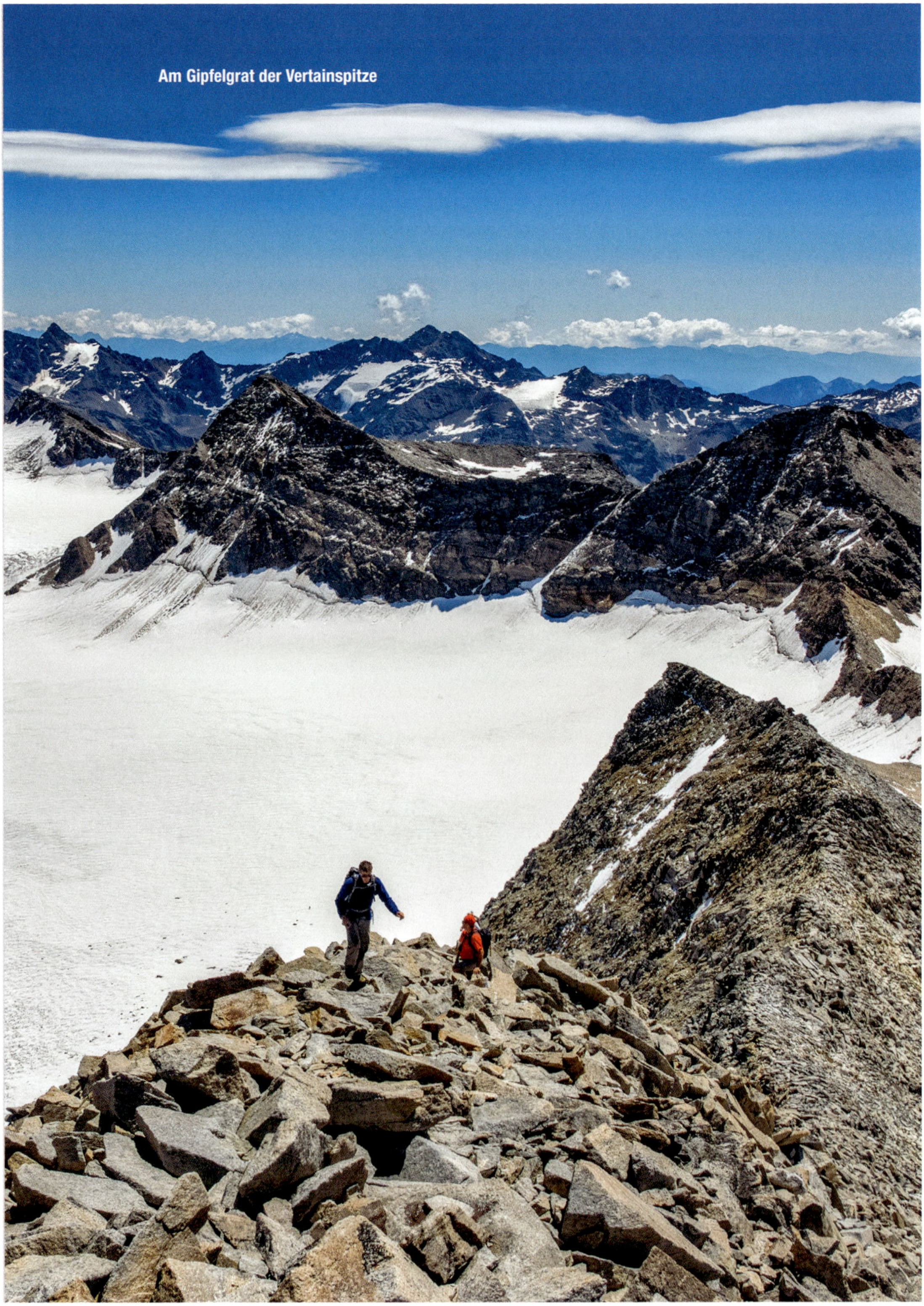

Am Gipfelgrat der Vertainspitze

Gletscher. Angeseilt queren wir hinüber zum 4 Rosimjoch (3288 m). Lediglich der letzte Anstieg ins Joch ist wieder etwas steiler. Dort stehen wir plötzlich wieder der gewaltigen Königsspitze gegenüber. Während der Querung auf dem Laaser Ferner schauen wir einmal nach rechts hinauf. Vom Rosimjoch halten wir uns rechts und steigen am Grat entlang in Richtung Vertainspitze. Bald erkennen wir den Gipfel mit seinem großen Kreuz. Leider täuscht die Perspektive etwas, denn der Weg zieht sich ganz schön in die Länge. Wir folgen nicht den großen Steinmännern weiter zum höchsten Punkt des Grates, sondern halten etwas unterhalb auf ein Firnfeld zu. Dieses queren wir (Vorsicht bei Vereisung!) bis an den Gipfelaufbau. Hier kraxeln wir hoch zum rechten Grat (auch der linke wäre möglich) und gelangen über die großen Blöcke des Grates zum Gipfelkreuz auf der 5 Vertainspitze (3545 m). Der Gipfel bietet wirklich eine prächtige Aussicht auf Ortler, Königsspitze und Zebru, aber auch auf die links daneben stehenden Zufallspitzen und den Cevedale.

Abstieg Nachdem wir die Gipfelaussicht bewundert haben, steigen wir am Anstiegsweg über den Blockgrat zurück zum Firnfeld und zu der Stelle, an der wir den Grat verlassen haben. Hier halten wir uns etwas mehr rechts und gehen somit schon deutlich vor dem Rosimjoch nach rechts unten (Steinmänner!). Der Steig führt in angenehmer Steigung auf den Rosimferner zu. Wir halten uns am rechten Rand des Gletschers und verlieren so schnell an Höhe. An einem großen Stein halten wir uns rechts und wandern bald auf einer Moräne bis zum flachen Rosimboden. Hier können wir erst einmal entspannen, da die anspruchsvollen Passagen hinter uns liegen. Der weitere Abstieg führt über einen Rücken hinab ins grüne Rosimtal. Angenehm ist das viele Grün für unsere Augen, nachdem wir uns über Stunden in Fels und Eis bewegt haben. Während des Abstiegs bewundern wir den Wasserfall, über den der Rosimbach hinabstürzt. Im Rosimtal folgen wir an einer Abzweigung den Wegweisern nach rechts in Richtung Kanzellift. Der Weg führt zuerst noch ein wenig bergab, bis wir zu einer weiteren Verzweigung kommen. Wir wandern allerdings auf dem Höhenweg weiter und erreichen bald die Bergstation des Kanzelliftes (2348 m). Mit dem Sessellift schweben wir anschließend ins Tal hinab.

Traumhaft: Die Düsseldorfer Hütte vor Königspitze und Ortler

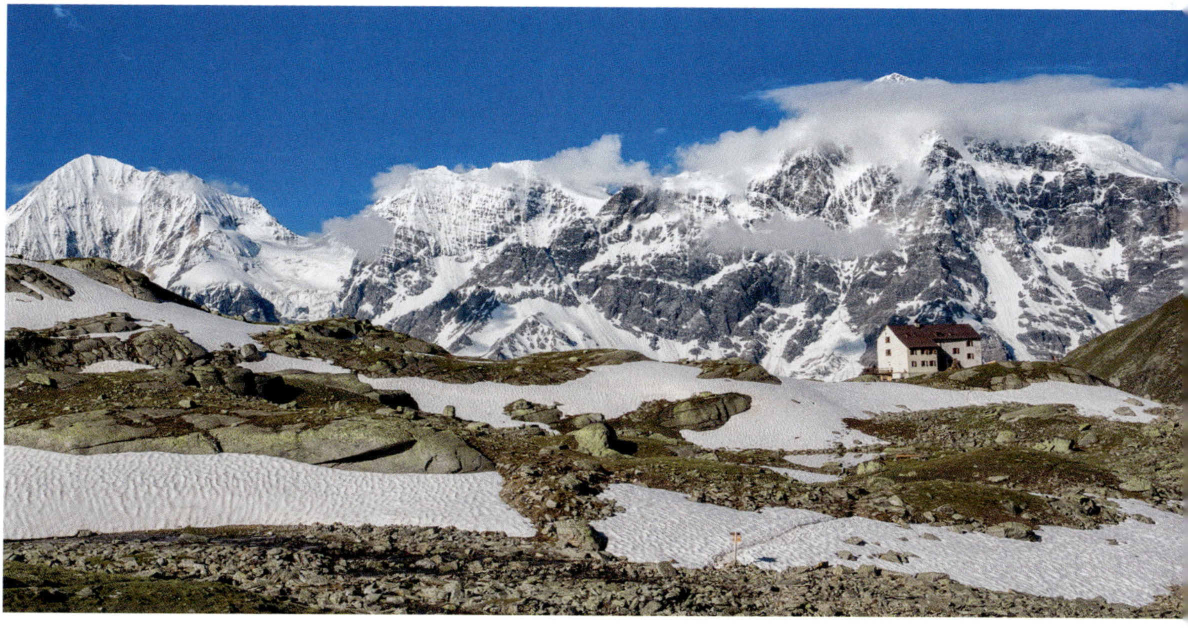

27 Auf die Dritte Veneziaspitze

Unbekannte Gletschertour im Martelltal

WS — 7:30 Std. — 1300 Hm

Tourencharakter:
Mittelschwere Hochtour. Markierter Steig bis unter den Gletscher, Schlussanstieg zum Gletscher über steiles Geröll. Sanft ansteigender, aber im Mittelteil spaltiger Gletscher.

Höchster Punkt:
Dritte Veneziaspitze (3358 m)

Ausgangs-/Endpunkt:
Parkplatz Enzianhütte (2051 m) am Ende des Martelltals

Anfahrt:
Auto: Nach Goldrain im Vinschgau, dort Abzweig ins Martelltal. Parkplatz am Ende der Straße. Bahn und Bus: Mit der Vinschgerbahn nach Goldrain und mit dem Bus zur Enzianhütte

Gehzeiten:
Enzianhütte–Zufallhütte 0:30 Std., Zufallhütte–Gletscher 2:30 Std., Gletscher–Veneziaspitze 1:30 Std., Veneziaspitze–Zufallspitze 2:30 Std., Zufallspitze–Enzianhütte 0:30 Std.

Übernachtung:
Zufallhütte (2267 m), Autonome Provinz Bozen, Tel. 0039/335/6306603, www.zufallhuette.com

Karte:
Tabacco 1:25 000, Blatt Nr. 045 »Latsch/Laces – Martell/Martello – Schlanders/Silandro«

Tourismus-Info:
Tourismusverein Latsch-Martell, I-39021 Latsch, Tel. 0039/0473/623109, www.latsch-martell.it

Ausrüstung:
Gletscherausrüstung

Die Tour auf die Dritte Veneziaspitze führt auf schönem Weg hoch bis unter die Gletscher der drei Veneziaspitzen. Nach einem etwas steileren Abschnitt betritt man den angenehm geneigten Gletscher, auf dem einige Spalten aber zur Vorsicht mahnen. Zum Schluss erreicht man den Gipfel über einen breiten und unschwierigen Blockgrat.

Die **Dritte Veneziaspitze** ist der nordöstlichste der drei Spitzen. Früher bestieg man die Veneziaspitzen hauptsächlich von der Köllkuppe über den Grat. Der Anstieg ist aber ziemlich ausgesetzt und erfordert Klettererfahrung. Deshalb beschreiben wir hier den unbekannteren, aber einfacheren Aufstieg über den Schranferner.

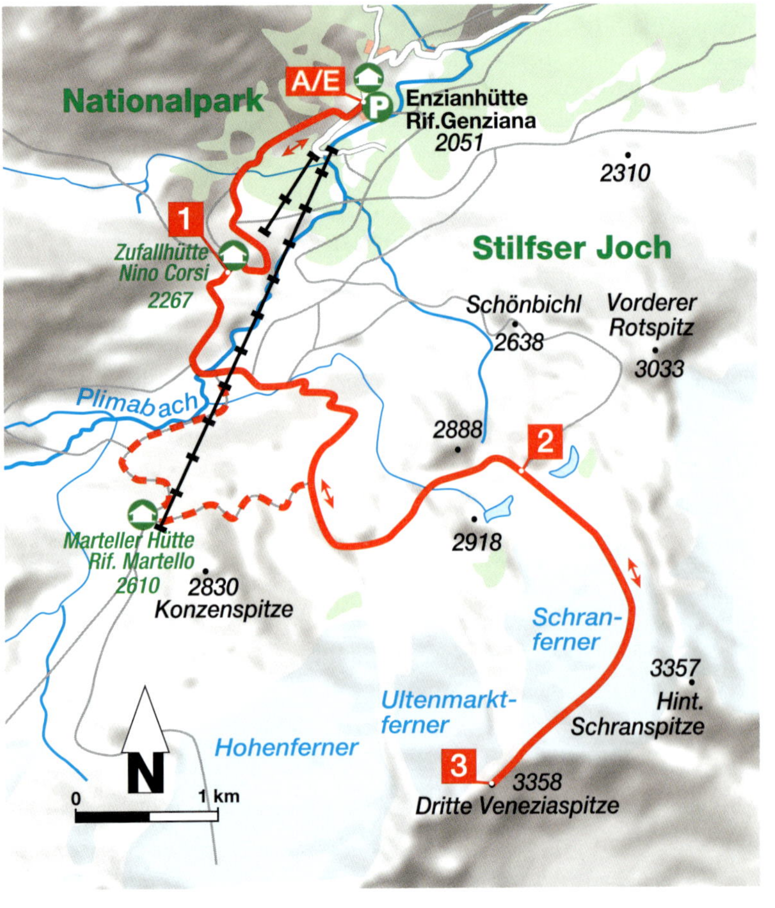

Zur Zufallhütte Vom Parkplatz am Ende des Martelltals an der Enzianhütte (2051 m) wandern wir auf schönem Weg durch den Wald empor. Zwischendrin lassen uns die Bäume einen Blick auf den Wasserfall unterhalb der Veneziaspitzen erhaschen. Wir kommen zu einer freien Wiese unterhalb der Zufallhütte. Hier spazieren wir weiter unterhalb der Hütte vorbei und steigen zuletzt etwas steiler zur gemütlichen ❶ Zufallhütte (2267 m) an.

Zum Schranferner Von der Zufallhütte wandern wir an der Kapelle vorbei zu einer Rinne. Wir folgen dieser kurz, der Weg wendet sich aber gleich nach links hinaus. Mehrere Querungen bringen uns zu einem schönen Aussichtspunkt oberhalb der Hütte. Nun spazieren wir flach taleinwärts bis zur Staumauer des Plimabaches. Hier halten wir uns links und wandern auf der alten Mauer entlang. Den Abzweig zur Marteller Hütte ignorieren wir dabei. Nach der Mauer gehen wir weiter zu einer Brücke, direkt unterhalb des eindrucksvollen Wasserfalls. Nun bringt uns der Weg an die Felsen heran und windet sich in vielen Serpentinen links vom Wasserfall bergauf. Oben angekommen bietet sich ein fantastischer Blick auf die Zufallspitzen. Nach einer kurzen Pause gehen wir hinüber zu einer Moräne. Auf dieser steigen wir steil bergauf, bis an ihrem Ende der Hauptweg nach links abbiegt. Wir folgen aber der Markierung »Östliche Veneziaspitze« auf einem Stein geradeaus. Der Steig ist nun nur noch schwach erkennbar. Einige Steinmännchen weisen aber den Weg. Aufmerksam folgen wir diesen nach links bis zu einem stei-

Traumziele: Zufallspitzen und Königsspitze im Hintergrund

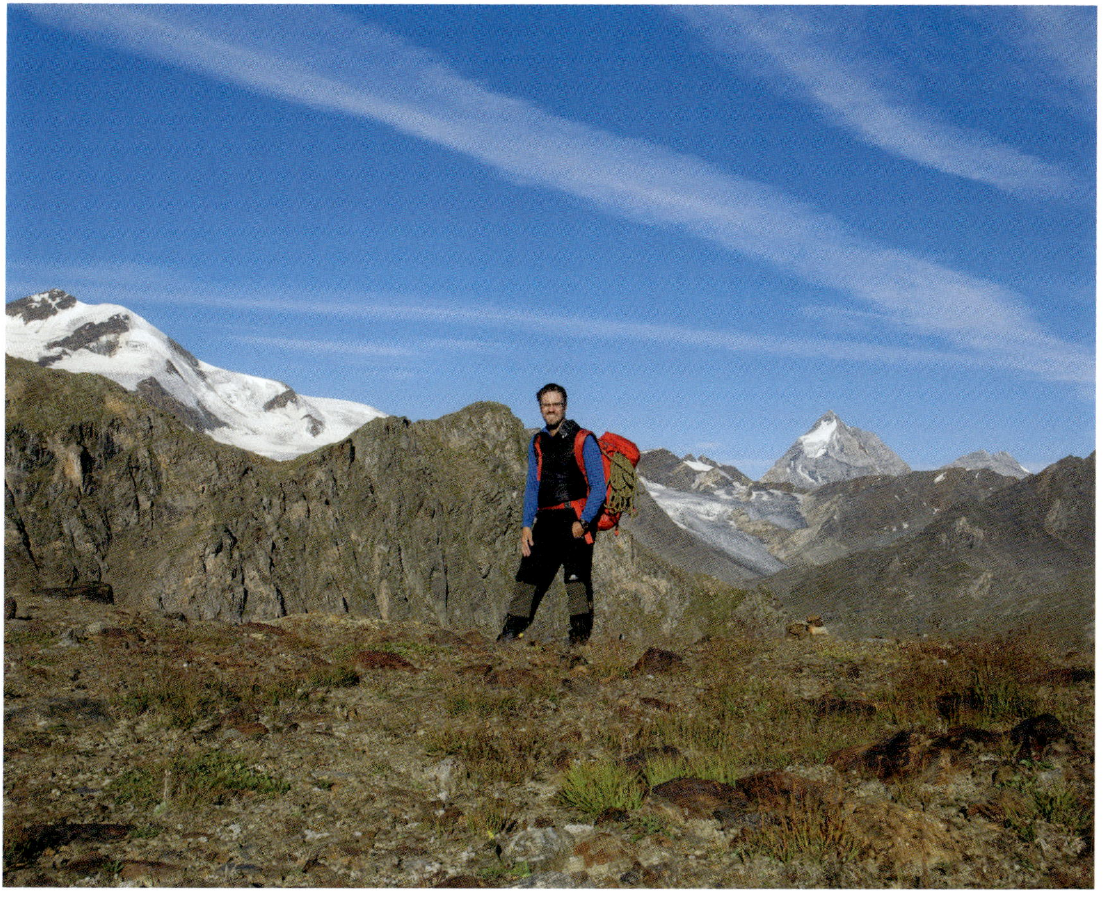

len Schutthang unterhalb des ❷ Schranferners. Immer noch recht undeutlich, aber aufgrund der Steinmännchen kaum zu verfehlen, folgen wir dem Weglein steil hinauf zum Beginn des Gletschers.

Zur Dritten Veneziaspitze Nach einer kurzen Rast und Anlegen der Gletscherausrüstung betreten wir den Gletscher. Aufgrund der Steilheit des rechten Gletschers halten wir uns möglichst links. In der Mitte hat der Gletscher eine ausgesprochene Spaltenzone, die die Benutzung eines Seiles zwingend erfordert. Am besten überwindet man diese am linken Rand. Der Gletscher wird nun deutlich flacher und wir halten auf die Einschartung links des Gipfels zu. Immer beeindruckender wird der Blick zu den Zufallspitzen und vor allem zu Königsspitze, Zebru und Ortler. Nach dem flachen Gletscherabschnitt wird es nun wieder etwas steiler. Der Gletscher bleibt aber die ganze Zeit angenehm geneigt, sodass wir zügig an Höhe gewinnen. Kurz unterhalb der Felsen überqueren wir noch eine größere Spalte und steigen zuletzt etwas steiler hoch an die Felsen unterhalb der Einschartung östlich des Gipfels. In wenigen Minuten stehen wir in der Scharte und können dort Steigeisen, Pickel und Seil deponieren. Der Gipfelgrat sieht zuerst etwas grimmig aus, ist er aber nicht. Das gut erkennbare Steiglein führt über den ersten schmaleren Abschnitt an den steilen Aufschwung. Problemlos überwinden wir diesen und wandern anschließend am breiten Blockkamm hinüber zum Gipfel der ❸ Dritten Veneziaspitze (3358 m).

Wunderbar ist die Aussicht von hier oben. Vor allem der Blick auf die nahen Berühmtheiten wie Cevedale, Zufallspitzen, Königsspitze, Ortler und Zebru lässt uns

Spiegelbild: Zufallspitzen beim morgendlichen Anstieg zum Schranferner

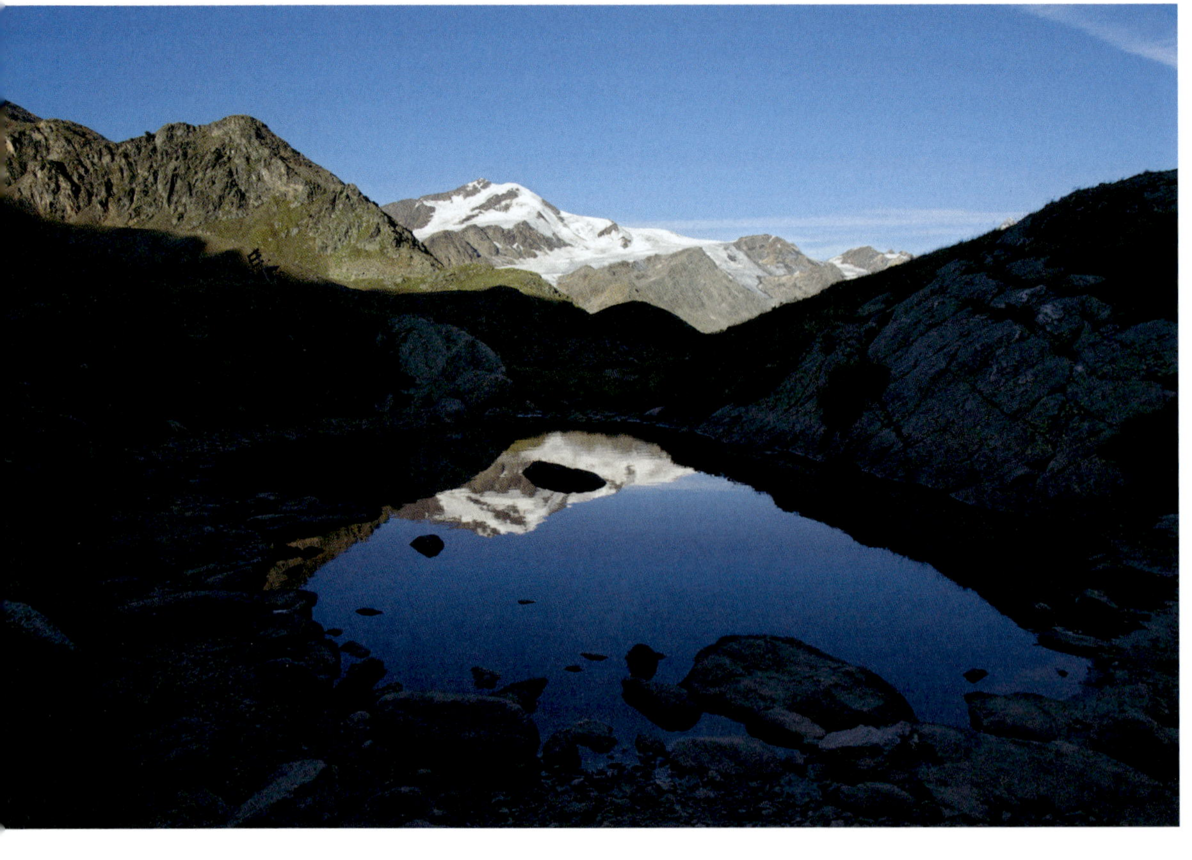

staunen. Links vom Cevedale schließen sich Palòn de la Mare, Monte Vioz und weiter hinten die Presanella an.
Im Osten erkennen wir die Gipfelkreuze von Zufrittspitze und Hinterer Eggenspitze, während aus dem Norden die mächtige Weißkugel, der Similaun und die Hohe Weißer herübergrüßen.

Abstieg Nach einer ausgiebigen Gipfelrast gehen wir am Grat zurück zur Scharte. Dort seilen wir wieder an und gehen über den Schranferner zurück. Durch das vom Anstieg bekannte, steile Gelände gelangen wir zum markierten Wanderweg, der von der Vorderen Rotspitze zur ❶ Zufallhütte (2267 m) führt. Auf diesem bekannten Weg wandern wir zurück zur Hütte, auf deren Terrasse wir bei einem Südtiroler Apfelstrudel die Tour Revue passieren lassen. Anschließend spazieren wir am Hüttenweg zurück zum Parkplatz an der Enzianhütte (2051 m).

Umweg über die Marteller Hütte Beim Absteig vom Schranferner zur Zufallhütte zweigt auf der großen Moräne nach links der Weg zur Marteller Hütte ab. Dorthin kann man einen kleinen Abstecher unternehmen und die aussichtsreich platzierte Hütte besuchen. Nach der Abzweigung überquert man auf einer Brücke den Bach, muss dann leider einen kurzen Gegenanstieg in Kauf nehmen und steht bald oberhalb der Hütte. Diese erreicht man nach einer kurzen Querung zuletzt absteigend.
Nach einer Einkehr wandert man am Hüttenweg hinab zur Staumauer am Plimabach und weiter zur Zufallhütte und hinab zur Enzianhütte (2051 m).

Gletscherabstieg: Rückweg von der Veneziaspitze über den Schranferner

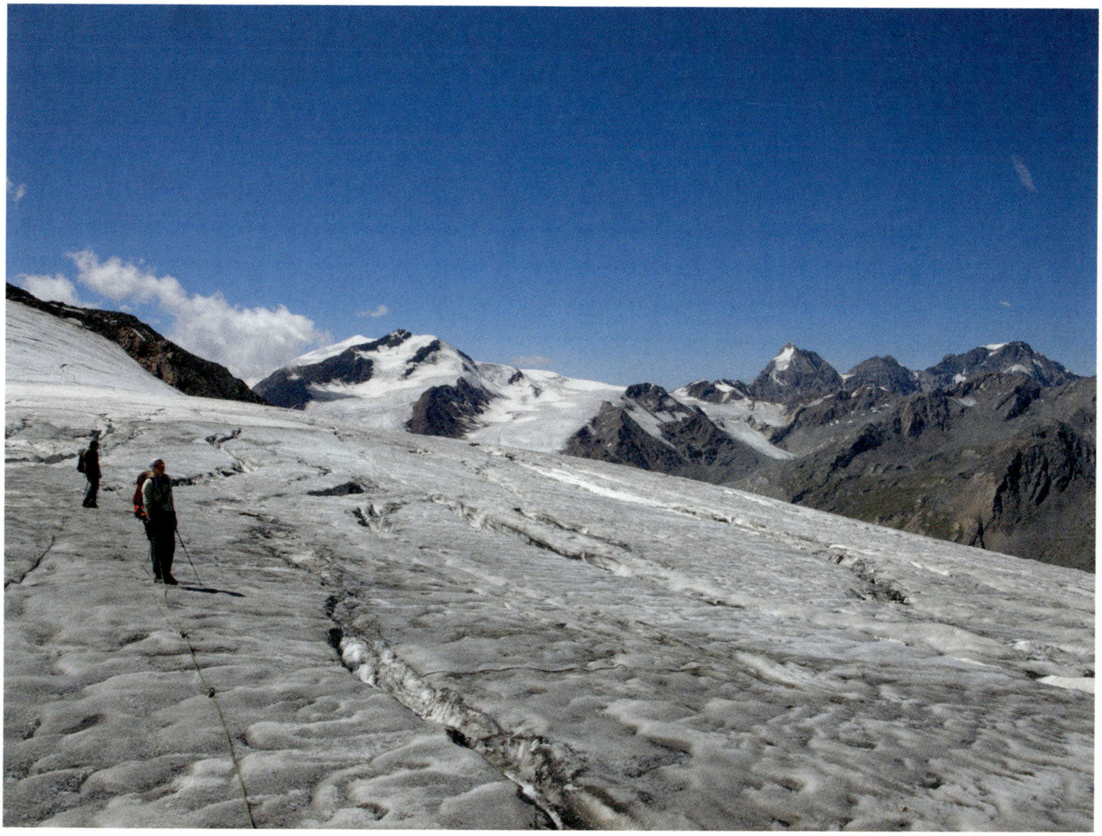

28

Vom Martelltal auf die Zufallspitze

Zwillingsgipfel des Cevedale

WS 10:30 Std. 1700 Hm

Tourencharakter:
Mittelschwere Hochtour, die aber sehr gute Kondition erfordert. Markierter Steig bis zum Gletscher. Gletscher in der Mitte recht steil mit einigen Spalten. Langer Grat, der nur am Schluss etwas ausgesetzt ist.

Höchster Punkt:
Zufallspitze (3757 m)

Ausgangs-/Endpunkt:
Parkplatz Enzianhütte (2051 m) am Ende des Martelltals

Anfahrt:
Auto: Nach Goldrain im Vinschgau, dort Abzweig ins Martelltal. Parkplatz am Ende der Straße.
Bahn und Bus: Mit der Vinschgerbahn nach Goldrain und mit dem Bus zur Enzianhütte

Gehzeiten:
Enzianhütte–Zufallhütte 0:30 Std., Zufallhütte–Marteller Hütte 1 Std., Marteller Hütte–Gletscher 1 Std., Gletscher–Zufallspitze 3:30 Std., Zufallspitze–Zufallhütte 4 Std., Zufallhütte–Enzianhütte 0:30 Std.

Übernachtung:
Zufallhütte (2267 m), Autonome Provinz Bozen, Tel. 0039/(0)335/6306603, www.zufallhuette.com
Marteller Hütte (2610 m), AVS-Sektionen Mals, Vinschgau, Untervinschgau, Martell und Lana, Tel. 0039/335/5687235, www.martellerhuette.com

Karte:
Tabacco 1:25000, Blatt Nr. 045 »Latsch/Laces – Martell/Martello – Schlanders/Silandro«

Ausrüstung:
Gletscherausrüstung

Lohnend: Die gemütliche Zufallhütte im hintersten Martelltal lohnt immer einen Besuch!

Der Weg vom Martelltal zur Zufallspitze ist großartig. Zuerst zum Gletscher, dann über diesen, teilweise steil hoch zum Grat und am Grat entlang, nirgends richtig schwierig, auf einen der höchsten Gipfel Südtirols mit entsprechender Aussicht. Die Entfernung ist aber beträchtlich, sodass gute Kondition erforderlich ist.

Die **Zufallspitze** ist der Zwillingsgipfel des Cevedale, der häufig links liegen gelassen wird. Vor allem wenn die Massen von der Casatihütte hinaufpilgern, so unternehmen nur wenige den Übergang hinüber zur Zufallspitze. Wir stellen hier aber den großartigen Zugang aus dem Martelltal vor. Als Stützpunkte dienen sowohl die gemütliche Zufallhütte als auch die höher gelegene Marteller Hütte.

Zur Zufallhütte Vom Parkplatz am Ende des Martelltals an der Enzianhütte (2051 m) wandern wir, wie bei Tour Nr. 27 zur Östlichen Veneziaspitze beschrieben, zur ❶ Zufallhütte (2265 m). Wir verbringen die Nacht in der gemütlichen Hütte und starten am nächsten Tag sehr früh, man kann aber alternativ noch hoch zur Marteller Hütte (2610 m) gehen.

Zur Marteller Hütte Wir gehen an der Kapelle vorbei zu einer kleinen Rinne, durch die wir aufsteigen. Anschließend quert der Weg nach

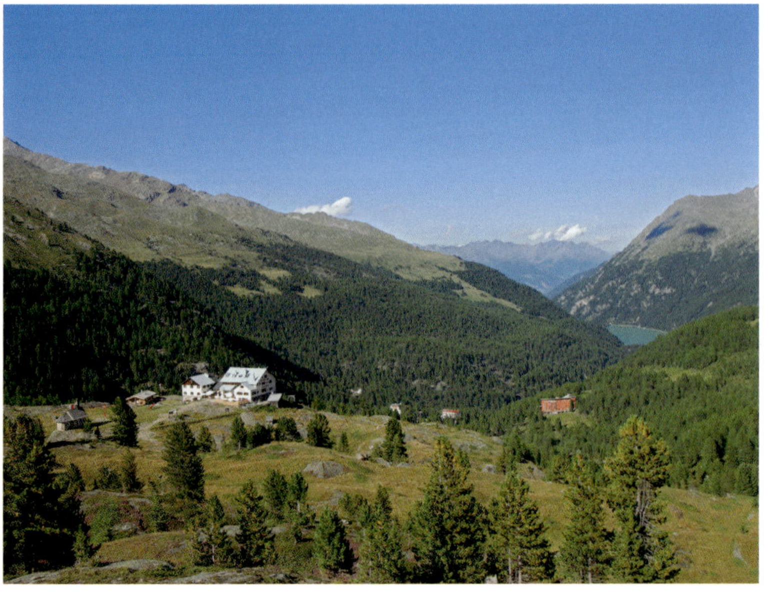

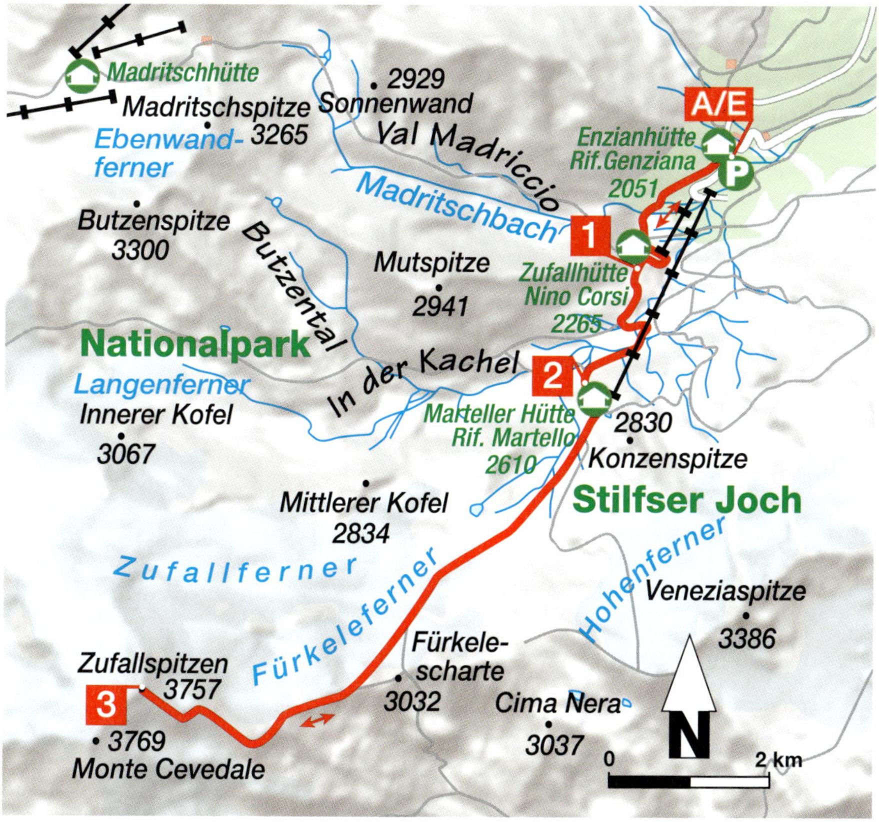

links, und wir haben noch einmal einen schönen Ausblick auf die Zufallhütte. Wir wandern hinüber zur Staumauer des Plimabaches. Dort folgen wir dem Wegweiser »Marteller Hütte« über die Staumauer. Gegen Ende der Staumauer schickt uns

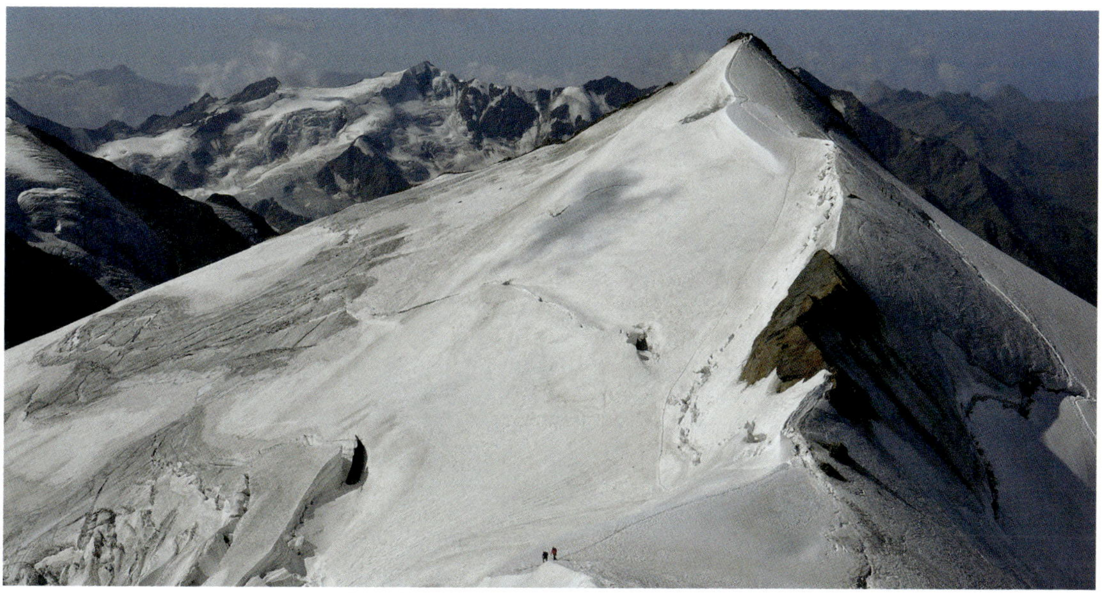

Elegant: Monte Cevedale von der Zufallhütte

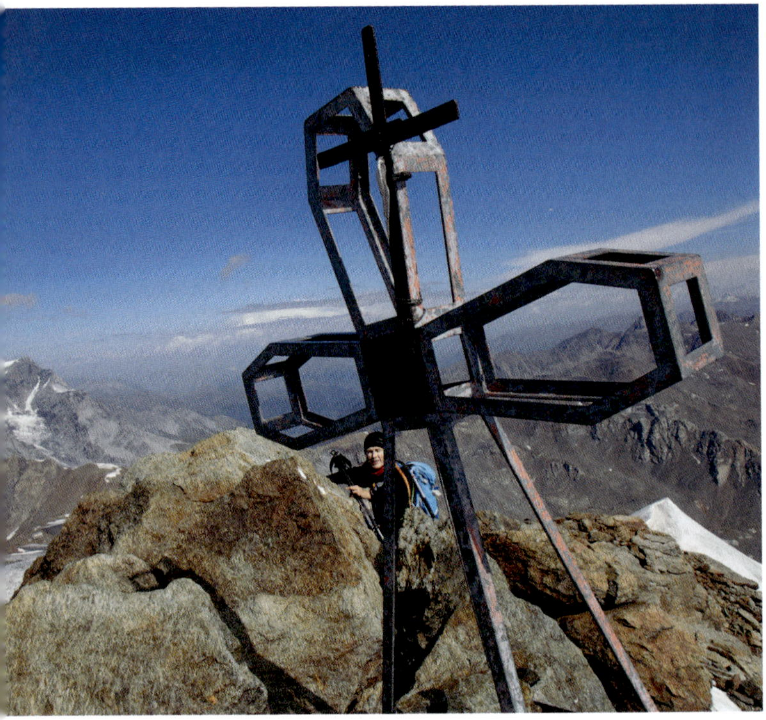

Schief? Am Gipfel der Zufallspitze mit dem kleinen Kreuz

ein Wegweiser nach rechts über eine Treppe hinab. Die gesamte Zeit haben wir den großartigen Wasserfall im Blick, worauf wir jetzt zusteuern. Den Bach überqueren wir über eine Brücke und biegen nach rechts taleinwärts. Wir wandern eine Zeitlang flach am Bach entlang. Der Weg knickt bald nach links ab und steigt nun merklich steiler in die Höhe. In zahlreichen Serpentinen gelangen wir recht flott zur ❷ Marteller Hütte (2610 m).

Zum Fürkeleferner Von der Marteller Hütte steigen wir wenige Meter zur Konzenlacke ab. Den Abzweig zur Köllkuppe lassen wir unberücksichtigt und wandern geradeaus weiter in Richtung Fürkeleferner. Der Weg zieht nun ziemlich flach taleinwärts. In Gletschernähe wird er etwas undeutlicher, aber aufgrund der guten Markierungen und Steinmänner ist er nicht zu verfehlen.

Zur Zufallspitze Am Gletscher legen wir die Gletscherausrüstung an. Der Gletscher ist im unteren Teil recht flach und führt rechts von einer Schuttmoräne empor. Im Mittelteil steilt der Ferner ordentlich auf und weist einige Spalten auf. Deshalb ist bei Schneeauflage zwingend auf entsprechende Seilsicherung zu achten. Auf Höhe der Fürkelescharte verflacht der Gletscher wieder deutlich. Wir steigen nun nicht wie in der Karte eingezeichnet zur Scharte auf, sondern wandern auf dem Gletscher noch bis zu einer Höhe von zirka 3200 Metern. Dabei sollte man sich auch nicht von einzelnen Steinmännern am Grat beeinflussen lassen. Erst hier ist der beste Übertritt zum Grat. Ein großer, gut sichtbarer Steinmann winkt uns herauf. Nun folgen wir dem langen Gipfelgrat. Auf guten Steigspuren gehen wir mühsam, aber nirgendwo schwierig höher in Richtung Gipfel. Zwischendurch müssen wir ein paar Meter absteigen und ein Schneefeld queren. Anschließend gehen wir am Grat weiter bis zu seinem Schlussstück. Erst kurz unter dem Gipfel wird der Grat schmaler und erfordert an einigen ausgesetzten Stellen etwas Vorsicht. Spät im Jahr ist der komplette Grat aper, ansonsten hat man es unter Umständen mit einem schmalen Firngrat zu tun, der hinauf zum kleinen Gipfelkreuz auf der ❸ Zufallspitze (3757 m) führt. Die Aussicht ist gewaltig. Im Westen beeindruckt vor allem die mächtige Königsspitze, während im Süden der Nahe Cevedale unsere Blicke auf sich zieht. Sehr gut ist auch der Übergang vom Cevedale zum Palòn de la Mare (Tour Nr. 30) zu erkennen.
Im Norden reicht der Blick bis in die Ötztaler Alpen mit Weißkugel und Similaun, während im Süden neben den Bergen des Fornokessels auch die Gipfel der Brenta, Presanella und des Adamellos hervorschauen.

Abstieg Der Abstieg zurück ins Martelltal erfolgt am Anstiegsweg. Vorsichtig steigen wir über den Grat zurück zum Gletscher. Über diesen gehen wir hinab zum

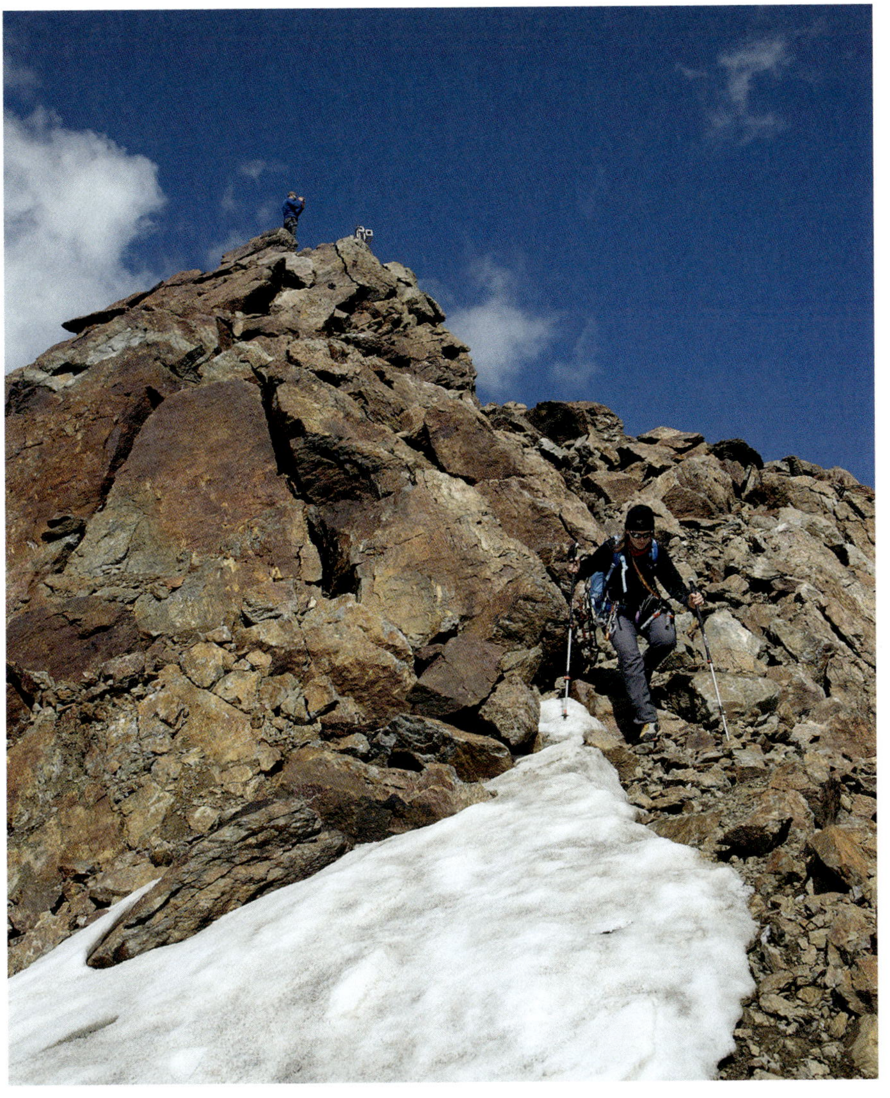

Flott: Abstieg von der Zufallspitze

Wanderweg und erreichen so bald die ❷ Marteller Hütte (2610 m). Entweder genießen wir hier die verdiente Erfrischung oder etwas später auf der ❶ Zufallhütte (2267 m) den besten Apfelstrudel. Anschließend wandern wir gemütlich hinab zur Enzianhütte (2051 m).

Übergang zum Cevedale Von der Zufallspitze ist der Übergang zum Cevedale möglich. Dazu steigen wir über die Gipfelfelsen ab zum Firn. Auf einem kurzen Gratstück und einer Art Rampe queren wir unter den Felsen im Verbindungsgrat hindurch. Ein letzter steiler Anstieg führt hinauf zum Cevedale.
Von dort wird man nicht mehr zurück zur Zufallspitze gehen, sondern wie bei Tour Nr. 30 umgekehrt beschrieben zur Casatihütte absteigen und von dort zurück zur Zufallhütte gehen. Der Übergang zum Cevedale dauert 30–45 Minuten, der Abstieg zur Casatihütte etwa anderthalb Stunden und der Abstieg zur Zufallhütte zweieinhalb bis drei Stunden und ist somit etwas weiter als der direkte Abstieg über den Aufstiegsweg.

29

Von der Brancahütte zum Palòn de la Mare

Im eindrucksvollen Fornokessel

WS– 9:00 Std. 1600 Hm

Tourencharakter:
Mittelschwere Hochtour. Ein steilerer Hang, zum Schluss schmalerer Grat. Spalten können im Spätsommer Probleme bereiten.

Höchster Punkt:
Palòn de la Mare (3703 m)

Ausgangs-/Endpunkt:
Rifugio Forni (2178 m), oberhalb von Santa Catarina Valfurva

Anfahrt:
Auto: Über den Reschenpass ins Vinschgau und übers Stilfser Joch nach Bormio und weiter nach S. Catarina. Dort auf schmaler Straße zum Rif. Forni.
Bahn und Bus: Mit dem Zug nach Mals und mit dem Bus weiter übers Stilfser Joch nach S. Catarina. Mit dem Taxi zum Rif. Forni (mühsam).

Gehzeiten:
Rif. Forni–Rif. Branca 1 Std., Rif. Branca–Palòn de la Mare 4 Std., Abstieg 4 Std.

Übernachtung:
Rifugio Branca (2487 m), CAI-Sektion Milano, Tel. 0039/0342/935501, www.rifugiobranca.it

Karte:
Tabacco 1:25000, Blatt Nr. 08 »Ortles – Cevedale, Ortlergebiet«

Tourismus-Info:
Pro Loco Valfurva, I-23030 Valfurva, Tel. 0039/0342/935544, www.santacaterina.it

Ausrüstung:
Gletscherausrüstung, Helm

Der Palòn de la Mare ist vor allem im Frühsommer eine ideale Einsteigertour. Dann sind die Spalten geschlossen, und der steile Hang zu Beginn des Gletschers wird keine Probleme bereiten. Man bewegt sich in einer gewaltigen Landschaft und besteigt einen großen Berg.

Der **Palòn de la Mare** wurde von dem berühmten Polar- und Alpenforscher Julius Payer 1867 erstbestiegen. Der direkte Anstieg zum Gipfel erfolgt vom Rifugio Branca aus dem Fornokessel. Die gemütliche und bestens bewirtete Schutzhütte steht in einem eindrucksvollen Gletscherkessel.

Zur Brancahütte Der Hüttenanstieg ist ausgesprochen kurz. Vom Parkplatz unterhalb des Rifugio Forni (2178 m) wandern wir in einer Stunde auf breitem Weg hinauf zum ❶ **Rifugio Branca** (2487 m). Lediglich die letzten Meter kurz vor der Hütte sind etwas steiler. Die Hütte ist weithin bekannt für ihre hervorragende italienische Küche.

Zum Palòn de la Mare Von der Hütte wandern wir in südlicher Richtung ein paar Meter abwärts und steigen auf einen Moränenrücken hinauf, dem wir weiter in südlicher Richtung oberhalb des Fornigletschers folgen. Am Ende der Moräne biegen wir nach links ab und steigen nun

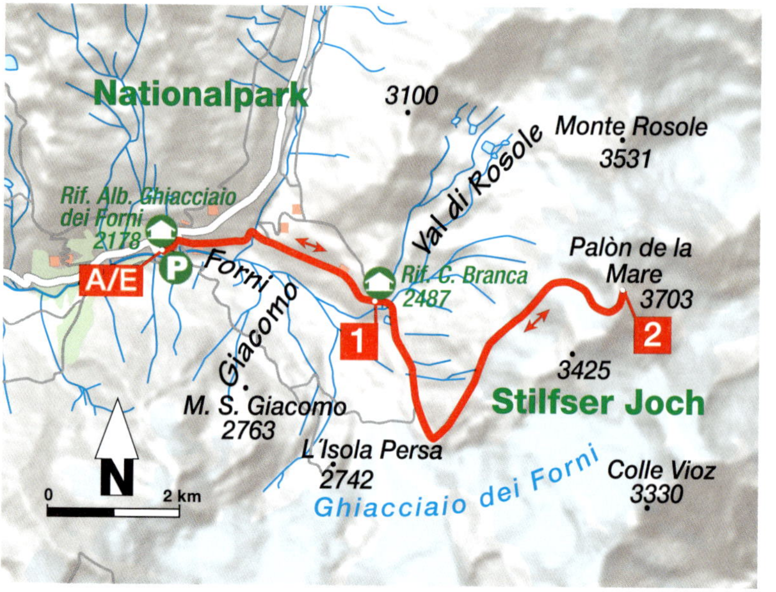

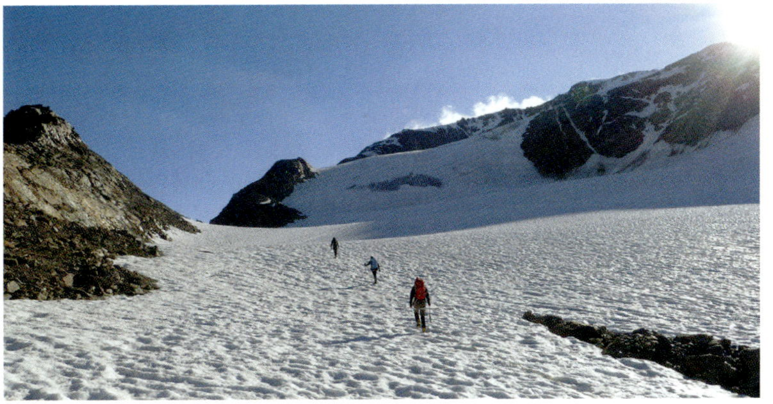

steiler den Hang hinauf. Wir kommen zu einem kleinen Sattel mit einem Wegweiser. Der rechte Weg führt zum Monte Viòz, der linke auf den Palòn de la Mare. Deshalb folgen wir dem linken Steig, der zu einer Felsstufe führt. Über die Felsstufe (Schwierigkeitsgrad I) klettern wir vorsichtig bergauf und weiter in ein paar Kehren zu einem Gratrücken. Über den Rücken wandern wir auf einem guten Steig weiter höher bis kurz vor dem Gletscher. Auf Steigspuren gehen wir nach rechts hinüber zum Gletscher und legen Gurt, Steigeisen und Seil an.

Start: am Beginn des Gletscheranstiegs zum Palòn de la Mare

Wir ziehen direkt über den Gletscher aufwärts zu einer Steilstufe im Gletscher. Diese Stufe überwinden wir ziemlich nah an den linken Felsen. Oberhalb der Steilstufe achten wir auf einige Spalten. Nun kommen wir zu einem flachen Gletscherbecken, direkt unter dem Gipfel. Wir queren durch das Becken nach rechts hinüber. In einem Bogen nach links gelangen wir zum Südgrat. Der Grat ist relativ einfach zu begehen, nur auf den letzten Metern etwas luftig, und so stehen wir schon bald auf dem ❷ Palòn de la Mare (3703 m). Großartig ist die Aussicht von diesem hohen Gipfel der Ortlergruppe. Vor allem der Tiefblick in den Fornikessel und hinüber zu Punta San Matteo und Pizzo Tresero lässt uns staunen.

Abstieg Der Abstieg erfolgt am Anstiegsweg über den Grat zurück zum Gletscher. Vorsichtig queren wir das Gletscherbecken und steigen die Steilstufe hinab zum Gletscherbeginn. Über den Gratrücken, die Felsstufe und letztlich die Moräne gehen wir weiter hinab zur Brancahütte (2487 m). Nach einer gemütlichen Rast wandern wir hinunter zum Rifugio Forni (2178 m).

Gipfelbereich: Seilschaft im Abstieg vom Palòn de la Mare

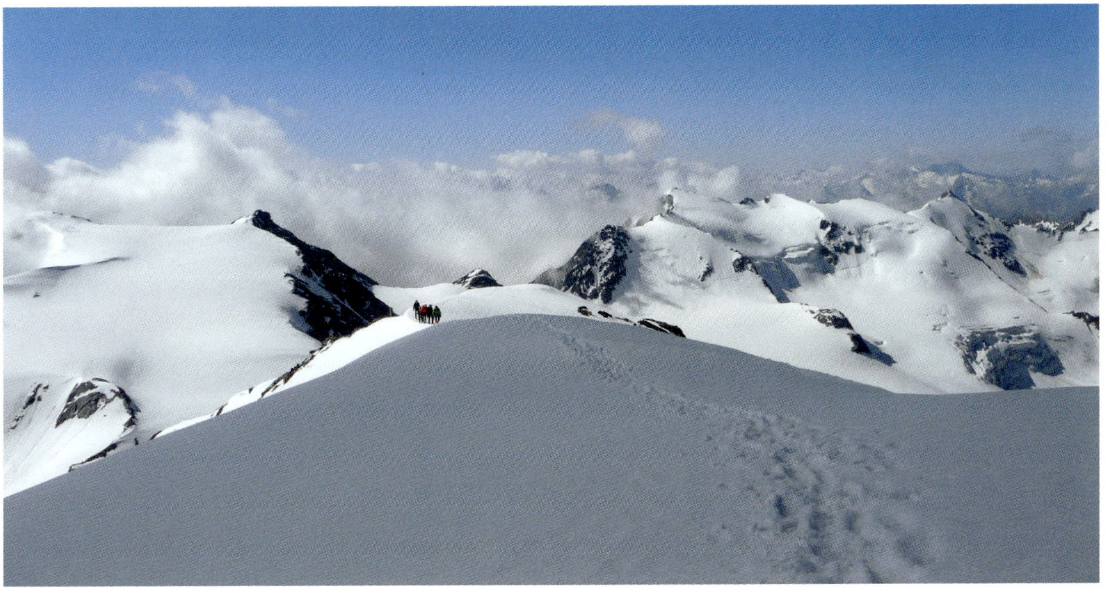

30

Überschreitung vom Cevedale zum Palòn de la Mare

Teilstück der Fornokessel-Umrahmung

● WS 11:30 Std. 1900 Hm

Tourencharakter:
Anspruchsvolle Hochtour. Kurze Steilstücke im Eis (Gipfelaufschwung Cevedale, Abstieg Palòn de la Mare). Brüchige Gratpassage im Fels am Monte Rosole.

Höchster Punkt:
Cevedale (3769 m)

Ausgangs-/Endpunkt:
Rifugio Forni (2178 m), oberhalb von Santa Catarina Valfurva

Anfahrt:
Auto: Über den Reschenpass ins Vinschgau und übers Stilfser Joch nach Bormio und weiter nach S. Catarina. Dort auf schmaler Straße zum Rif. Forni.
Bahn und Bus: Mit dem Zug nach Mals und mit dem Bus weiter übers Stilfser Joch nach S. Catarina. Mit dem Taxi zum Rif. Forni (mühsam).

Gehzeiten:
Rif. Forni–Rif. Pizzini 1:30 Std., Rif. Pizzini–Rif. Casati 1:30 Std., Rif. Casati–Cevedale 2 Std., Cevedale–Palòn de la Mare 2:30 Std., Palòn de la Mare–Rif. Forni 4 Std.

Übernachtung:
Rifugio Gianni Casati (3269 m), CAI-Sektion Milano, Tel. 0039/0342/935507, www.rifugiocasati.it

Karte:
Tabacco 1:25000, Blatt Nr. 08 »Ortles – Cevedale, Ortlergebiet«

Tourismus-Info:
Pro Loco Valfurva, I-23030 Valfurva, Tel. 0039/0342/935544, www.santacaterina.it

Einfach und beliebt ist der Cevedale. Lediglich der letzte Aufschwung kann bei Vereisung für Probleme sorgen. Die Überschreitung zum Palòn de la Mare ist ein aussichtsreicher Gang zu einem großen Aussichtsgipfel. Der Abstieg erfordert bei schlechten Verhältnissen noch einmal volle Konzentration.

Der **Cevedale** ist der dritthöchste Gipfel der Ortlergruppe und höchster Berg des Trentino. Die Besteigung ist sehr beliebt. Sehr häufig wird von Sulden mit der Seilbahn zur Schaubachhütte gefahren und dann zur Casatihütte aufgestiegen. Von dort sind es am nächsten Tag noch maximal zwei Stunden zum aussichtsreichen Gipfel. Man bewegt sich hier auf geschichtsträchtigem Boden. Die Fronlinie des Ersten Weltkrieges verlief in der Nähe des Berges, sodass am Gipfelgrat Reste von militärischen Stellungen zu sehen sind.

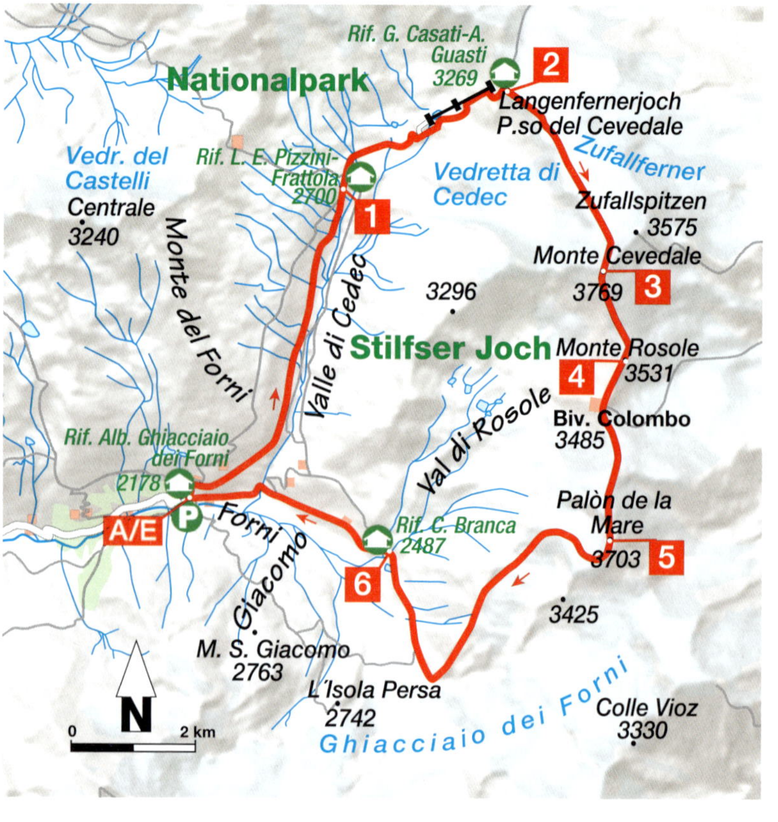

Zur Casatihütte Um die Umrundung des Fornokessels am tiefsten Punkt zu beenden, empfiehlt es sich, die Casatihütte von Süden anzugehen, auch wenn die Anfahrt über das Stilfser Joch deutlich länger ist. Wir parken am Rifugio Forni (2178 m) und wandern auf dem breiten Weg durch das Val di Cedec bis zum ❶ Rifugio Pizzini (2700 m). Obwohl es sich lohnt, auf der gemütlichen Hütte zu übernachten, gehen wir doch noch weiter zur Casatihütte. Die hohe Lage der Hütte wird sich morgen bezahlt machen. Hierzu wandern wir auf dem breiten Weg noch weiter bis zur Talstation der Materialseilbahn. Ab dort schlängelt sich der Steig in einigen Kehren durch eine schuttige Steilstufe bergauf zum Langenfernerjoch mit dem ❷ Rifugio Casati (3269 m), wo wir übernachten. Die Hütte liegt nah am Gletscher und bietet eine schöne Sicht auf die Zufallspitzen und den Cevedale.

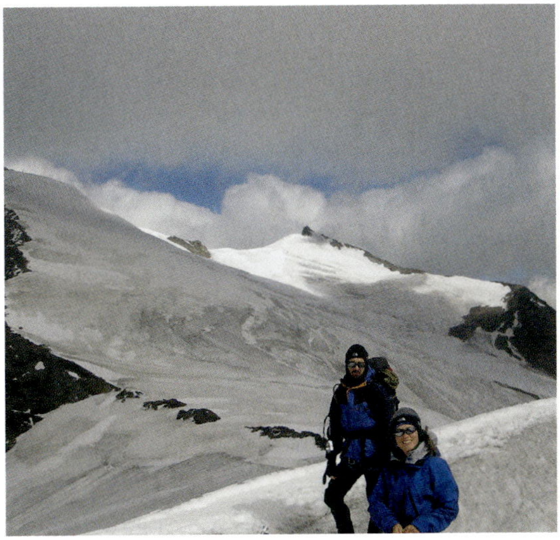

Überschreitung: am Übergang vom Cevedale zum Monte Rosole

Zum Cevedale Am nächsten Morgen betreten wir gleich nach der Hütte den Gletscher. Auch wenn man immer wieder Bergsteiger ohne Seil beobachtet – der Gletscher hat Spalten, und deshalb wird bei Firnauflage angeseilt. Wir gehen auf dem ziemlich flachen Gletscher in Richtung Cevedale. Zwischendurch bleiben wir stehen, drehen uns um und genießen den grandiosen Blick zur Königsspitze, die über der Casatihütte emporragt.

Anstieg: morgendlicher Start in Richtung Cevedale

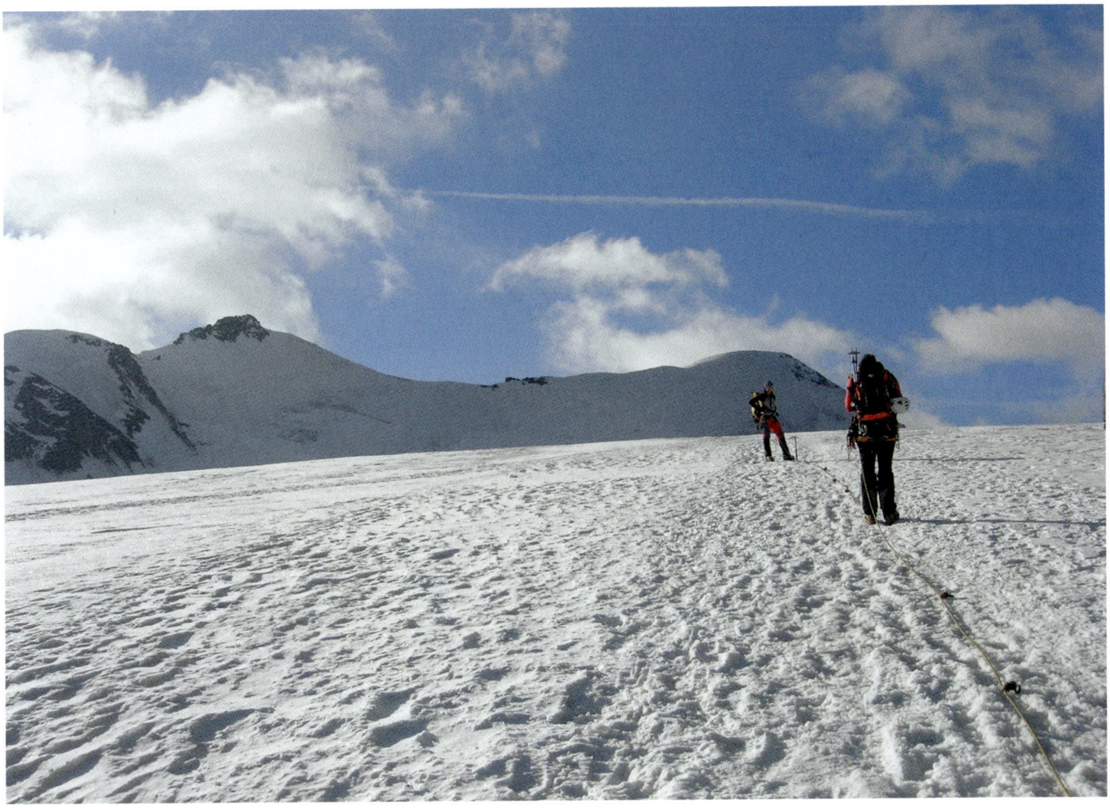

Der ganze Anstieg ist bis zum Schlussaufschwung sehr flach. Nun steilt er sich aber ordentlich auf. Spät im Jahr kann die Randkluft Probleme bereiten und für den Aufschwung zum Grat ist sicheres Steigeisengehen erforderlich. Unter Umständen kann eine Eisschraube nicht schaden. Scheitern wird man an dieser Passage aber nicht, sodass wir schräg hinauf zum Verbindungsgrat zwischen Zufallspitze und Cevedale steigen und die letzten Meter hinüber zum Gipfel des ❸ **Cevedale** (3769 m) gehen. Hier rasten wir erst mal am Gipfelrücken und blicken hinüber zur eindrucksvollen Königsspitze. Unser Weiterweg zum Palòn de la Mare ist gut einzusehen.

Zum Palòn de la Mare Über den Südgrat steigen wir schnell hinab zum Passo Rosole (3502 m), dabei halten wir uns eher etwas links vom Grat. Hier beginnt nun die felsige Überschreitung des Monte Rosole. Über etwas brüchigen Fels kraxeln wir teilweise etwas ausgesetzt (Schwierigkeitsgrad I) zum höchsten Punkte des ❹ **Monte Rosole** (3531 m) und auf der Südseite hinab zum orangen Bivacco Colombo (3485 m). Theoretisch kann der Felsaufschwung auf der Ostseite umgangen werden. Aufgrund des Gletscherrückgangs ist diese Variante allerdings nur im Frühsommer bei guter Firnauflage zu empfehlen. Im Spätsommer macht der hervortretende Schutt dieses Vorhaben ziemlich mühsam und zwingt teilweise zu sehr tiefem Ausweichen. Dann ist es allemal besser, über den felsigen Grat zu kraxeln.

Grandios: die Königsspitze mit der Casatihütte im Vordergrund

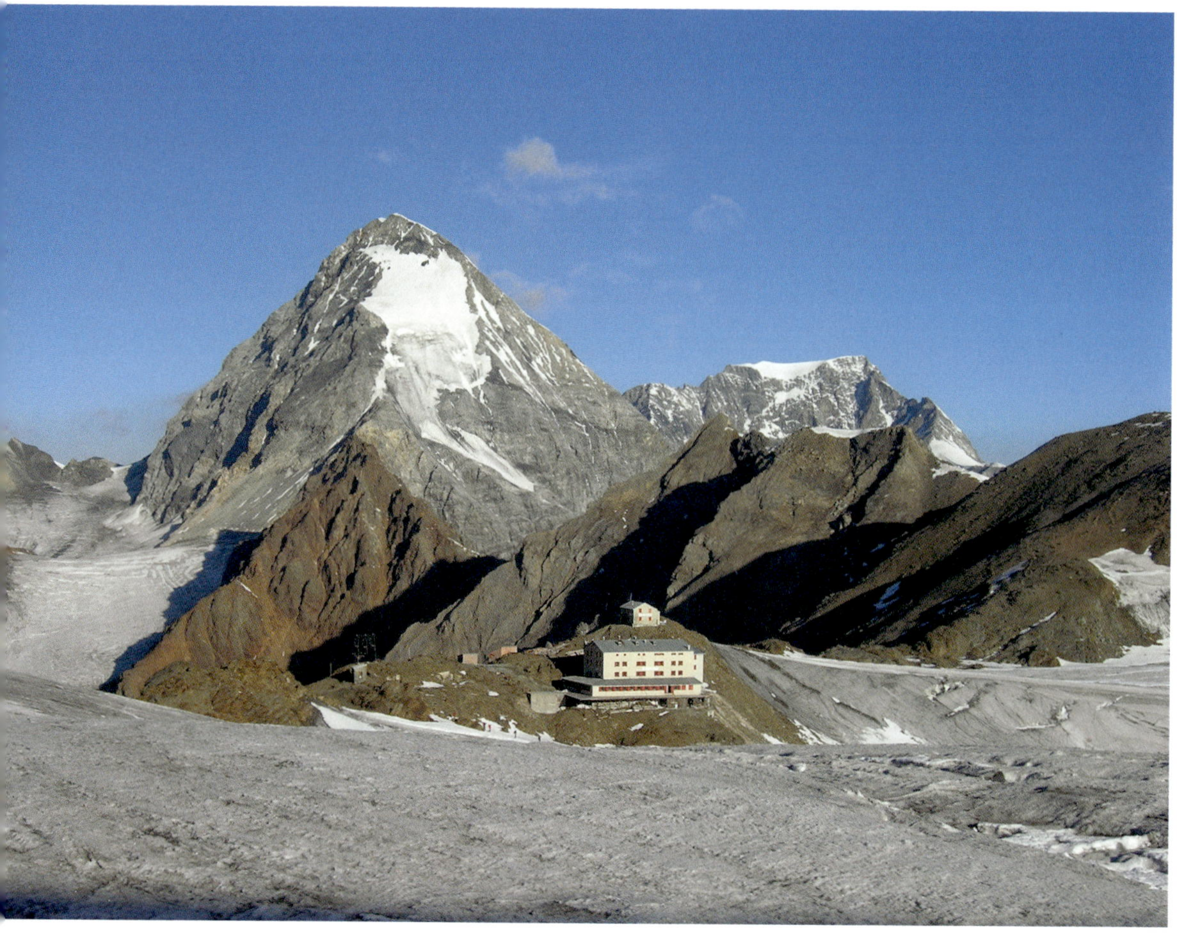

Vom Biwak steigen wir hinab zum Col de la Mare (3442 m). Von hier ziehen wir über angenehm geneigte Firnhänge hoch zum Gipfel des ❺ **Palòn de la Mare** (3703 m). Großartig ist die Aussicht auf den Fornokessel und die gegenüberliegenden Gipfel Pizzo Tresero und Punta San Matteo.

Abstieg zum Rifugio Forni Jetzt könnten wir die Überschreitung noch fortsetzen und dem Monte Vioz einen Besuch abstatten. Allerdings müsste man dann eine Übernachtung am Rifugio Mantova, knapp unterhalb des Vioz-Gipfels, einplanen. Deshalb gehen wir am Normalweg hinab zur Brancahütte. Wir ziehen kurz am Grat nach Süden, steigen aber dann steil nach rechts zum oberen Gletscherbecken ab. Dieses queren wir recht flach nach Nordwesten (Spalten) in Richtung der Felsen. Nun geht es entlang der Felsen über eine Steilstufe zum unteren Gletscher hinab, den wir auf zirka 3200 Metern Höhe nach rechts verlassen. Hier packen wir das Seil in den Rucksack und folgen dem Pfad nach rechts zum Grat. Dort treffen wir auf Steigspuren, auf denen wir entlang des Grats bergab wandern. Das Steiglein führt bald nach links zu einer Felsstufe, über die wir vorsichtig zu einem kleinen Sattel absteigen. Vom Sattel geht es steil hinab zur Moräne und auf dieser oder rechts daneben bis zum ❻ **Rifugio Branca** (2487 m). Hier kehren wir gemütlich ein. Anschließend wandern wir auf dem breiten Fahrweg zum Parkplatz beim Rifugio Forni (2178 m) zurück.

Übersicht: Teil der Überschreitung mit Palòn de la Mare (links) und Monte Rosole (rechts)

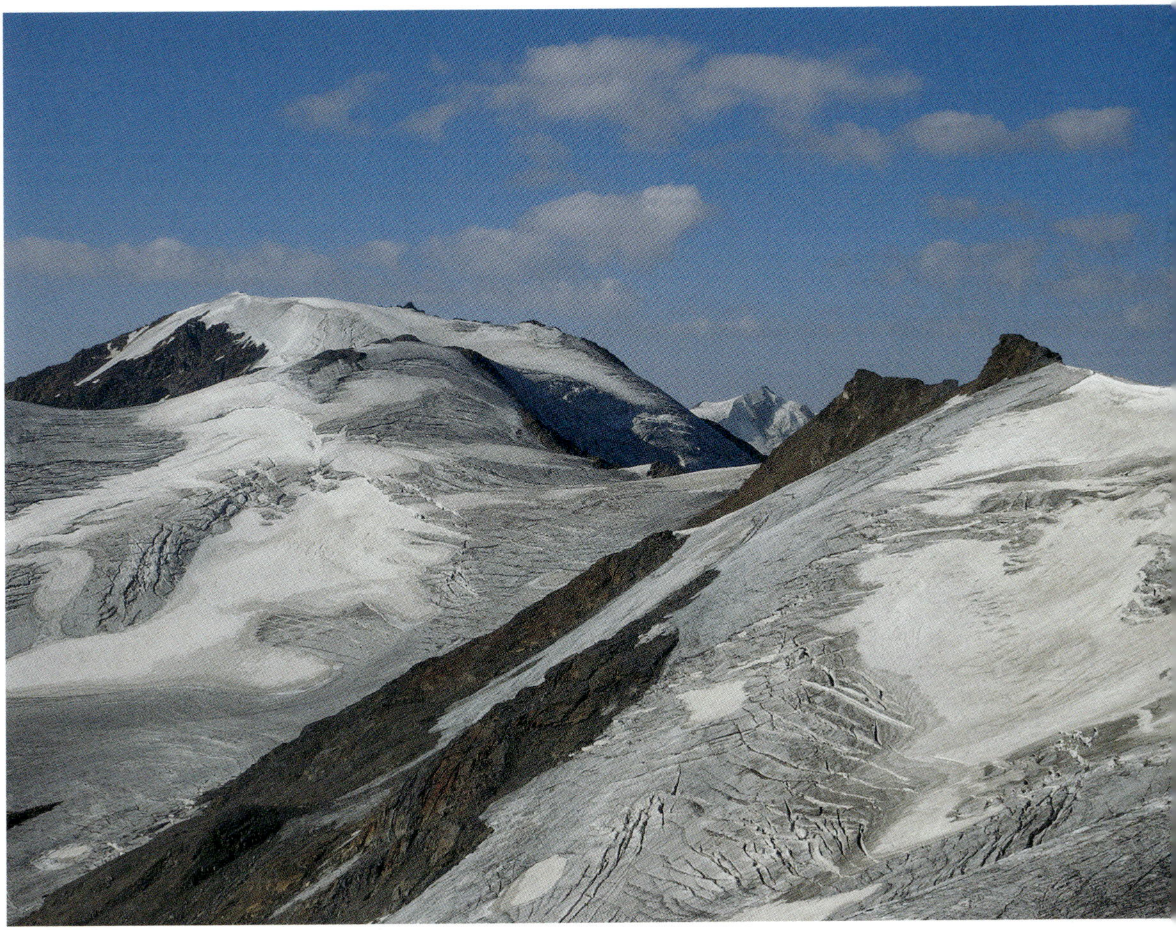

Schöner Blick zum Oberaarhorn

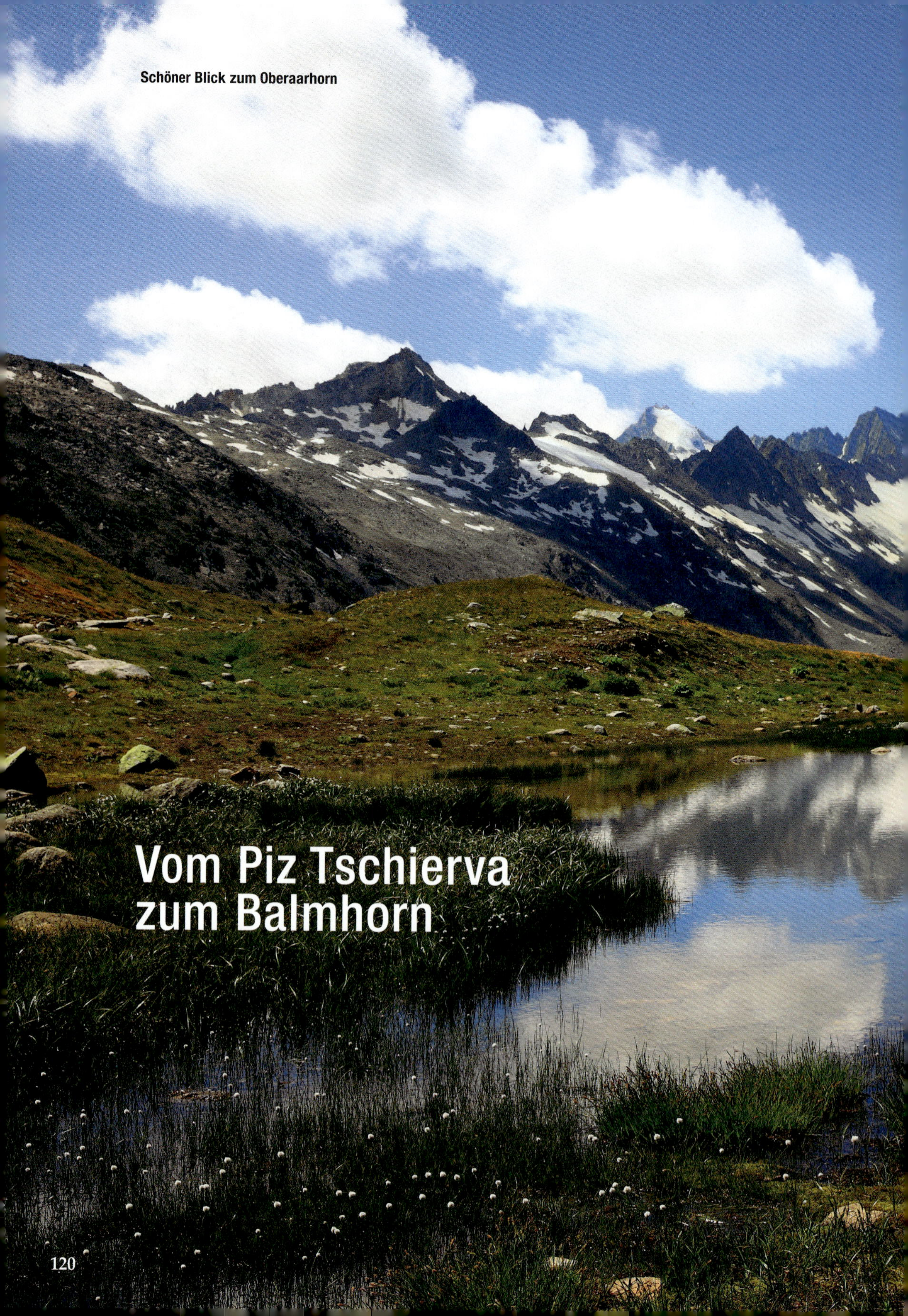

Vom Piz Tschierva zum Balmhorn

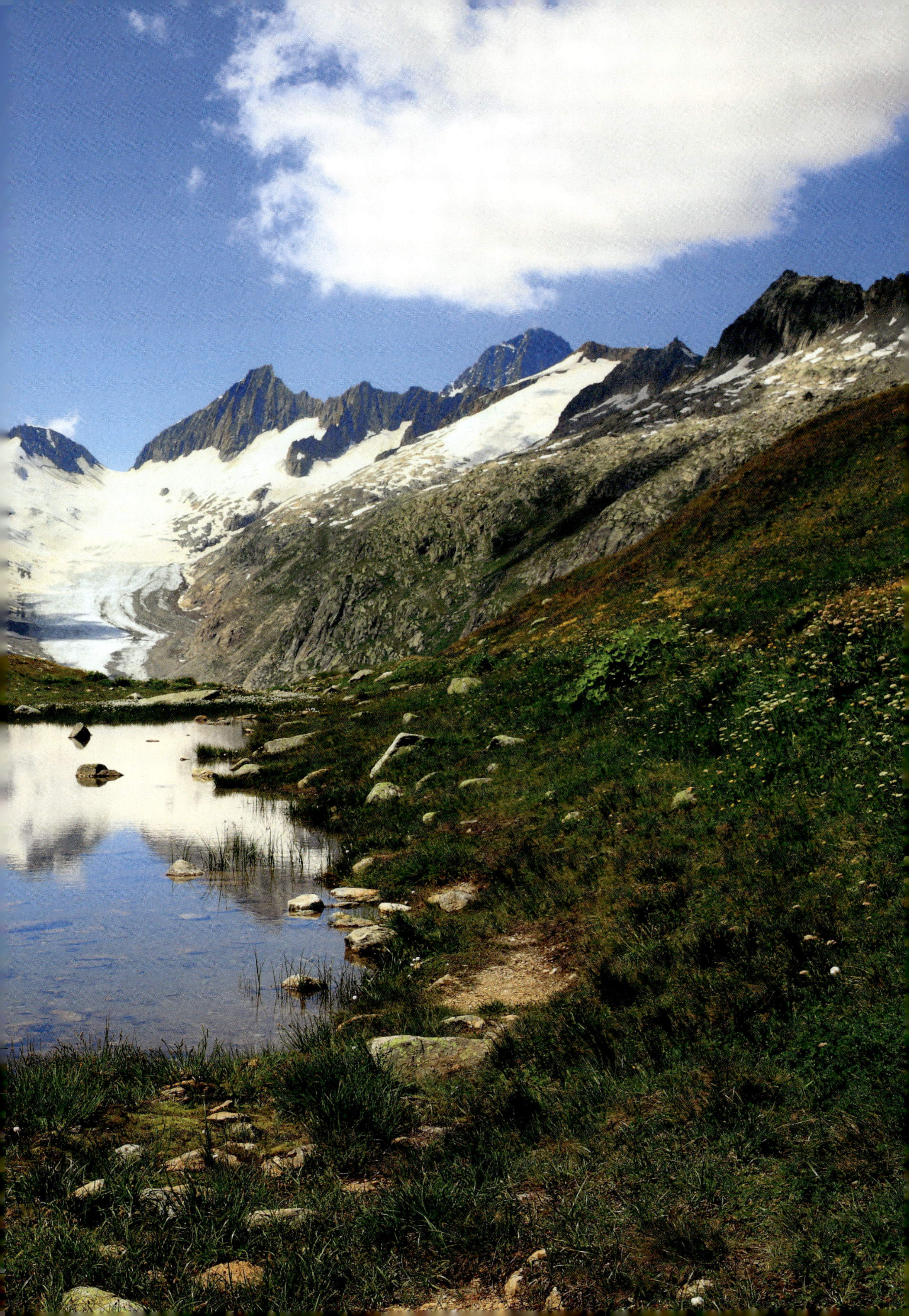

31

Über die Tschiervahütte zum Piz Tschierva

Einfache Hochtour im Festsaal der Alpen

L 11:00 Std. 1750 Hm

Tourencharakter:
Einfacher, aber langer Zugang zur Hütte. Kurze versicherte Stelle hinter der Hütte. Danach einfacher Gletscheranstieg.

Höchster Punkt:
Piz Tschierva (3546 m)

Ausgangs-/Endpunkt:
Bahnhof Pontresina (1805 m)

Anfahrt:
Auto: Ins Engadin in Richtung St. Moritz bis nach Pontresina
Bahn und Bus: Mit dem Zug nach St. Moritz und weiter nach Pontresina

Gehzeiten:
Pontresina–Tschiervahütte 3 Std., Tschiervahütte–Piz Tschierva 3 Std., Abstieg zur Hütte 2:30 Std., Abstieg ins Tal 2:30 Std.

Übernachtung:
Tschiervahütte (2584 m), Juni bis Okt., www.tschierva.ch, Tel.: 0041/(0)81/8426391

Karte:
Landeskarte der Schweiz 1:25 000 Blatt 1277 »Piz Bernina«

Tourismus-Info:
Pontresina Touristinformation, Tel. 0041/(0)81/8388300, www.engadin.stmoritz.ch

Ausrüstung:
Gletscherausrüstung

Der Piz Tschierva ist in der Berninagruppe ein eher unscheinbarer Gipfel. Das Verlockende an seiner Besteigung ist, dass man relativ einfach auf einen hohen Gipfel gelangt, von dem man eine großartige Aussicht auf die bekannten Gipfel wie Piz Bernina und Piz Roseg bekommt.

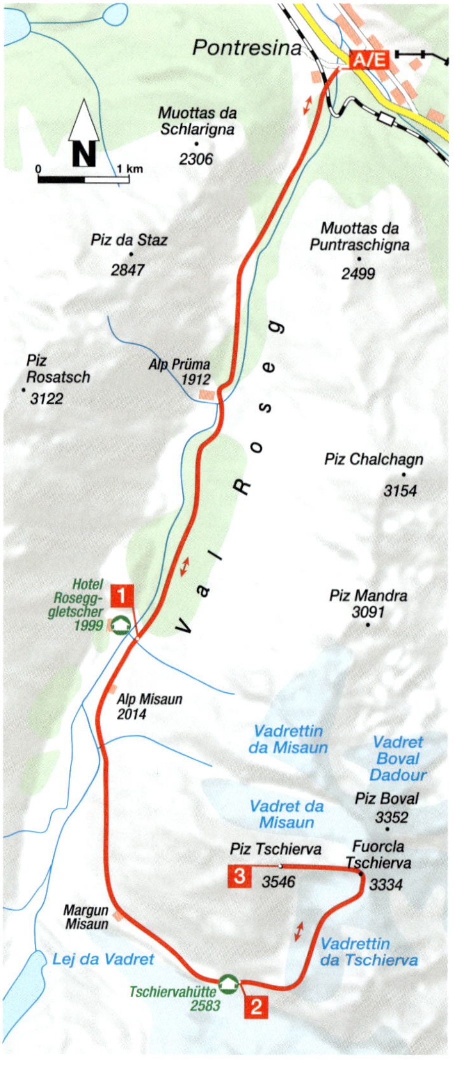

Zur Tschiervahütte Vom Bahnhof in Pontresina folgt man dem breiten Weg durch das Val Roseg bis zum ❶ **Hotel Roseggletscher** (1999 m). Der Weg durch das Tal führt durch eine schöne Landschaft und ist wirklich beschaulich. Wer es schneller mag, kann eine Pferdekutsche buchen oder mit dem Mountainbike zum Hotel radeln. Vorbei an der Alp Misaun erreichen wir die Moräne des Tschiervagletschers und steigen hinauf zur ❷ **Tschiervahütte** (2583 m). Diese liegt in schöner Lage oberhalb des Val Roseg und ist auch Ausgangspunkt für den berühmten Biancograt auf den Piz Bernina.

Auf den Piz Tschierva Nach einer kurzen Nacht starten wir zum Gipfelsturm. Gleich nach der Hütte klettern wir an einem Wasserfall ein Stück gesichert (Leiter und Ketten) bergauf. Wir folgen den Pfadspuren, die nach links zum Kleinen Tschiervagletscher führen. Geradeaus ginge es zum Piz

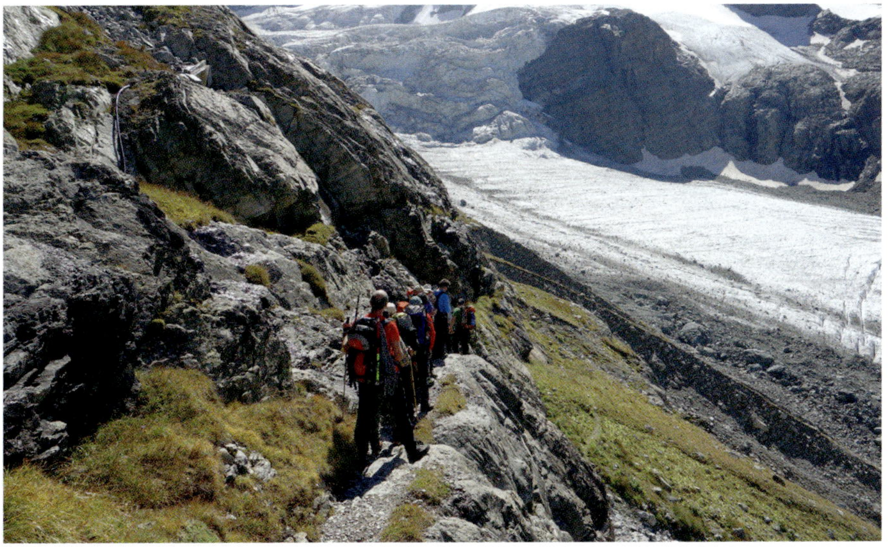

Eindrucksvoller Wegabschnitt

Morteratsch, der deutlich anspruchsvoller ist als der Tschierva. Über Geröll geht es hinauf zum Gletscher, der sich immer mehr zurückzieht. Er ist flach und relativ zahm. Kleinere Spalten gibt es aber trotzdem. Ohne größere Probleme überqueren wir den Gletscher. Wir gehen dann hinauf zur ❸ **Fuorcla Tschierva** (3336 m) und folgen dem Gratrücken auf den Gipfel des ❹ **Piz Tschierva** (3546 m). Wunderbar und beeindruckend ist die Aussicht auf die umliegenden Eisgipfel, die zu den eindrucksvollsten Bergen in den Alpen gehören. Bei gutem Wetter können wir stundenlang hier oben sitzen und die Aussicht genießen.

Abstieg Nach der Gipfelpause steigen wir über den Gletscher zurück zur Tschiervahütte. Nach einer kurzen Pause gehen wir durch das Val Roseg zurück zum Hotel Roseggletscher und weiter nach Pontresina. Den letzten Abschnitt kann man bequem mit der Pferdekutsche abkürzen.

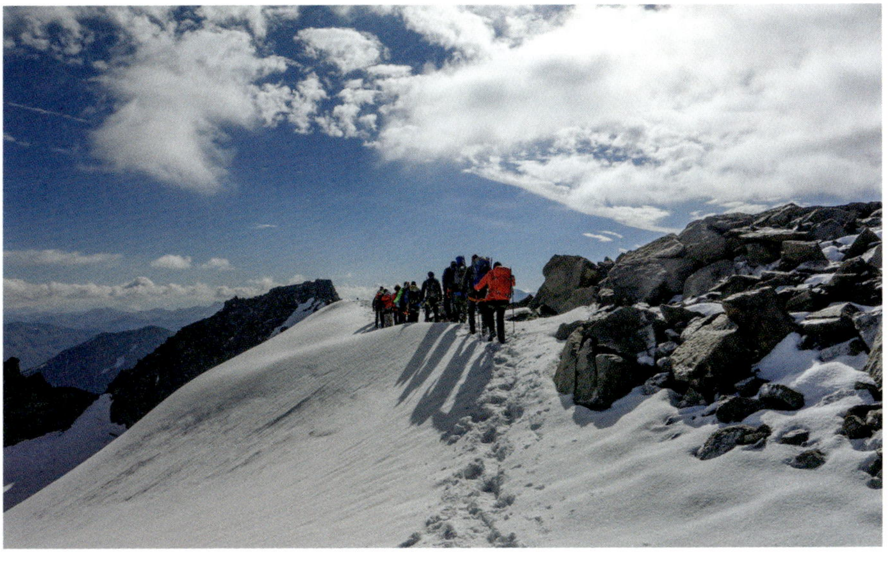

Einfaches Hochtourengelände am Piz Tschierva

32

Vom Engadin auf den Piz Kesch

Glanzstück der Albula-Alpen

WS — 9:00 Std. — 1200 Hm

Tourencharakter:
Mittelschwere Hochtour. Sanfte Gletscherhänge mit Spalten, Gipfelaufbau im Fels (Stellen II), Steinschlaggefahr.

Höchster Punkt:
Piz Kesch (3417 m)

Ausgangs-/Endpunkt:
Parkplatz Punt Granda (2251 m) an der Albulapassstraße

Anfahrt:
Auto: Über Landeck Richtung St. Moritz bis Madulain und weiter die Albulapassstraße zum Parkplatz Punt Granda
Bahn und Bus: Mit dem Zug über Klosters und den Vereinatunnel nach Madulain. Mit dem Taxi nach Punt Granda.

Gehzeiten:
Punt Granda–Chamanna d'Es-cha 1:30 Std., Chamanna d'Es-cha–Piz Kesch 3:30 Std., Piz Kesch–Chamanna d'Es-cha 2:30 Std., Chamanna d'Es-cha–Punt Granda 1:30 Std.

Übernachtung:
Chamanna d'Es-cha (2594 m), SAC-Sektion Bernina, Tel. 0041/(0)81/854 17 55, www.es-cha.com

Karte:
Topografische Landeskarte der Schweiz 1:25 000, Blatt Nr. 1237 »Albulapass«

Tourismus-Info:
Tourismusorganisation Engadin St. Moritz, CH-7500 St. Moritz, Tel. 0041/(0)81/830 00 01, www.engadin.stmoritz.ch

Ausrüstung:
Gletscherausrüstung, Helm

Wunderschöne Hochtour auf den eindrucksvollen Hauptgipfel der Albula-Alpen. Nach Begehung des einige Spalten aufweisenden Gletschers folgt das luftige Finale am Gipfelaufbau. Die Kletterei ist nicht sehr schwer, weist aber doch an einigen Stellen den II. Schwierigkeitsgrad auf.

Der **Piz Kesch** ist ein mächtiger Gipfel, der aus den vielen Bergen im Engadin als die dominierende Gestalt der Albula-Alpen heraussticht. Aufgrund seiner freistehenden Lage bietet er eine märchenhafte Aussicht, vor allem auf die benachbarte Berninagruppe.

Zur Chamanna d'Es-cha Vom Parkplatz Punt Granda (2251 m) an der Albulapassstraße spazieren wir auf gutem Weg, unter den Südausläufern des Piz Blaisun entlang, zu den Ausläufern seines Ostrückens. Hier sehen wir am gegenüberliegenden Rücken bereits die Hütte liegen. Wir wandern hinein ins Val d'Es-cha und auf dem aussichtsreichen Höhenweg hi-

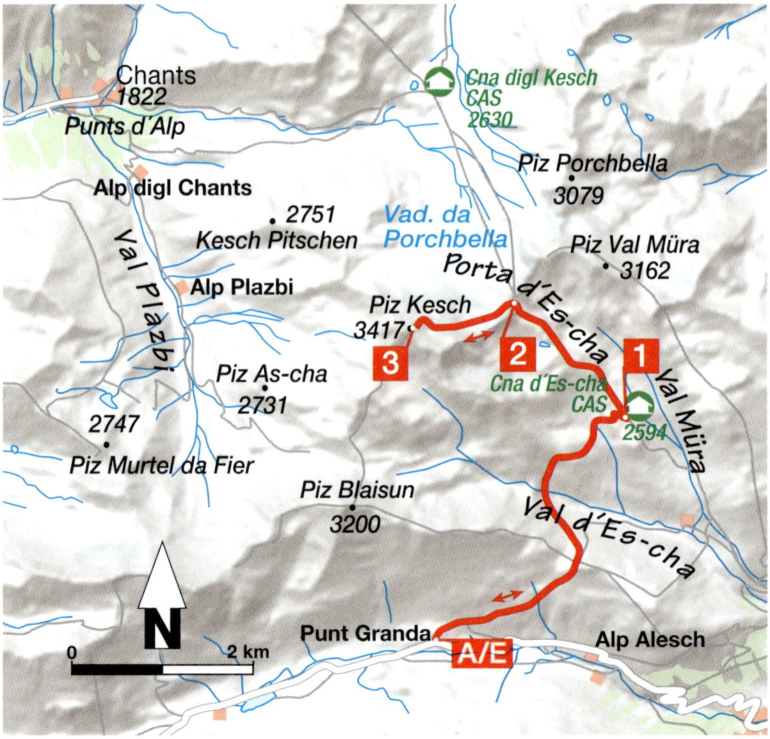

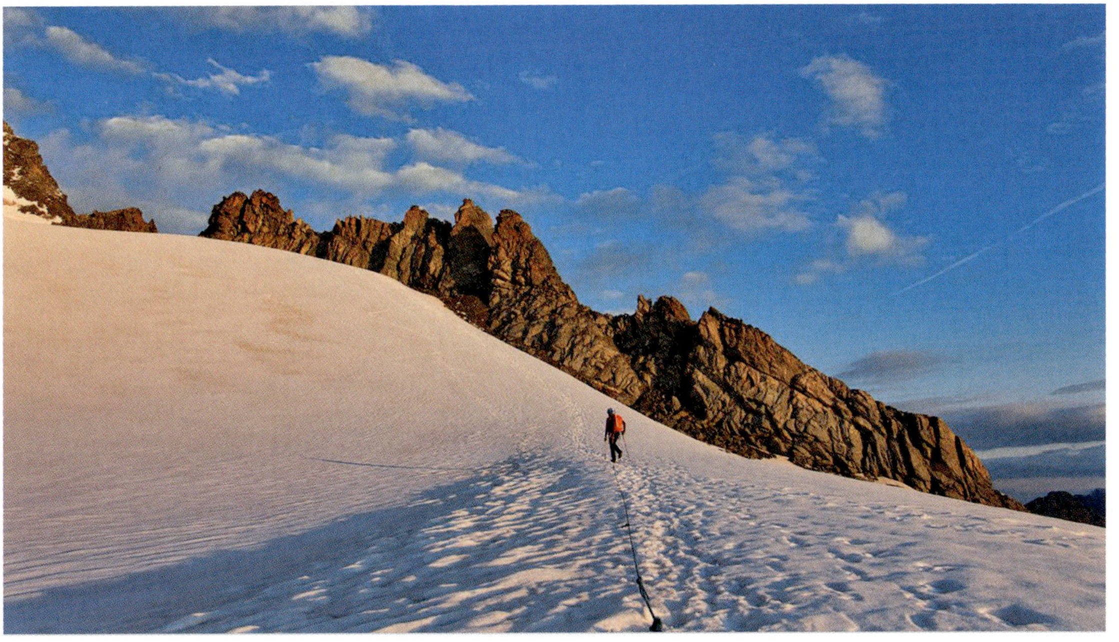

Morgenstund: auf dem Gletscher nach der Porta d'Es-cha

nüber zur ❶ Chamanna d'Es-cha (2594 m). Da der Anstieg sehr kurz ist, verbringen wir den Nachmittag auf der aussichtsreichen Hüttenterrasse oberhalb des Engadins und bestaunen die Aussicht.

Zum Piz Kesch Am nächsten Morgen steigen wir von der Hütte über den begrünten Rücken bergauf in Richtung Porta d'Es-cha. Bereits im Schuttgelände queren wir hinüber bis zur Rinne, die in die Scharte zieht. Die Rinne überwinden wir mithilfe von ein paar Eisenketten. Hier in der ❷ Porta d'Es-cha (3099 m) sehen wir nun erstmals unseren restlichen Gipfelanstieg.
Auf Steigspuren gehen wir nun hinab zum Gletscher. Hier seilen wir uns an – obwohl der Gletscher relativ zahm aussieht, hat er doch einige Spalten. Der erste Aufschwung ist etwas steiler, bald schon wandern wir über den sanft geneigten Gletscher hinüber bis unter die Ostflanke. Eine Rinne, die im Frühsommer mit Schnee, im Spätsommer häufig mit Schutt gefüllt ist, steigen wir in der Flanke so weit wie möglich aufwärts. Leicht links haltend bringt uns eine weitere Rinne nun hoch zu einem Geröllband. Dann folgen wir den Trittspuren durch die etwas unübersichtliche Flanke bis zum Gipfel des ❸ Piz Kesch (3417 m). In diesem Bereich sollte man unbedingt auf Steinschlag achten, vor allem, wenn mehrere Seilschaften unterwegs sind. Dann ist es sicherer, nicht den Bändern und Rinnen in der Flanke zu folgen, sondern direkt über den Nordostgrat aufzusteigen. Diese Variante weist deutlich festeren Fels auf, ist aber auch luftiger (Bezeichnung »Himmelsleiter«) und ein klein wenig schwieriger (oberer II. Schwierigkeitsgrad). Bei schönem Wetter auf diesem Gipfel lassen wir den Blick weit schweifen. Dominant schiebt sich die Berninagruppe ins Bild, allen voran der Piz Palü mit seinen Pfeilern, der Piz Bernina mit dem Biancograt und der Piz Roseg.

Abstieg Der Abstieg zum Albulapass erfolgt am Anstiegsweg. Dabei achten wir vor allem in der Gipfelflanke auf Steinschlag, um nachfolgende Seilschaften nicht zu gefährden.

33

Von Curaglia zum Piz Medel

Bündner Geheimtipp am Lukmanierpass

WS– 10:00 Std. 1680 Hm

Tourencharakter:
Mittelschwere Hochtour. Steile Gletscherhänge, Felspassagen am Zustieg zum Gletscher und am Gipfelgrat.

Höchster Punkt:
Piz Medel (3210 m)

Ausgangs-/Endpunkt:
Parkplatz im Val Plattas bei Pardatsch (1621 m)

Anfahrt:
Auto: Über Chur nach Disentis. Weiter Richtung Lukmanier bis Curaglia. Dort auf schmaler Straße nach Pardatsch (Bewilligung im Ort).
Bahn und Bus: Mit dem Zug über Chur nach Disentis. Mit dem Bus nach Curaglia und zu Fuß nach Pardatsch (1 Std.).

Gehzeiten:
Pardatsch–Medelserhütte 3 Std.,
Medelserhütte–Piz Medel 3 Std.,
Piz Medel–Medelserhütte 2 Std.,
Medelserhütte–Pardatsch 2 Std.

Übernachtung:
Medelserhütte (Camona da Medel, 2524 m), SAC-Sektion Uto, Tel. 0041/(0)81/949 14 03, www.medelserhuette.ch

Karte:
Topografische Landeskarte der Schweiz 1:25 000, Blatt Nr. 1233 »Greina«

Tourismus-Info:
Verkehrsverein Medel/Lucmagn, CH-7184 Curaglia, Tel. 0041/(0)81/920 33 66, www.valmedel.ch

Ausrüstung:
Gletscherausrüstung

Sehr schöne, nicht zu lange und nicht besonders schwere Hochtour. Nach einem kurzen Steilhang wandert man über ein wunderschönes Gletscherplateau zum Gipfelaufschwung. Über einen unschwierigen Blockgrat gelangt man zum aussichtsreichen Gipfel, auf dem 2011 ein neues Kreuz errichtet wurde.

Der **Piz Medel** ist der höchste Gipfel der Medelgruppe in den Adula-Alpen. Er liegt auf der Kantonsgrenze zwischen Graubünden und dem Tessin. Unter den deutschen Tourengehern ist der Gipfel eher unbekannt, obwohl es sich um eine äußerst lohnende Tour handelt. Auch wenn die Entfernungen etwas weiter sind als zu den Zielen in den Ötztaler Alpen, lohnt es sich doch, ein Wochenende für diese reizvolle Tour zu investieren. Der Gipfel wurde bereits 1865 bestiegen. Bemerkenswert ist, dass zwei der drei Teilnehmer Frauen waren.

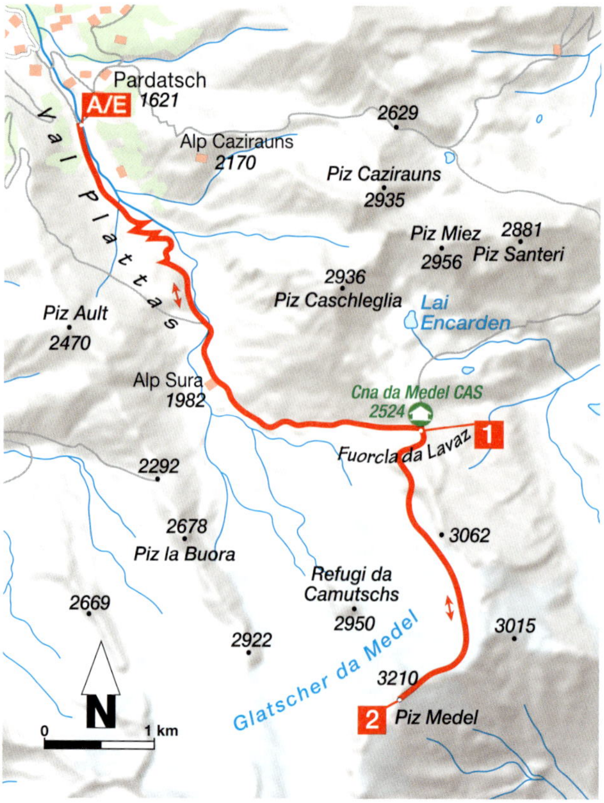

Zur Camona da Medel Von Curaglia (1332 m) an der Lukmanierpassstraße fahren wir mit dem Auto auf schmaler Fahrstraße ins Val Plattas bis nach Pardatsch. Hierzu besorgen wir uns im Ort eine Bewilligung (10 SFr.). Vom Ort aus benötigt man zu Fuß bis zum Parkplatz nach der Brücke von Pardatsch (1621 m) entlang der Straße etwa eine Stunde. Durch das nun breite Tal wandern wir auf einem schmalen Weg über Almwiesen zuerst sanft ansteigend aufwärts. Später wird der Weg steiler und windet sich in ein paar Kehren in die Höhe. Wenn wir uns umdrehen, genießen wir eine schöne Aussicht auf den Oberalpstock oberhalb von Disentis.

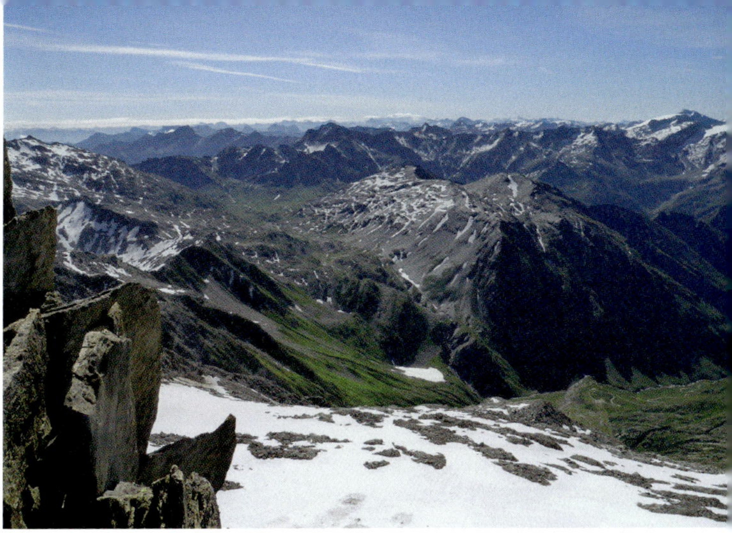

Nach Süden: Die Aussicht reicht bis zu den Tessiner Bergen.

Wir spazieren hinauf zu den Almwiesen von Alp Sura, direkt unterhalb des Gletschers. Es geht weiter bis zum Ende der Schwemmebene, und wir ziehen dann nach links hinauf in Richtung Hütte. Der Weg steigt nun wieder stärker an, teilweise überwinden wir steilere Stufen in Serpentinen. Die Hütte ist schon relativ bald zu sehen, allerdings zieht sich der Weg bis zur ❶ Camona da Medel (2524 m) doch noch ganz schön in die Länge. Die Hütte liegt malerisch an der Fuorcla da Lavaz. Besonderes Schaustück der Hütte ist das Panoramafenster, durch das wir eine grandiose Aussicht bewundern. Es gibt nichts Schöneres, als mit dieser Aussicht das Abendessen oder Frühstück einzunehmen.

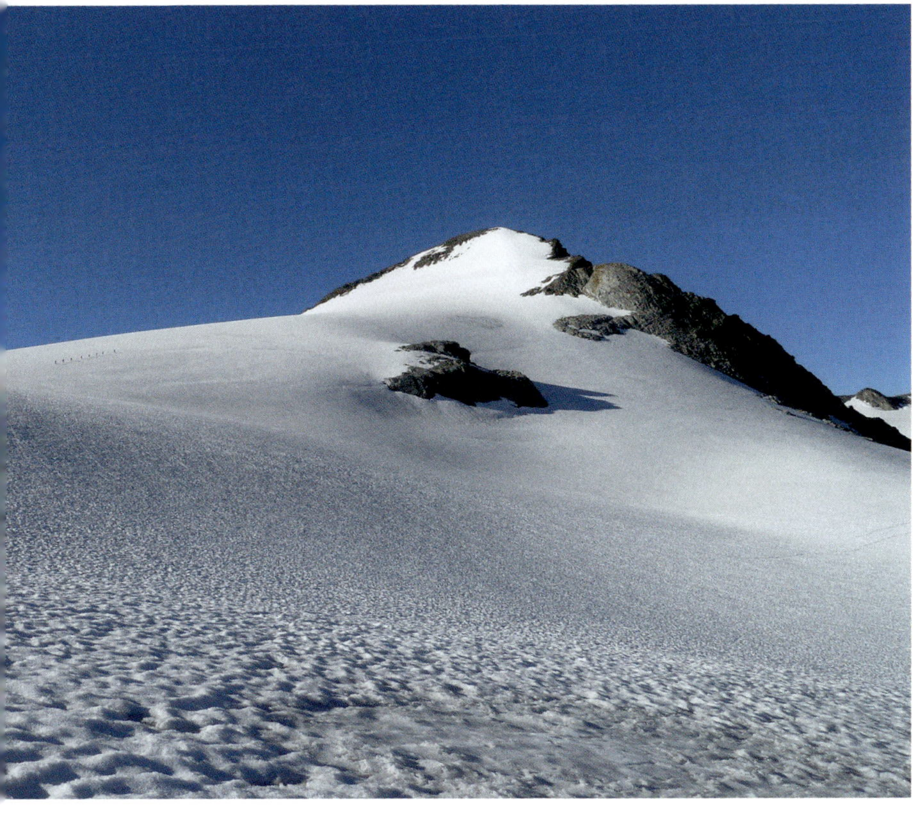

Piz Medel: Nach dem Steilaufschwung ist der Gletscheranstieg zum Gipfel deutlich flacher.

Zum Piz Medel Nach einer kurzen Nacht wandern wir von der Hütte ein wenig auf dem Hüttenweg hinab. Bald schon queren wir auf dem markierten Weg zum Nordwestfuß des Fil Liung. Im Frühjahr können Schneefelder die Querungen erschweren, dann ist entsprechende Vorsicht geboten. Der folgende Aufschwung zu einer Schulter, auf der ein Steinmann thront, ist mit Ketten entschärft. Je nach Verhältnissen steigen wir über Schnee oder Steigspuren hoch bis zum Gletscher. Bis hierher ist der Weg blau-weiß markiert. Nun folgt eine Steilstufe von 200 Höhenmetern, die wir vorsichtig hochsteigen. Spät im Jahr ist diese Passage blank und erfordert zwingend Steigeisen. Nun stehen wir auf dem großen, eindrucksvollen Gletscherplateau. Über das flache Plateau wandern wir in Richtung Gipfelaufbau zu. Dies erfolgt in der Regel am östlichen Rand oder in einem weiten Bogen nach Westen. Über einen etwas steileren Hang steigen wir hinauf zum Ostgrat. Hier kön-

Bachüberquerung: am Hüttenanstieg zur Medelser Hütte, in der Nähe von Alp Sura

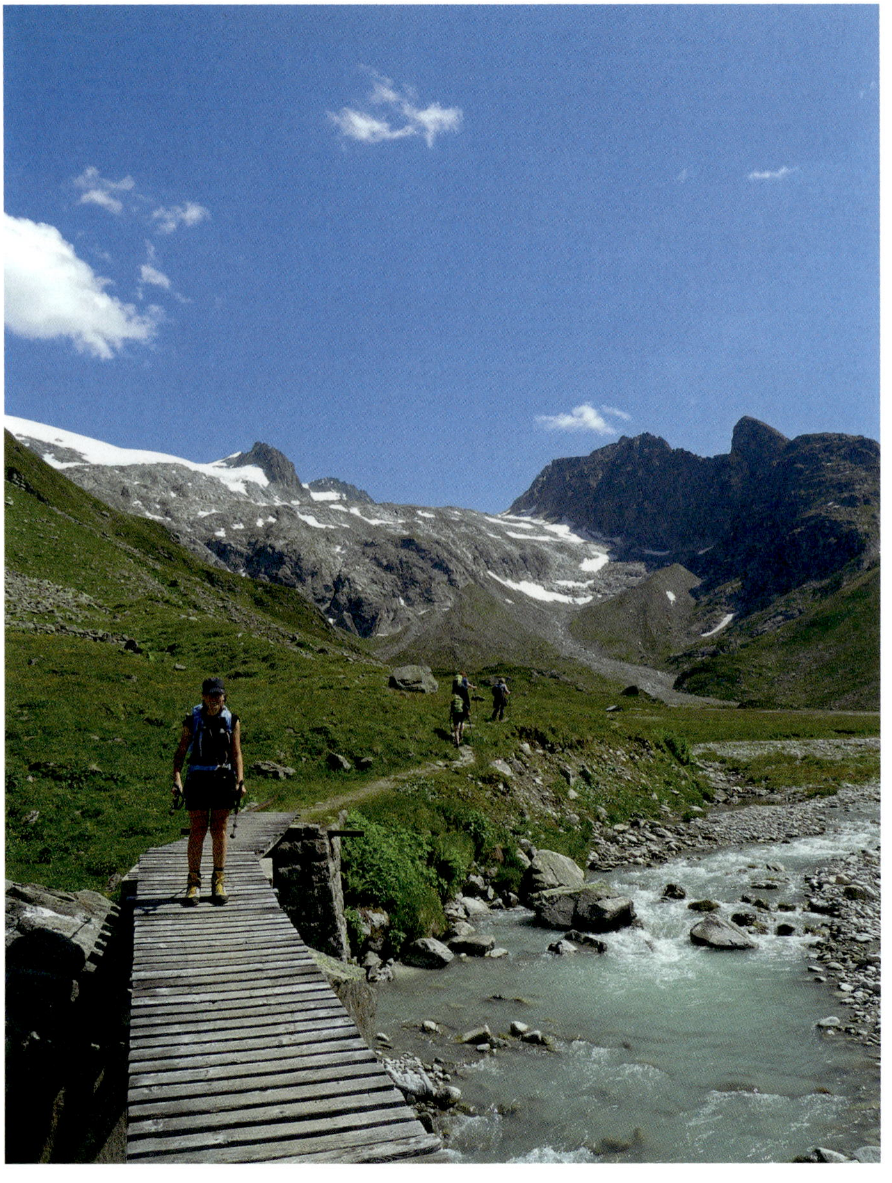

nen wir nun unsere Steigeisen ausziehen und in leichter Blockkletterei (stellenweise II) zum Gipfel des ❷ Piz Medel (3210 m) mit seinem schönen Gipfelkreuz hinaufkraxeln. Die Aussicht von hier oben ist wunderschön. Sie reicht im Westen zum Galenstock, den Berner Alpen mit dem Finseraarhorn und den Walliser Alpen mit dem Weißhorn. Im Süden blicken wir weit ins Tessin hinein, und im Osten liegt unter uns die Greina-Ebene. Auch die Aussicht auf das nahe Rheinwaldhorn, den höchsten Gipfel des Tessins, begeistert uns. Da wir früh gestartet sind und der Gipfelanstieg nicht extrem lange ist, rasten wir auf diesem prima Gipfel bei schönem Wetter etwas länger und genießen die Sonnenstrahlen.

Abstieg zur Medelser Hütte Am Piz Medel liegen die anspruchsvolleren Bereiche eher im unteren Teil des Abstiegs. Trotzdem klettern wir vorsichtig über den Blockgrat zurück zum Beginn des Gletschers. Dort wird wieder angeseilt und wir legen die Steigeisen an. Problemlos steigen wir hinab zum Gletscherplateau und wandern hinüber zur Steilstufe. Ab hier sind wir bis kurz vor der Hütte äußerst konzentriert. Über die Steilstufe steigen wir vorsichtig die 200 Höhenmeter hinab zum Ende des Gletschers. Nun geht es auf Steigspuren hinab zum Steinmann am Beginn der Versicherungen. Vorsichtig kraxeln wir entlang der Ketten hinab zur Querung unterhalb des Fil Liung. Diese ist normalerweise problemlos, kann aber bei Schneeauflage durchaus nochmals spannend sein. Bei entsprechender Aufmerksamkeit erreichen wir aber bald den Weg unterhalb der ❶ Medelser Hütte (2524 m). Nun gehen wir die paar Meter hinauf und genießen Schweizer Kaffee und Kuchen. Nach einer gemütlichen Pause wandern wir über den Steig steil hinab zur Alp Sura und auf dem Wanderweg talauswärts bis zum Autoparkplatz bei Pardatsch (1621 m). Ist man mit dem Postbus angereist, wandert man durch das Val Plattas entlang der Fahrstraße hinaus nach Curaglia (1332 m).

Felsgrat: Die letzten Meter zum Gipfelkreuz führen über einen blockigen Grat.

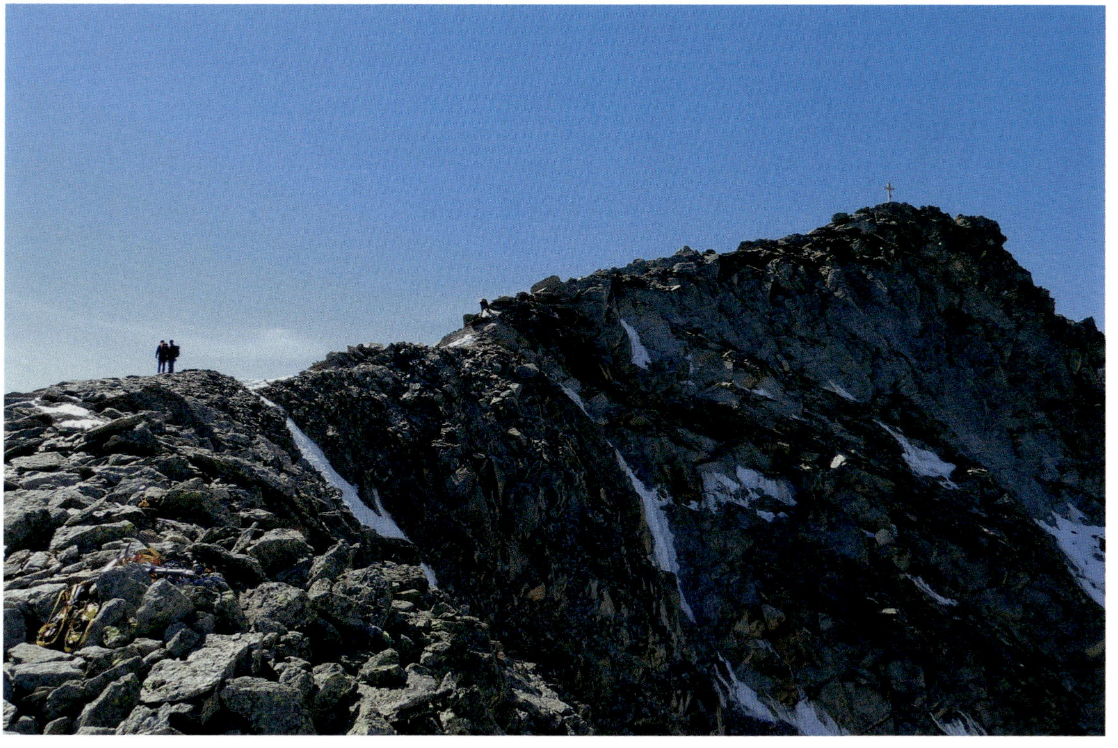

34

Auf das Ofenhorn (Punta d'Arbola)

Rundtour zwischen Wallis und Piemont

WS– 15:30 Std. 2650 Hm

Tourencharakter:
Mittelschwere Hochtour. Gletscherhänge bis 35 Grad am Ofenhorn und Mittlebärgpass, kurze brüchige Felspassage im Abstieg vom Mittlebärgpass.

Höchster Punkt:
Ofenhorn (3235 m)

Ausgangs-/Endpunkt:
Parkplatz am Ortseingang von Fäld (1519 m)

Anfahrt:
Auto: Über den Furkapass oder die Autoverladung ins Wallis nach Fiesch, dort über Binn nach Fäld
Bahn und Bus: Mit dem Zug nach Fiesch und mit dem Bus nach Fäld

Gehzeiten:
Fäld–Mittlebärghütte 3 Std., Mittlebärghütte–Ofenhorn 3:30 Std., Ofenhorn–Rifugio Claudio e Bruno 2:30 Std., Rifugio Claudio e Bruno–Hohsandhorn 2 Std., Hohsandhorn–Mittlebärghütte 2:30 Std., Mittlebärghütte–Fäld 2 Std.

Übernachtung:
Mittlebärghütte (2393 m), privat, Tel. 0041/(0)27/971 45 48, www.mittlenberghuette.ch,
Rifugio Claudio e Bruno (2708 m), Org. Mato Grosso, Tel. 0039/(0)342/351 31 45, www.rifugi-omg-formazza.it/

Karte:
Topografische Landeskarte der Schweiz 1:25 000, Blatt Nr. 1270 »Binntal«

Tourismus-Info:
Landschaftspark Binntal, CH-3996 Binn, Tel. 0041/(0)27/971 50 50, www.tourismus.binn.ch

Ausrüstung:
Gletscherausrüstung, Helm

Landschaftlich reizvolle Tour in einer ruhigen Ecke der Walliser Alpen. Nicht allzu schwerer Aufstieg auf den Gipfel des Ofenhorns. Nimmt man sich drei Tage Zeit, kann man noch auf die italienische Seite hinübergehen und eine tolle Rundtour zusammenstellen.

Das **Ofenhorn** (italienisch Punta d'Arbola) gehört wie das benachbarte Blinnenhorn zur Monte-Leone-Gruppe in den Walliser Alpen. Der Gipfel liegt direkt über dem Sabbione-Stausee. Besonders schön ist die Überschreitung von der Mittlebärghütte hinüber zur Claudio-e-Bruno-Hütte und über den Mittlebärgpass zurück ins Binntal.

Zur Mittlebärghütte Vom Parkplatz am Ortsbeginn von Fäld (1519 m) wandern wir auf der Fahrstraße taleinwärts und nicht in den Ort hinein. Die Straße verlassen wir bei einem Wegweiser nach links. Das schöne Steiglein zieht sich durch den Wald und über vegetationsreiche Wiesen taleinwärts bis kurz vor Freichi (1863 m). Wir überqueren auf einer Brücke die Binna und gehen hinüber zu den Häusern. Von links mündet die Fahrstraße ein, die ebenfalls von Fäld heraufführt. Wir wandern auf der Straße noch ein Stück taleinwärts, zweigen dann bald nach rechts ab und überqueren abermals den Bach. Bis zu der Abzweigung kann man sich

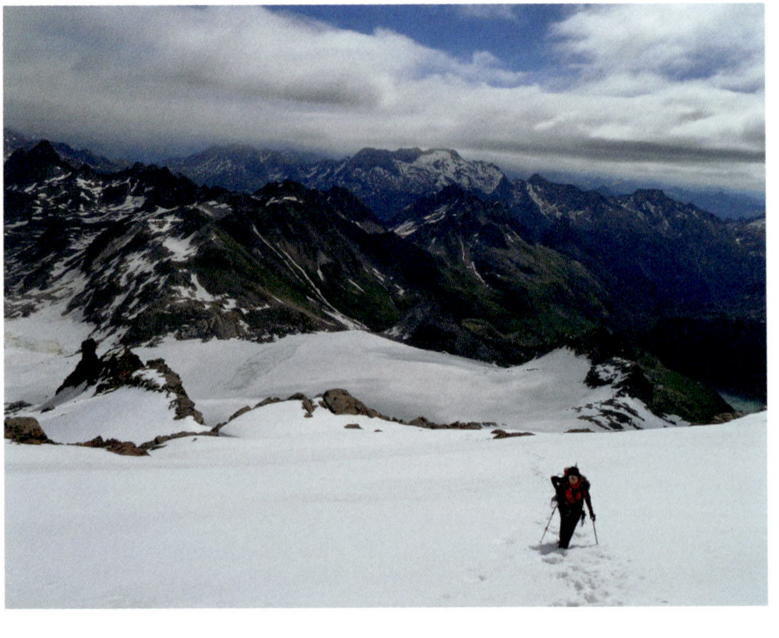

Mühsam, aber lohnend: Schlussanstieg auf das Ofenhorn

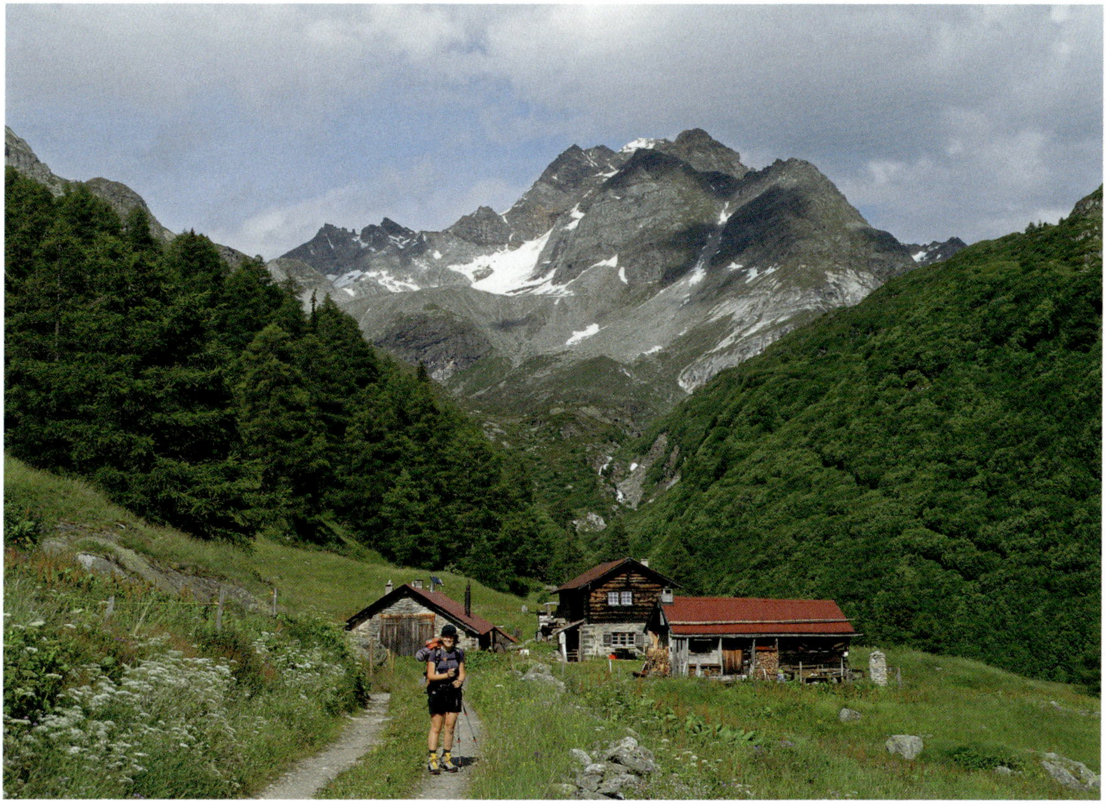

von Fäld mit dem Taxi heraufbringen lassen. Kurz darauf kommen wir zur Chiestafel, einem Abschnitt mit weißem Sand. Über Serpentinen schlängeln wir uns höher und kommen zu einer Wegverzweigung. Hier biegen wir links ab und steigen auf dem schönen Hüttenweg in zahlreichen Kehren recht steil zur ❶ Mittlebärghütte (2393 m) auf.

Hüttenanstieg: am Weg von Fäld zur Mittlebärghütte

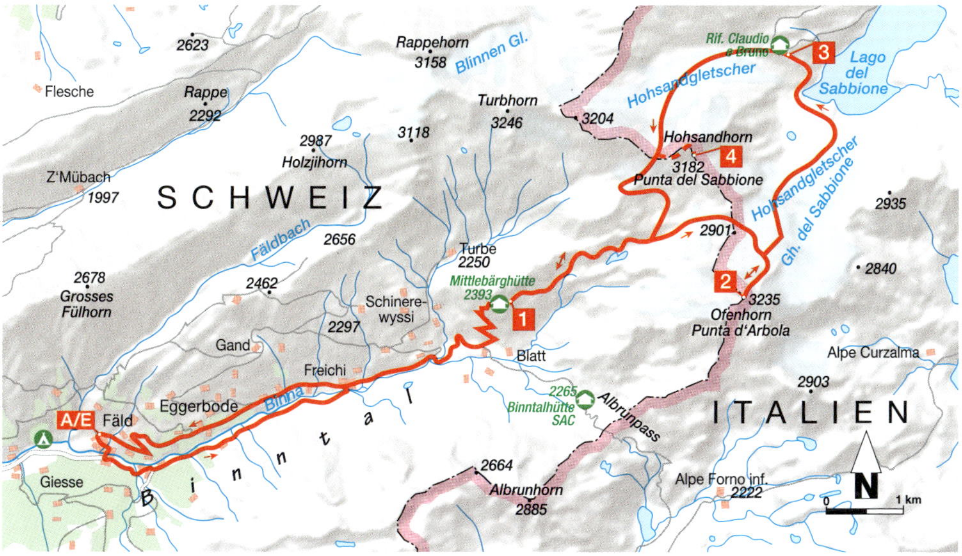

Einbezug des Blinnenhorns:

Vom Rifugio Claudio e Bruno kann man in zweieinhalb Stunden noch aufs Blinnenhorn (siehe Tour Nr. 35) steigen und noch einen weiteren Dreitausender mitnehmen.

Zum Ofenhorn Am nächsten Morgen wandern wir von der Hütte noch ein Stück aufwärts, bis die Markierungen plötzlich nach rechts unten zeigen. Wir steigen steil hinab und auf der anderen Seite wieder steil hinauf. Sind wir am Anfang über Wiesengelände gelaufen, wechselt das Gelände langsam in Blockwerk und Schotter, bis wir den kleinen Restgletscher erreichen. Über den sanft geneigten Gletscher gehen wir hinauf zum Hohsandjoch (2901 m). Der Übertritt zum Sabbionegletscher gestaltet sich je nach Jahreszeit unterschiedlich schwierig. Nun gehen wir hinüber zum steilen Aufschwung des Ofenhorns. Vom linken Eck der Flanke steigen wir steil höher zum Gipfelgrat. Die Flanke weist dabei eine Steilheit von bis zu 35 Grad auf. Über den breiten Grat gehen wir hinüber zum Gipfel des ❷ Ofenhorns (3235 m), von dem wir eine schöne Rundumsicht haben.

Abstieg nach Fäld Will man direkt zurück nach Fäld, steigt man am Anstiegsweg über die Flanke zurück zum Sabbionegletscher und geht über das Hohsandjoch zum Tälligletscher. Nach dem Gletscher wandert man zurück zur Mittlebärghütte und weiter hinab nach Freichi. Von dort kann man wieder auf der linken Talseite nach Fäld wandern, oder direkt die lange und etwas eintönige Fahrstraße benutzen.

Rundtour Wir haben einen Tag mehr Zeit, deshalb lohnt sich die Rundtour über die Claudio-e-Bruno-Hütte. Hierzu steigen wir über die Flanke hinab zum Sabbionegletscher und gehen nun nicht zurück zum Hohsandjoch, sondern auf den Stau-

Tälligletscher: Anstieg von der Mittlebärghütte zum Hochsandjoch

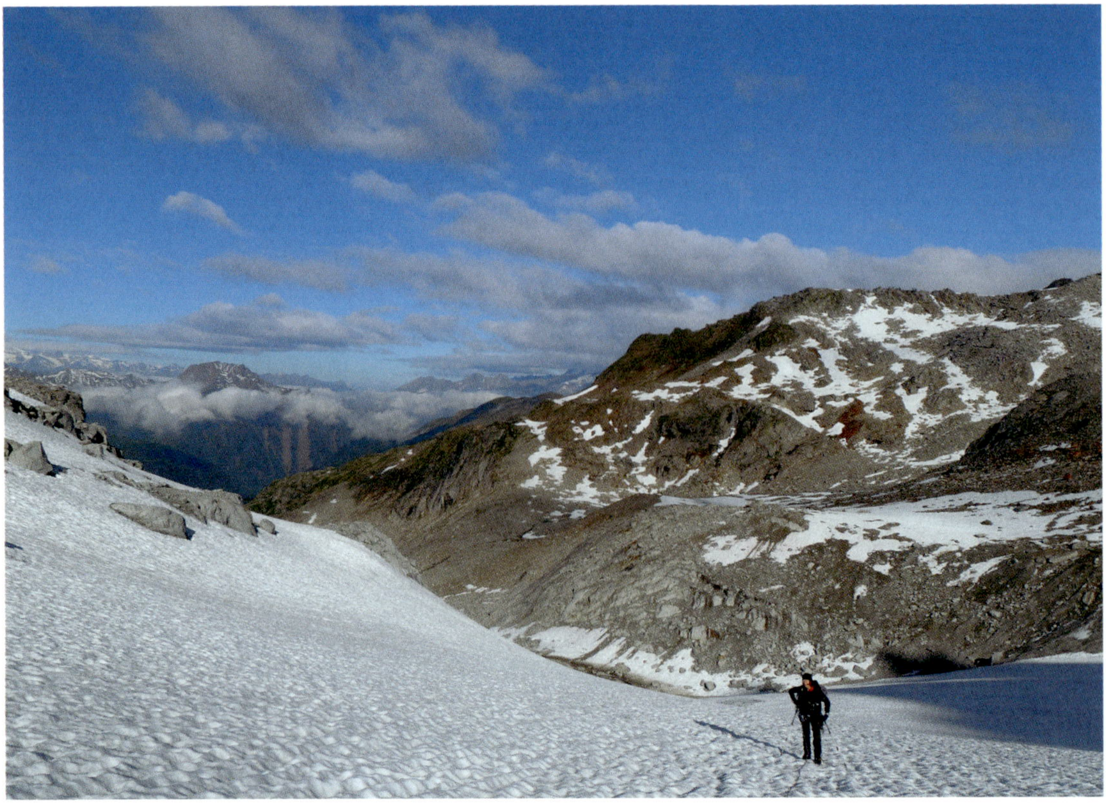

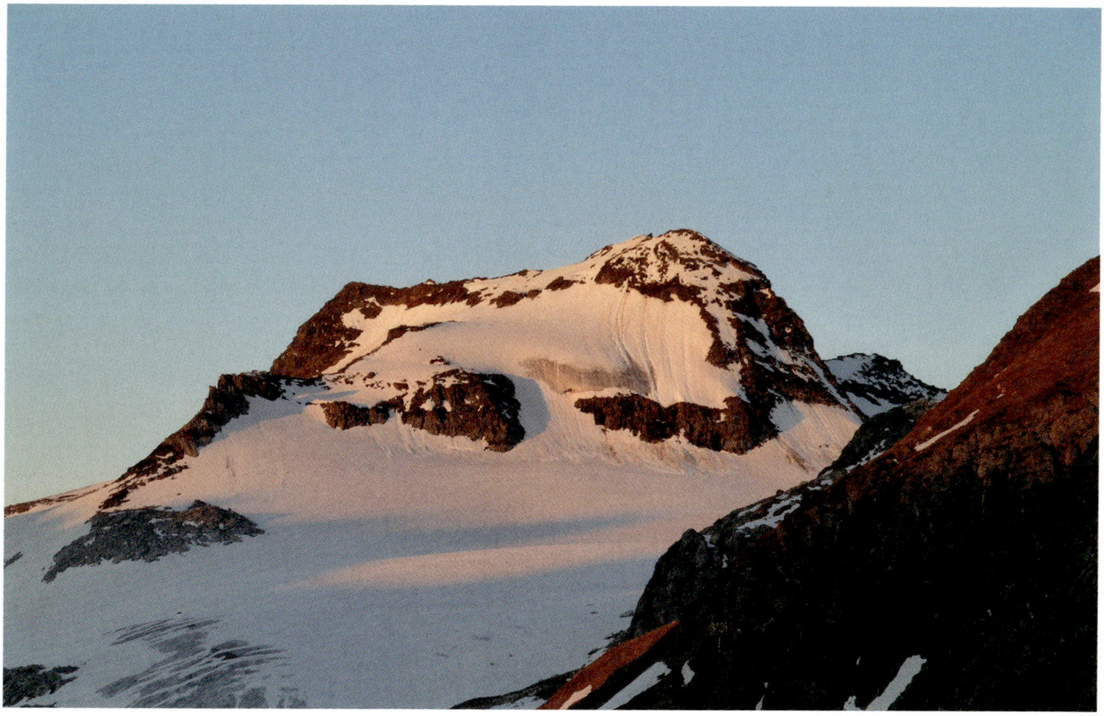

Sonnenaufgang: das Ofenhorn vom Rif. Claudio e Bruno im ersten Morgenlicht

see zu. Der Gletscher ist zu Beginn relativ flach, wartet aber in der Mitte mit einer steileren Stufe auf. Danach wird er wieder flacher, und wir verlassen ihn nach links. Wir gehen über die Moränenfläche mit dem kleinen See und weiter auf Steigspuren durch einen Geröllkessel hinüber zum Bach, dessen Überquerung spät am Nachmittag durchaus Probleme bereiten kann. Von dort führen die Steigspuren in Kehren ziemlich direkt zum 3 **Rifugio Claudio e Bruno** (2708 m). Die Abzweigung ist etwas undeutlich. Verpasst man diese, wandert man entlang des Stausees ein ganzes Stück talauswärts, bis man auf den Hüttenweg vom Rifugio Mores zum Rifugio Claudio e Bruno trifft, und muss anschließend wieder komplett taleinwärts zur Hütte zurücklaufen. In der großen Hütte verbringen wir die Nacht, um anderntags frisch ausgeruht den Rückweg ins Binntal anzutreten.

Am nächsten Tag wandern wir auf Steigspuren hinüber zum Hohsandgletscher, der zu Beginn wieder relativ flach ist. Wir gehen weiter nach links zum Talschluss des Gletschers und ziehen über die folgende Steilstufe ziemlich steil zum Mittlebärgpass (3044 m) hinauf. Von hier steigen wir über den Grat in 30 Minuten aufs 4 **Hohsandhorn** (3182 m).

Zurück am Mittlebärgpass folgt der schwierigste Abschnitt der Überschreitung: der Abstieg. Durch den Gletscherrückgang müssen wir im oberen Teil über reichlich brüchige Felsen abklettern, bis wir auf dem ziemlich steilen südseitigen Gletscher absteigen können. Wir begehen den Gletscher bis zu seinem Ende und gehen weiter über Schuttgelände bis zum Weglein, das von der Mittlebärghütte zum Hohsandjoch führt. Der Steig bringt uns zurück zur 1 **Mittlebärghütte** (2393 m). Nach einer Stärkung mit Kaffee und Kuchen steigen wir über den Hüttenweg hinab zur Fahrstraße in Freichi und wandern entweder am Anstiegsweg oder auf der Fahrstraße zurück zum Parkplatz bei Fäld (1519 m).

Nach der langen Tour kann man auch ein Taxi bis zur Abzweigung von der Fahrstraße bestellen und sich den etwas eintönigen Fußmarsch durch das Tal sparen.

35

Rundtour auf das Blinnenhorn

Klasse Wochenende am Nufenenpass

L+ 10:30 Std. 1600 Hm

Tourencharakter:
Leichte Hochtour. Anstieg eisfrei, gute Steige. Abstieg über flachen Gletscher, der aber dennoch Spalten hat.

Höchster Punkt:
Blinnenhorn (3374 m)

Ausgangs-/Endpunkt:
Haarnadelkurve der Nufenenpass-Straße (2303 m)

Anfahrt:
Auto: Über Luzern oder Chur nach Andermatt. Durch den Gotthardtunnel nach Airolo und zum Nufenenpass.
Bahn und Bus: Mit dem Zug nach Airolo. Mit dem Bus zum Nufenenpass.

Gehzeiten:
Nufenenpass–Rifugio Claudio e Bruno 4:30 Std., Rifugio Claudio e Bruno–Blinnenhorn 2:30 Std., Blinnenhorn–Nufenenpass 3:30 Std.

Übernachtung:
Rifugio Claudio e Bruno (2708 m), Org. Mato Grosso, Tel. 0039/(0)342/351 31 45, www.rifugi-omg-formazza.it/

Karte:
Topografische Landeskarte der Schweiz 1:25 000, Blatt Nr. 1270 »Binntal« und Blatt Nr. 1250 »Ulrichen«

Tourismus-Info:
Leventina Turismo, CH-6780 Airolo, Tel. 0041/(0)91/869 15 33, www.airolo.ch

Ausrüstung:
Gletscherausrüstung

Wunderschöne Hochtour auf einen von Süden fast eisfreien Berg. Der Anstieg erfolgt vom Schweizer Nufenenpass über den Griespass, hinüber zur italienischen Claudio-e-Bruno-Hütte. Dann geht es über den Steig hoch zum aussichtsreichen Gipfel. Der Abstieg über den langen Griesgletscher gibt der Tour eine alpine Note.

Das **Blinnenhorn** gehört zur Monte-Leone-Gruppe in den Walliser Alpen. Normalerweise denkt man dann eher an die Viertausender, aber auch für diesen schönen Dreitausender lohnt sich die Anfahrt. Der Gipfel ist zudem der höchste zwischen Monte Leone und Rheinwaldhorn. Dementsprechend großartig ist das Panorama, vor allem auf die nördlich über dem Rhônetal aufragenden Berner Alpen.

Zum Rifugio Claudio e Bruno Wir starten an der Haarnadelkurve am Nufenenpass (2303 m) und gehen auf der Werkstraße zur Staumauer des Griessees. Kurz vor der Staumauer biegen wir nach links zu einem Kreuz ab und gehen weiter zu einem Steinmann. Der Steig bringt uns nun in leichtem Auf und Ab zum ❶ Griespass (2479 m). Hier passieren wir die Grenze nach Italien und steigen nun nach Süden hinab bis nach Bättelmatt (2112 m), einem alten Valserdorf. Nun biegen wir nach rechts ab und schlängeln uns in vielen Kehren über einen Rücken aufwärts

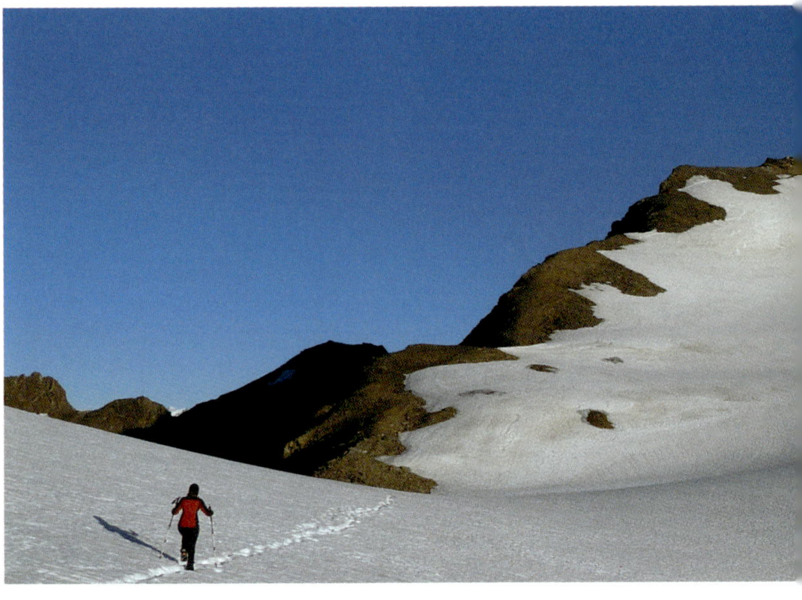

Schneefelder: Lediglich ein paar Schneefelder sind im Frühsommer zu queren.

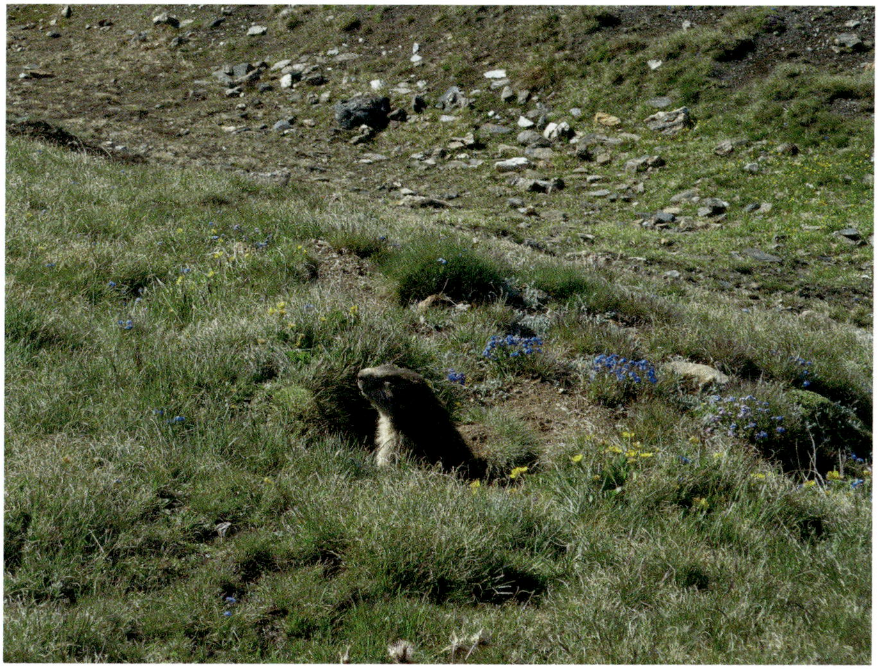

Neugierig: Murmeltier am Wegesrand oberhalb des Rif. Claudio e Bruno

zur Alpe dei Camosci. Von der Alpe wandern wir hinüber zum ❷ **Rifugio Città di Busto** (2482 m). Alternativ könnte man vom Griespass über den Bättelmattpass ansteigen. Hierzu geht man vom Griespass über Geröll entlang der Grenze zur weiten Fläche an der Ostflanke des Bättelmatthorns. Man zweigt nach Süden ab und steigt zu P. 2672. Anschließend geht es hinab zur Alpe Camosci und weiter zum Rifugio Città die Busto. Von der Hütte aus durchqueren wir die Ebene Piano dei Camosci und erreichen die Wegverzweigung. Der geradeaus führende Weg zieht zum Rifugio 3A hinauf, wir wählen jedoch den linken Weg, der uns hinun-

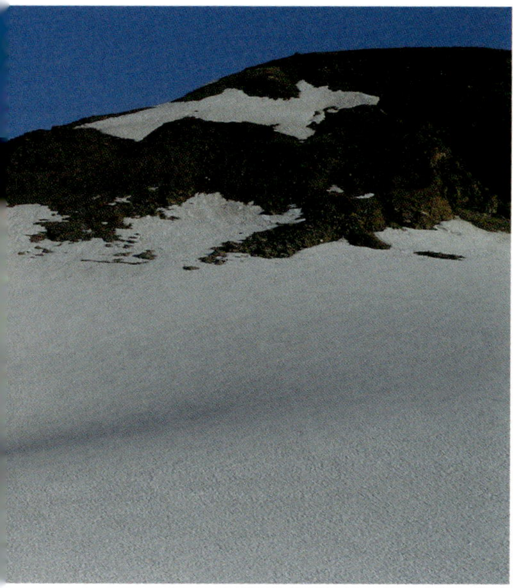

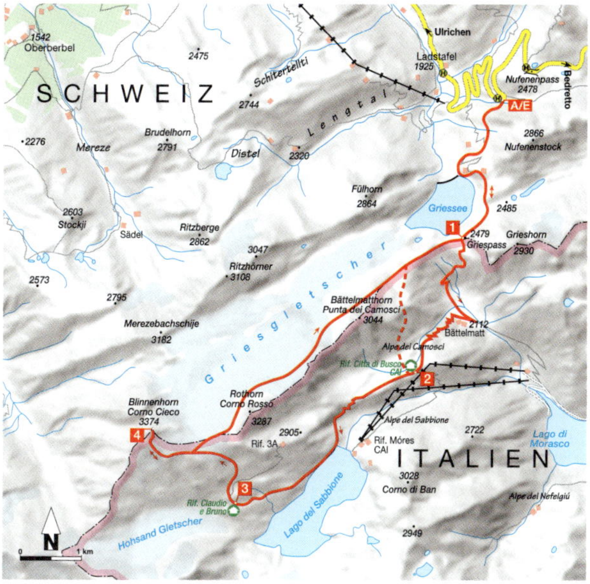

ter zur Staumauer des Lago del Sabbione in der Nähe des Rifugio Mores bringt. Nun gehen wir am Nordwestufer des Stausees entlang. An einer Wegverzweigung bei P. 2485 nehmen wir den rechten Weg, der leicht nach oben ansteigt. Er führt entlang der Hänge oberhalb des Stausees bis zum ❸ **Rifugio Claudio e Bruno** (2708 m), das in sehr schöner Lage in der Nähe des Hohsandgletschers liegt. Besonders lieblich sind die Sonnenaufgänge an der Hütte, wenn das Ofenhorn und das Hohsandhorn beim ersten Sonnenstrahl zu leuchten beginnen.

Zum Blinnenhorn Am nächsten Tag wandern wir vom Rifugio Claudio e Bruno (2708 m) in Richtung Rifugio 3A hinauf. Bald teilen sich die Wege, und wir nehmen den linken Steig in Richtung Blinnenhorn. Der Steig schlängelt sich steil in Kehren aufwärts. Früh am Morgen können einige Stellen bei Vereisung unangenehm sein und erfordern entsprechende Vorsicht. Wir erreichen über Geröll eine Schulter (3160 m), die mit einem Steinmann markiert ist. Hier sehen wir erstmals den mächtigen Griesgletscher. Im Sommer unternimmt allerdings kaum jemand den langen Aufstieg von der Capanna Corno Gries über den Gletscher. Der weitere Aufstieg folgt nun im Wesentlichen dem Grat, der in einem Bogen zum Gipfel zieht. Dabei betreten wir den Griesgletscher noch nicht. Über den Kamm oder etwas unterhalb gelangen wir auf Steigspuren und, je nach Jahreszeit, über Schneefelder zum ❹ **Blinnenhorn** (3374 m).

Die Aussicht von hier oben ist wirklich grandios, vor allem auf die nahen Viertausender der Berner Alpen und der Walliser Alpen. Auf dem Gipfel befindet sich ein Altar aus Sandstein, den die Schüler von Mato Grosso, einer katholischen Organisa-

Berner Alpen: Ausblick nach Norden zu den Viertausendern der Berner Alpen

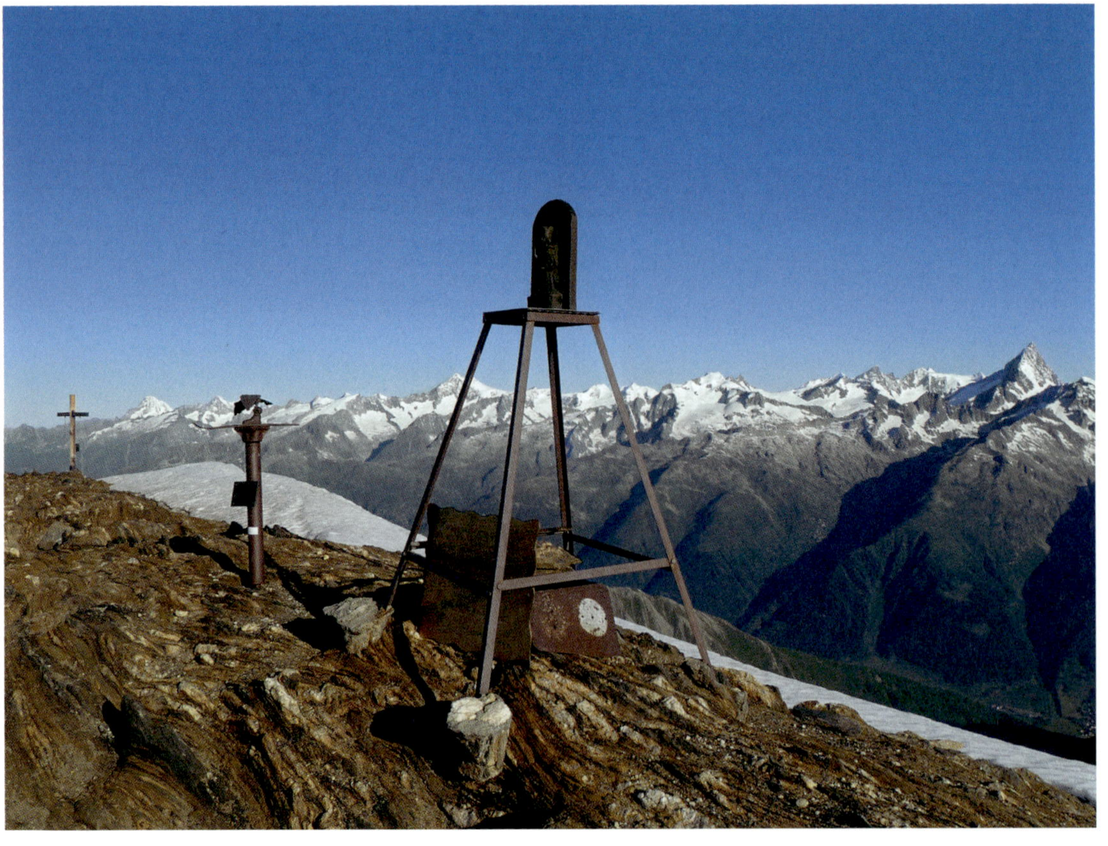

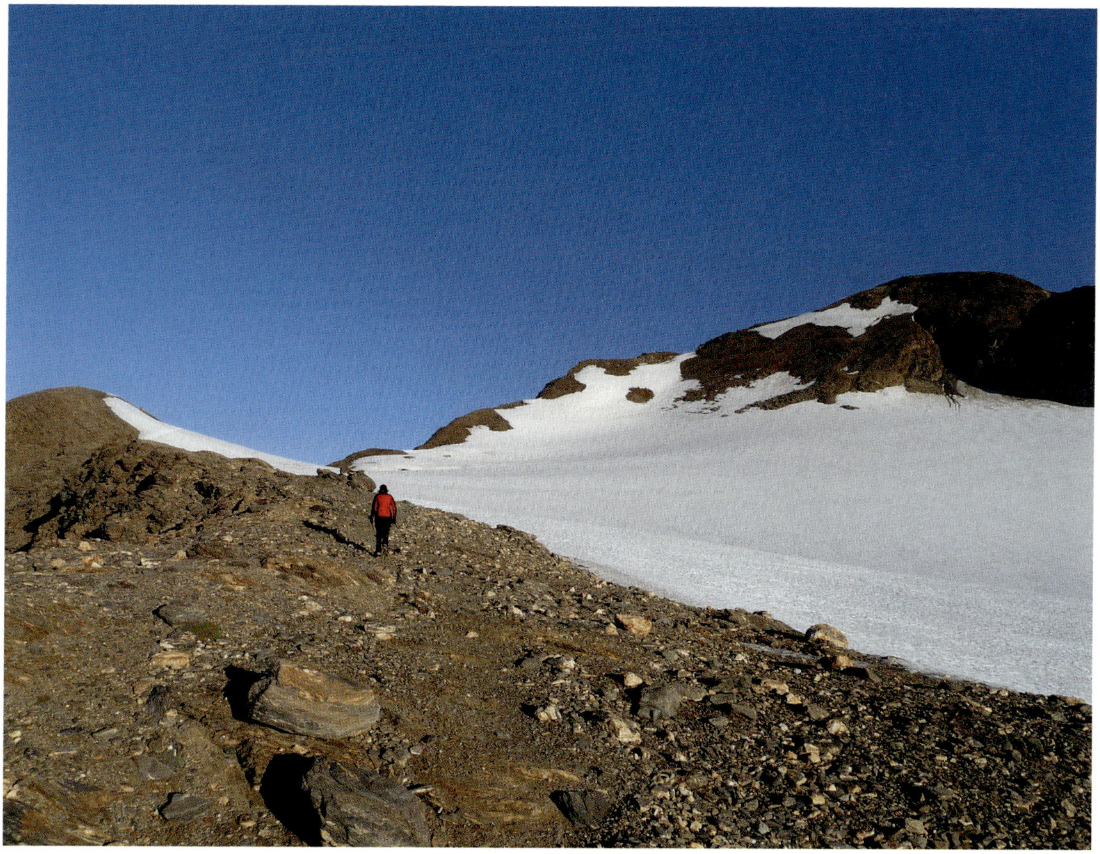

tion, der das Rifugio Claudio e Bruno gehört, über Jahre eigenhändig auf den Gipfel transportiert haben.

Umgehung: Den Griesgletscher kann man beim Anstieg vom Rif. Claudio e Bruno im Fels umgehen.

Abstieg zum Nufenenpass Vom Gipfel steigen wir über den Grat zurück bis zum flachen Griesgletscher. Hier seilen wir uns an und wandern hinüber zum Rothornpass. Nun orientieren wir uns eher an der rechten Seite des Gletschers abwärts, bis wir zu einem markanten Absatz kommen. Dieser befindet sich auf Höhe des P. 3011. Auch wenn der Gletscher eher flach ist, so muss man doch die ganze Zeit auf Spalten achten. Jetzt folgen wir dem Griesgletscher nicht weiter abwärts, sondern verlassen ihn nach rechts. Dies wurde in letzter Zeit durch den starken Gletscherrückgang möglich. Auf der rechten Seite des Gletschers steigen wir über Felsplatten abwärts, bis wir auf den Weg treffen, der vom Bättelmattpass zum Griespass führt. Wir wandern hinüber zum ❶ Griespass (2479 m) und zweigen dort nach links in Richtung Griessee ab. Nach dem See gelangen wir zur Werkstraße und weiter zurück zur Haarnadelkurve am Nufenenpass (2303 m).

Kombination im Tourengebiet Nachdem hier im Grenzgebiet jede Menge Hütten für das Wohl der Bergsteiger sorgen, bieten sich mehrere Tourenmöglichkeiten an. Zudem stehen hier neben dem Blinnenhorn auch noch einige Dreitausender. Die schönste Möglichkeit ist die bei Tour Nr. 34 beschriebene Rundtour, in die das Blinnenhorn einbezogen werden kann. Schön ist aber auch der direkte Anstieg vom Rifugio Claudio e Bruno zum Ofenhorn oder zum Hohsandhorn.

36 Auf Gwächtenhorn und Sustenhorn

Glanzpunkte in den Urner Alpen

WS– 13:00 Std. 1800 Hm

Tourencharakter:
Mittelschwere Hochtouren. Die Gletscher weisen aber einige Spalten auf und verlangen entsprechende Vorsicht.

Höchster Punkt:
Sustenhorn (3503 m)

Ausgangs-/Endpunkt:
Parkplatz Umpol (2090 m) unweit des Sustenpasses

Anfahrt:
Auto: Richtung Gotthard bis nach Altdorf, dort rechts ab zum Sustenpass und weiter auf schmaler Straße nach Umpol
Bahn und Bus: Nach Göschenen und mit dem Bus zum Hotel Steingletscher. Von dort zu Fuß nach Umpol.

Gehzeiten:
Umpol–Tierberglihütte 2 Std., Tierberglihütte–Gwächtenhorn 4 Std., Gwächtenhorn–Sustenhorn 3 Std., Sustenhorn–Tierberglihütte 2:30 Std., Tierberglihütte–Umpol 1:30 Std.

Übernachtung:
Tierberglihütte (2795 m), SAC-Sektion Baselland, Tel. 0041/(0)33/971 27 82, www.tierbergli.ch

Karte:
Topografische Landeskarte der Schweiz 1:25 000, Blatt Nr. 1211 »Meiental«

Tourismus-Info:
Haslital Tourismus, CH-3860 Meiringen, Tel. 0041/(0)33/972 50 50, www.haslital.swiss

Ausrüstung:
Gletscherausrüstung

Das Abschmelzen der Gletscher bringt immer mehr Gestein hervor, wie beispielsweise das noch vor 20 Jahren kaum passierbare, blau schimmernde, massive Eisschild am Sustenhorn. Dieses Eisschild ist einem Gletscherrest gewichen. Trotz einiger Spalten gelangt man über zwei verhältnismäßig einfache Routen zum Gipfel.

Das **Sustenhorn** und das **Gwächtenhorn** sind zwei Nachbarn in fantastischer Landschaft. Die Gipfel ermöglichen einen makellosen Weitblick über den Titlis, die Wendenstöcke und die hohen Gipfel der Berner Alpen. Vor allem das Sustenhorn gilt als einer der hervorragendsten Aussichtspunkte der Zentralschweiz.

Zur Tierberglihütte Vom Parkplatz Umpol (2090 m) führt ein markierter Wanderweg über vom Gletscher glatt geschliffene Felsen zur Hütte. Im oberen Teil befinden sich einige Ketten, um auch den weniger Mutigen den Aufstieg zur ❶ Tierberglihütte (2795 m), die wir nach zwei Stunden erreichen, zu erleichtern.
Als Alternative bietet sich der Klettersteig an. Der Anstieg vom Parkplatz zur Hütte dauert dann 3 Stunden und 30 Minuten. Der Klettersteig gliedert sich in zwei Teile. In der Mitte kann er zum Normalweg

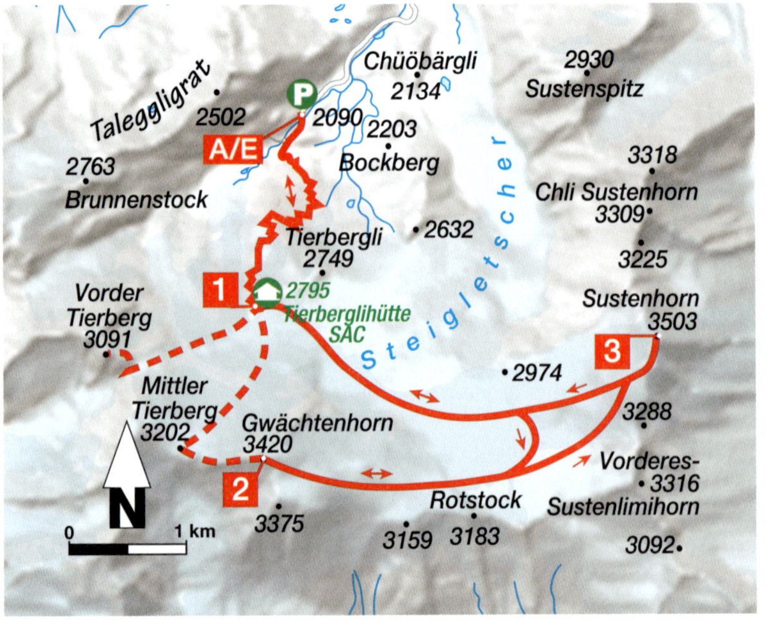

hin verlassen werden. Der untere Teil dauert anderthalb, der obere Teil zwei Stunden. Die Schwierigkeit des Klettersteigs liegt bei C. Die solide, aus Stein gebaute Tierberglihütte liegt sehr aussichtsreich am Rand des Steingletschers, mit Blick auf die umliegenden Gipfel. Die Homepage der Hütte wirbt gar mit 16 Sonnenstunden am Tag und Sonnenuntergängen wie in der Karibik.

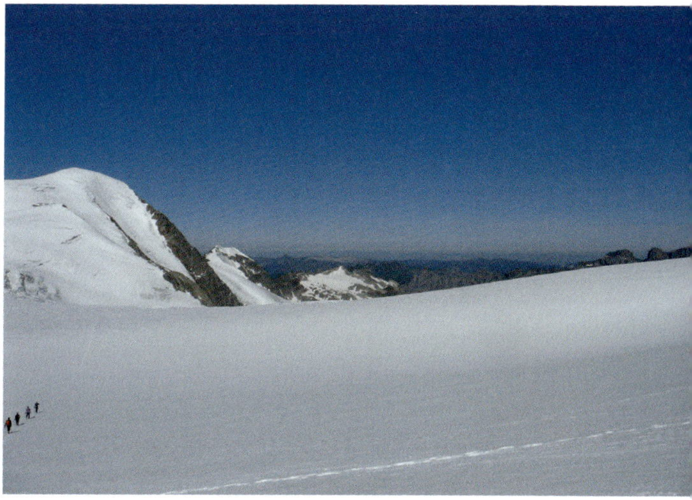

Zum Gwächtenhorn Am nächsten Morgen gehen wir zunächst hinab auf den benachbarten Gletscher, wo wir anseilen und die Steigeisen anlegen. Nach einer Querung dieses Gletscherteils, in Richtung des gut sichtbaren Gletscherbruchs, beginnt der eigentliche Anstieg im rechten Teil des Bruches. Am Plateau angekommen, wandern wir geradeaus Richtung Sustenlimi zwischen Vorderem Sustenlimihorn und dem Rotstock. Wir durchqueren einen weiteren Gletscherbruch oder weichen bei Ausaperung etwas nach Osten aus. Schließlich drehen wir nach Westen ab und beginnen den Aufstieg zum Gwächtenhorn. Vorbei an weiteren Spalten geht es zum Teil mäanderartig bergauf. Zuletzt legt sich das Gwächtenhorn weit zurück, und über einen fast ebenen Rücken erreichen wir den Gipfel des ❷ Gwächtenhorns (3420 m). Nach kurzer Rast steigen wir wieder bergab direkt auf das Sustenlimi zu, um P. 3089 zu erreichen. Jetzt gehen wir zunächst sanft, dann bald recht steil (35 Grad) hinauf in Richtung Sustenhorn. Der Aufschwung sieht recht eindrücklich aus, ist bei gutem Trittfirn aber eher problemlos zu überwinden. Eine große Querspalte überqueren wir ziemlich weit links, um danach sofort wieder Richtung Grat hinaufzuspuren. Dort halten wir großen Abstand von den Wechten. Der Gletscher legt sich zurück und der Felsaufbau mit Gipfelkreuz wird

Faszinierend: Gletscherwelt am Sustenhorn, links das Gwächtenhorn

Nah: Die Tierberglihütte liegt direkt am Gletscher.

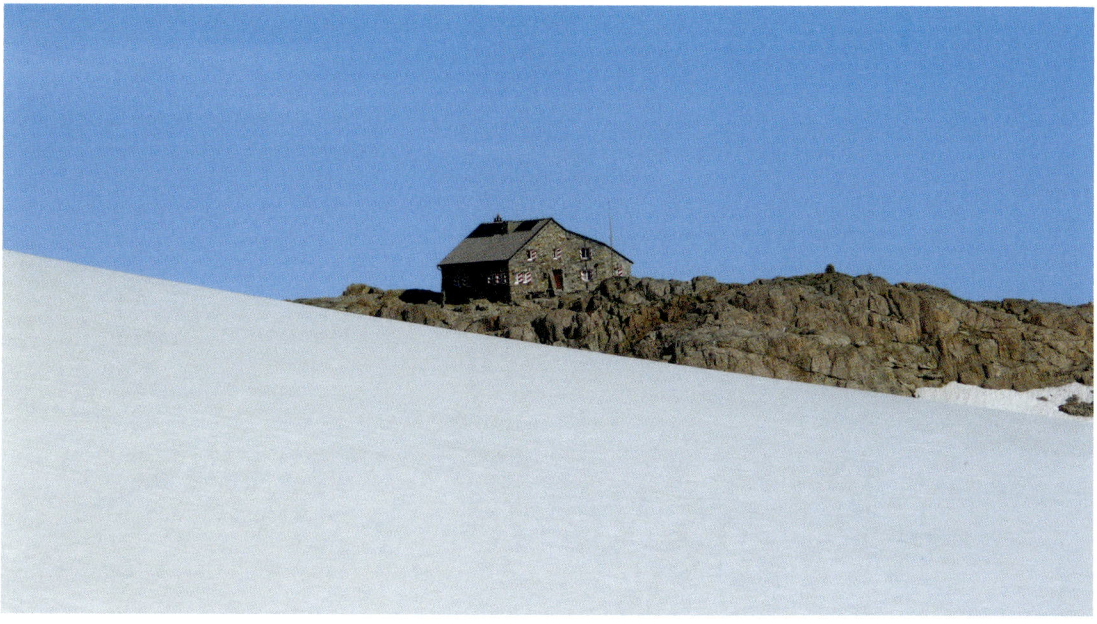

Sustenhorn: Die Anstiegsroute zum Gipfel ist gut einzusehen.

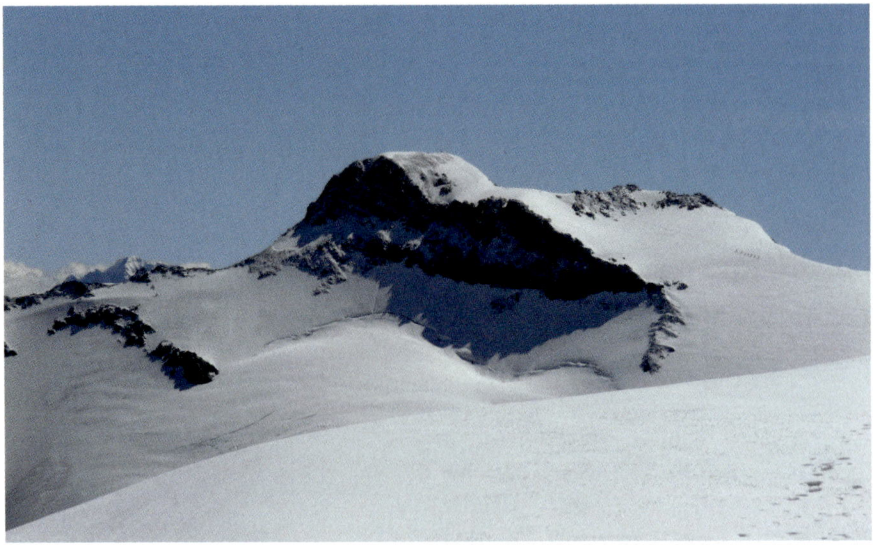

sichtbar. Wir überqueren ein Felsband, gelangen erneut auf den Gletscher, bevor uns ein letzter kurzer, nochmals steiler Anstieg zum Gipfel des ❸ Sustenhorns (3503 m) in traumhafte Umgebung bringt. Wie schon beschrieben, bestaunen wir vom Gipfel eine wunderschöne Aussicht. Zuallererst sind die nahen Galenstock und Dammastock zu nennen. Aber auch die Berner Alpen, die über dem Haslital aufragen, sind gut zu erkennen, allen voran das Wetterhorn mit seinen Nachbarn Rosenhorn und Mitterhorn.

Abstieg Gleiche Route wie im Aufstieg zum Sustenhorn, bereits unterhalb der großen Querspalte drehen wir nach Osten ab, um das Plateau zu erreichen. Der Abstiegsweg quert den Bruch relativ weit nördlich auf einer kleinen Erhebung, die den Bruch teilt. Hier gehen wir weiter zur Aufstiegsroute und am unteren Plateau zurück zur ❶ Tierberglihütte (2795 m). Nach einer Pause an der Hütte steigen wir über den Hüttenweg zurück nach Umpol (2090 m).

Weitere Tourenmöglichkeiten Die gemütliche Tierberglihütte hat noch eine weitere schöne Hochtour im Angebot, den Vorderen Tierberg (3091 m). Der Anstieg von der Hütte auf den Gipfel dauert zwei Stunden und ist eine wirklich einfache Gletscherwanderung. Hierzu gehen wir von der Hütte nach Westen auf eine Gletscherrampe und folgen dieser bis kurz vor die Tierberglücke (2986 m). Über den verfirnten Ostgrat erklimmen wir den Gipfel. Der Abstieg hinunter zur Tierberglihütte erfolgt am Anstiegsweg.

Das Gwächtenhorn bietet neben dem hier beschriebenen Normalweg auch die Möglichkeit einer Überschreitung. Der Anstieg über den Westgrat ist allerdings etwas schwerer (mittel). Über den spaltenreichen Gletscher führt die Route in Richtung Tierberglimi (3202 m – auch Chelenlücke). Über steileres Gelände steigt der Weg zum luftigen Westgrat an. Über die Felszacken klettert man möglichst direkt (stellenweise II) aufwärts bis zum Gipfel. Der Abstieg erfolgt dann am oben beschriebenen Normalweg zur Tierberglihütte. Auch wenn man nicht mehr weiter zum Sustenhorn möchte, sollte man unbedingt möglichst weit zum Sustenlimi ausholen, um die Spaltenzone zu umgehen. Erst danach biegt man nach Nordwesten zur Tierberglihütte ab.

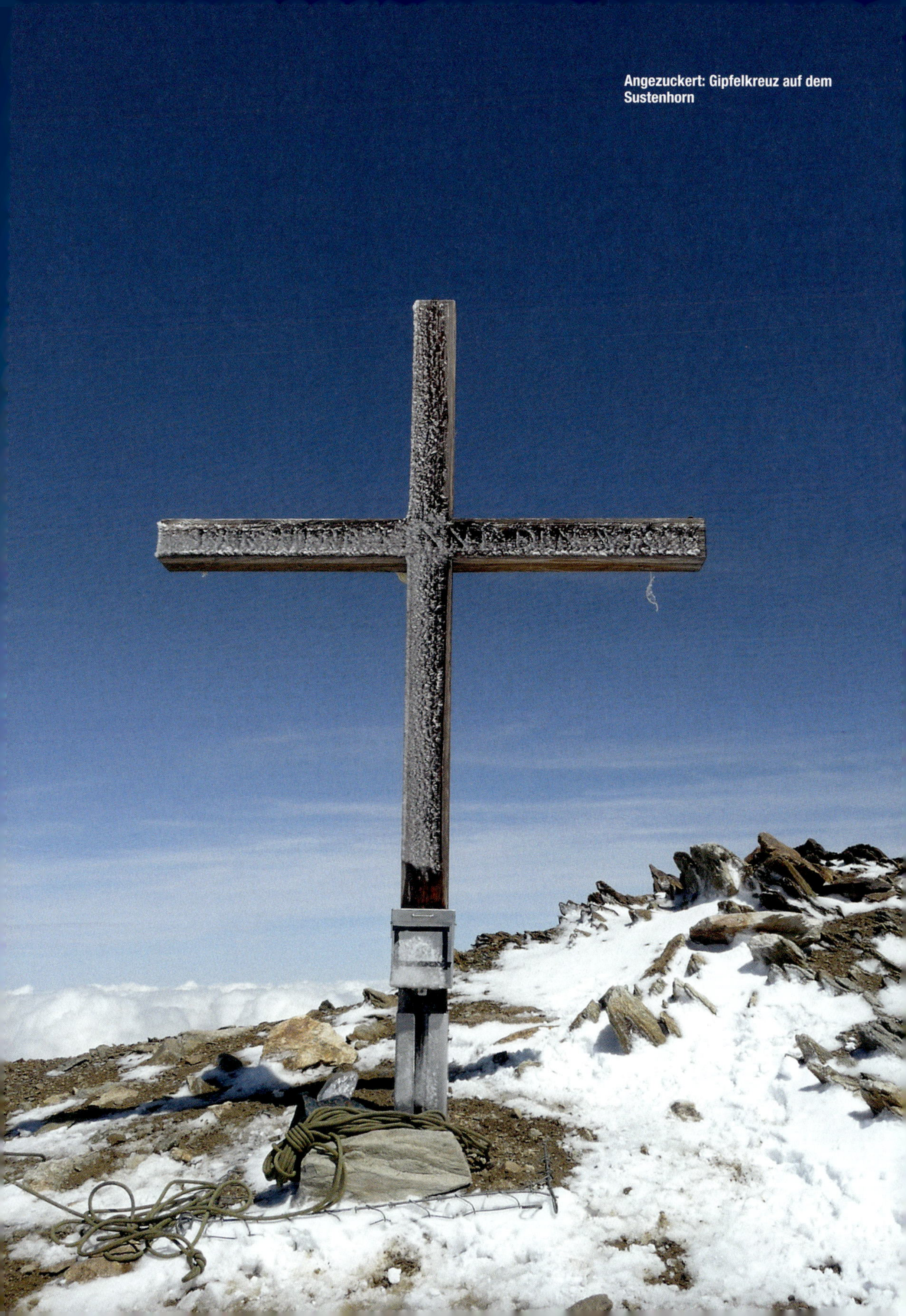

Angezuckert: Gipfelkreuz auf dem Sustenhorn

37 Vom Oberaarsee zum Oberaarhorn

Logenplatz mit Blick zum höchsten Berner

L+ 11:00 Std. 1390 Hm

Tourencharakter:
Leichte Hochtour. Zahmer Gletscher, der aber auch Spalten hat. Gipfelanstieg über Blockwerk und steilen Firn.

Höchster Punkt:
Oberaarhorn (3629 m)

Ausgangs-/Endpunkt:
Berghaus Oberaar (2338 m) oberhalb vom Grimselpass

Anfahrt:
Auto: Über Luzern und Meiringen in Richtung Grimselpass. Einspurige Straße zum Berghaus Oberaar, die jeweils zur vollen Stunde zehn Minuten lang befahren werden darf. Bahn und Bus: Mit dem Zug über Bern nach Meiringen, weiter mit dem Bus zum Grimselpass. Das Berghaus ist nicht mit dem Bus erreichbar.

Gehzeiten:
Berghaus Oberaar–Oberaarjochhütte 5 Std., Oberaarjochhütte–Oberaarhorn 2 Std., Oberaarhorn–Berghaus Oberaar 4 Std.

Übernachtung:
Oberaarjochhütte (3256 m), SAC-Sektion Biel, Tel. 0041/(0)33/973 13 82, www.oberaarjochhuette.ch

Karte:
Topografische Landeskarte der Schweiz, 1:25 000, Blatt Nr. 1225 »Ulrichen«

Tourismus-Info:
Haslital Tourismus, CH-3860 Meiringen, Tel. 0041/(0)33/972 50 50 www.haslital.swiss

Ausrüstung:
Gletscherausrüstung

Stimmungsvoll: morgendlicher Anstieg über den Oberaargletscher

Vom Berghaus Oberaar führt der Weg am Oberaarsee vorbei und über den sanften Gletscher bis kurz vor die Oberaarjochhütte, die ein hoher Stützpunkt für die Besteigung ist. Mit Übernachtung auf der Hütte und frühem Aufstieg kann man einen unvergesslichen Sonnenaufgang auf dem Gipfel erleben.

Das **Oberaarhorn** ist eine Aussichtsloge mit optimalem Blick auf den höchsten Berner Gipfel, das Finsteraarhorn (4274 m). Neben der Aussicht auf weitere Viertausender und der hochgelegenen Hütte ist vor allem der genussvolle Anstieg ohne allzu große Schwierigkeiten ein gutes Argument für diese Gipfelbesteigung.

Zur Oberaarjochhütte Vom Oberaarsee (2338 m) unterhalb des Berghauses wandern wir zuerst über die Staumauer und anschließend in anderthalb Stunden auf gut markiertem Weg am See entlang. Am Ende des Sees folgen wir den Markierungen zum Gletscher, den wir problemlos betreten. In gerader Linie steuern wir über den relativ flachen Oberaargletscher auf das schon lange sichtbare Oberaarjoch (3216 m) zu. Dabei ist auf die großen Spalten ab 3000 Metern zu achten. Vom Joch gelangen wir über Schutt zu einer Leiter und auf einem gesicherten Steig in wenigen Minuten zur ❶ Oberaarjochhütte (3256 m).

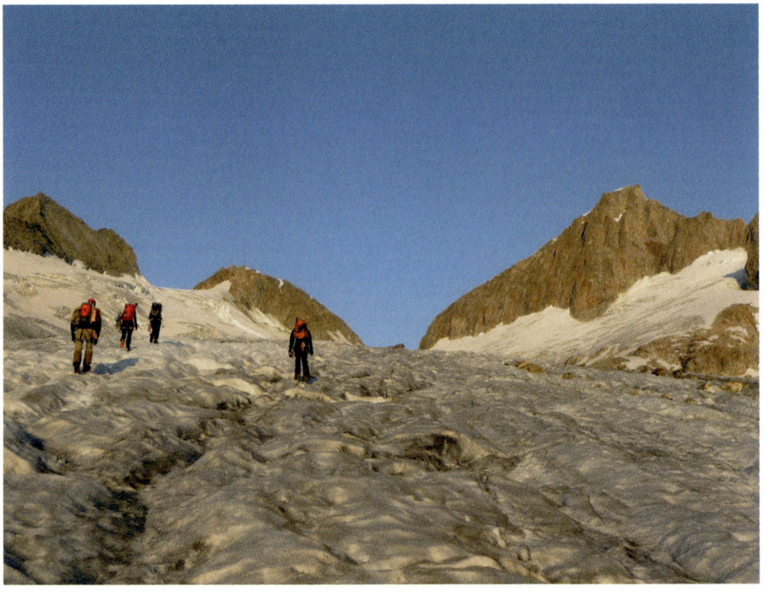

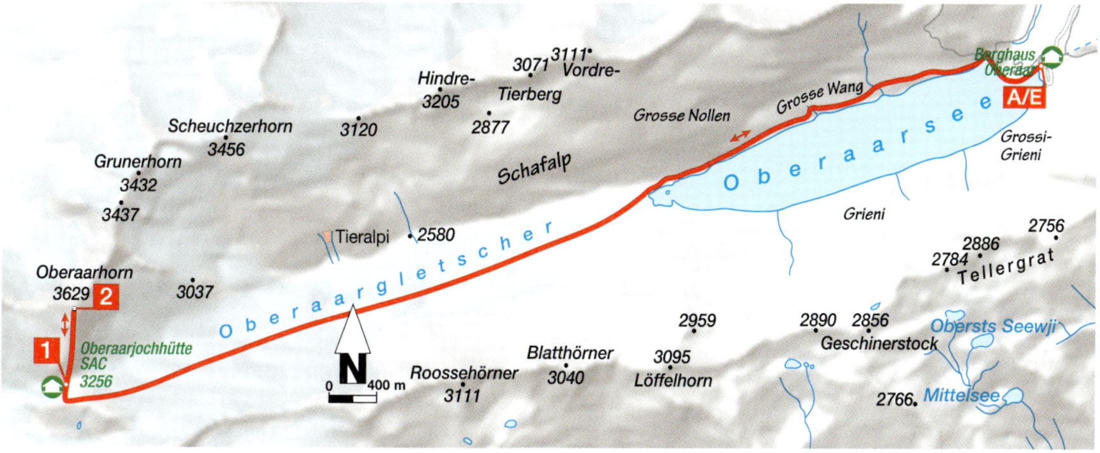

Zum Oberaarhorn Nach der Hütte folgen wir einem markierten Steig über leichte Felsen zum firnigen Gipfelrücken. Über diesen Rücken erreichen wir den Gipfel des ❷ Oberaarhorns (3629 m) ohne Probleme. Der ideale Zeitpunkt zum Aufbruch nach einer Hüttenübernachtung ist zwei Stunden vor Sonnenaufgang. Dann wird der Morgen auf dem Gipfel sicherlich zu einem unvergesslichen Erlebnis.

Wie schon angedeutet, sehen wir von hier oben einige interessante Gipfel: Finsteraarhorn, Schreckhorn und Lauteraarhorn sind die nahen Viertausender, rechts daneben stehen die Gipfel der Wetterhorngruppe. Im Süden präsentieren sich die Walliser Viertausender: die Mischabelgruppe, das Matterhorn und das Weißhorn. Ebenfalls zu erkennen sind das Große Wannenhorn und das Aletschhorn.

Abstieg Der Abstieg erfolgt auf dem Anstiegsweg zurück zur ❶ Oberaarjochhütte (3256 m) und weiter über den Gletscher und am See entlang zum Berghaus Oberaar (2338 m).

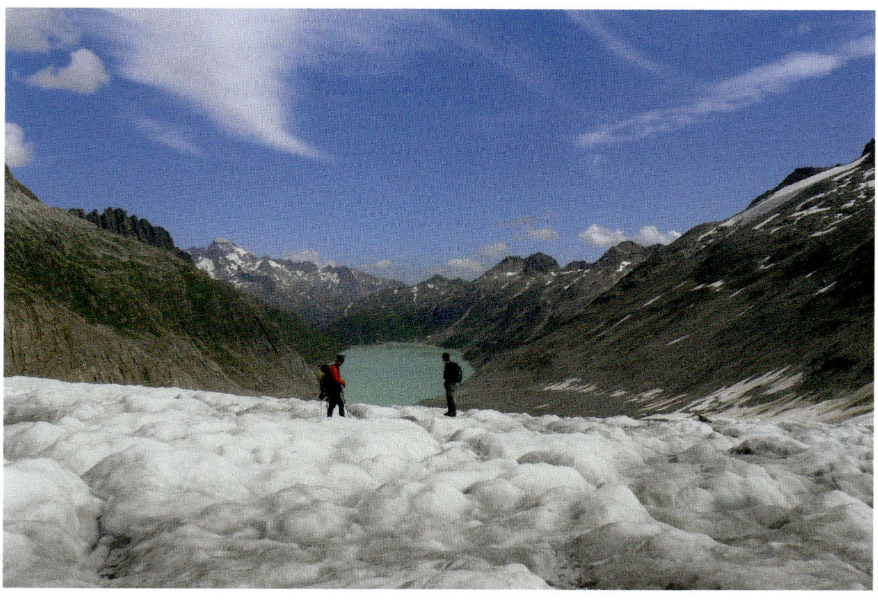

Lang: Abstieg vom Oberaarjoch bis zum Oberaarsee

38 Von der Glecksteinhütte zum Rosenhorn

Überschreitung in der Wetterhorngruppe

WS 15:00 Std. 2670 Hm/2540 Hm

Tourencharakter:
Mittelschwere Hochtour mit zum Teil großen Spalten. Je nach Jahreszeit Firnhang oder Felsgrat am Dossen, Abstieg von der Dossenhütte erfordert nochmals Konzentration.

Höchster Punkt:
Rosenhorn (3689 m)

Ausgangspunkt:
Grindelwald, Parkplatz am Hotel Wetterhorn (1230 m)

Endpunkt:
Hotel Rosenlaui (1328 m)

Anfahrt:
Auto: An Bern vorbei bis Interlaken, dort abzweigen nach Grindelwald und zum Hotel Wetterhorn
Bahn: Mit dem Zug direkt über Bern und Interlaken bis nach Grindelwald

Gehzeiten:
Grindelwald–Glecksteinhütte 3:30 Std., Glecksteinhütte–Rosenhorn 6 Std., Rosenhorn–Dossenhütte 3 Std., Dossenhütte–Rosenlaui 2:30 Std.

Übernachtung:
Glecksteinhütte (2317 m), SAC-Sektion Burgdorf, Tel. 0041/(0)33/853 11 40, www.gleckstein.ch, Dossenhütte (2663 m), SAC-Sektion Oberaargau, Tel. 0041/(0)33/971 44 94, www.dossenhuette.ch

Karte:
Topografische Landeskarte der Schweiz 1:25 000, Blatt Nr. 1229 »Grindelwald« und Blatt Nr. 1230 »Guttannen«

Ausrüstung:
Gletscherausrüstung

Das Wetterhorn steht über Grindelwald und ist das eigentliche Wahrzeichen des Ortes. Da der Normalweg auf das Wetterhorn über das Willsgrätli bei Neuschnee und Vereisung schnell ungenießbar wird, empfiehlt sich als leichtere Hochtour die Überschreitung des benachbarten Rosenhorns, die zwar etwas unbekannter, dafür ebenfalls sehr lohnend ist.

Das **Rosenhorn** wurde in der Vergangenheit hauptsächlich vom Haslital über die Dossenhütte oder Gaulihütte bestiegen. Der Gletscherrückgang des Oberen Grindelwaldgletschers und die neue Routenführung am Beesibärgli sorgten dafür, dass das Rosenhorn inzwischen sehr gerne von der Glecksteinhütte aus besucht wird. Beim Hüttenanstieg kommt man an der ehemaligen Bergstation des Wetterhornaufzugs vorbei, der 1908 die erste personenbefördernde Seilbahn der Schweiz war.

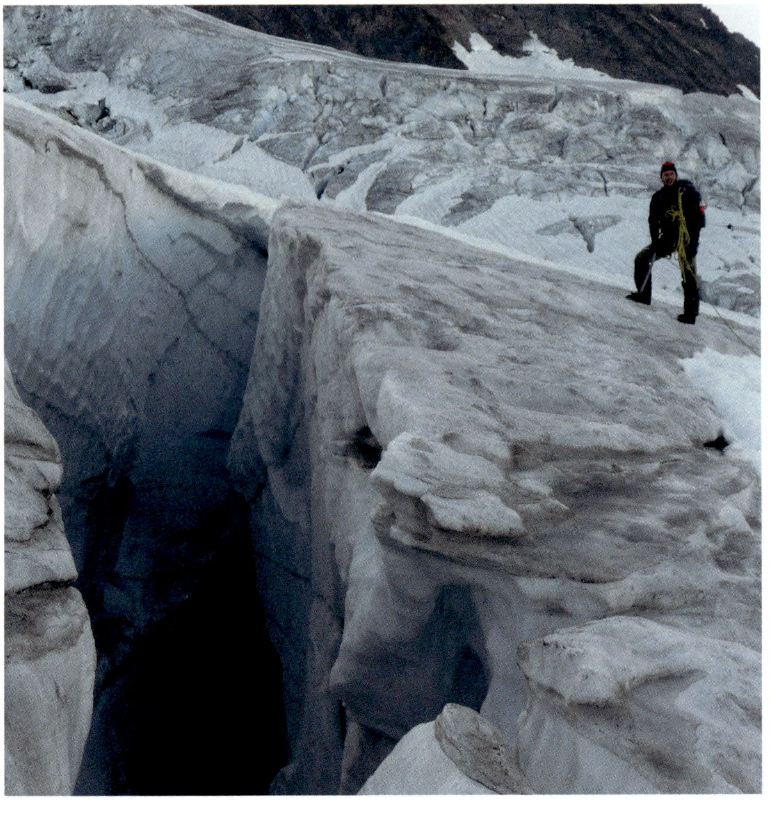

Groß: Die Spalte am Gipfelanstieg muss umgangen werden.

Zur Glecksteinhütte Vom Hotel Wetterhorn (1230 m) wandern wir kurz die Straße entlang, biegen aber bald auf einen Weg ab, der uns zu einer langen Querung am Hüttenweg (ca. 1600 m) bringt. Der Aufstieg kann um fast eine Stunde verkürzt werden, wenn man den Bus Richtung Große Scheidegg nimmt und vom Abzweig Glecksteinhütte direkt hierher aufsteigt. Der Weg führt nun teilweise ausgesetzt und drahtseilversichert bis über die alte Bergstation des Wetterhornaufzuges. Oberhalb des Grindelwaldgletschers fällt der Steig über Grasgelände leicht ab und erreicht über Serpentinen sowie eine kurze seilversicherte Stufe die Wiesen der ❶ Glecksteinhütte (2317 m). Die Hütte liegt aussichtsreich über dem Tal. Sie wurde 1902 bis 1904 als Hotel gebaut, da zu diesem Zeitpunkt der Bau des Wetterhornaufzugs bereits im Gespräch war. Am Abend kommen Steinböcke häufig bis direkt vor die Hütte.

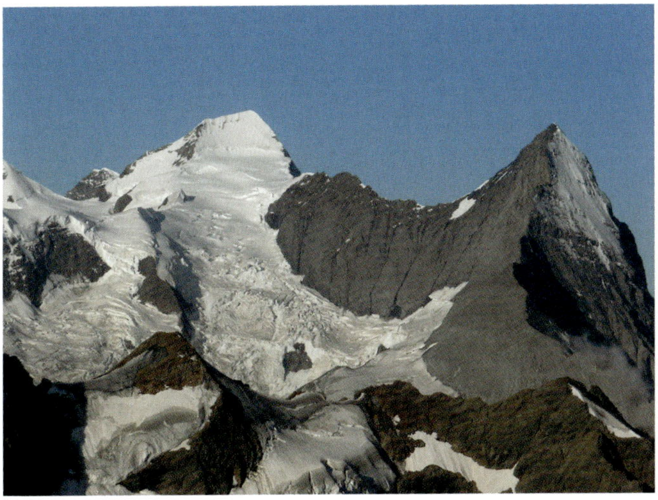

Berühmt: Mönch und Eiger vom Oberen Grindelwaldgletscher

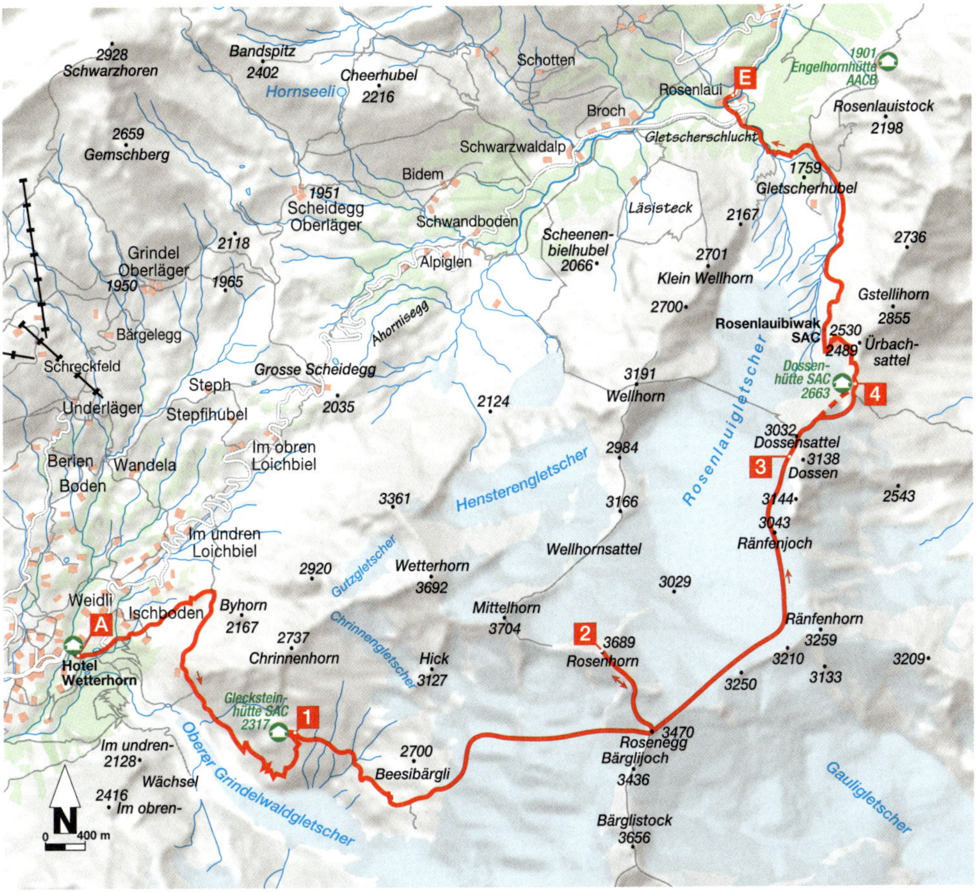

Zum Rosenhorn Am nächsten Morgen folgen wir im Schein der Stirnlampen dem abfallenden rot-weiß markierten Steig in Richtung Beesibärgli. Einen Bach überwinden wir mit Hilfe eines Drahtseils, bevor Eisenklammern in eine Schlucht hinabführen. Über den folgenden Bach hilft uns ein Drahtseil hinweg, Eisenklammern leiten aus der Schlucht heraus. Über Moränenschutt erreichen wir nun das Beesibärgli. Bei der Weggabelung folgen wir der weißen Markierung (Aufschrift Rosenhorn) zu P. 2841 und zum Gletscher. Zwischendurch genießen wir aber die Aussicht auf das Schreckhorn und auf der anderen Talseite auf Mönch und Eiger. Der Übertritt auf den Gletscher kann bei Ausaperung schwierig sein. Auf dem Oberen Grindelwaldgletscher steigen wir bis in eine Höhe von 3300 Metern an und biegen anschließend nach rechts ab. Wir gelangen oberhalb der Felsinsel auf das weite Gletscherbecken unterhalb des Rosenhorns. Bei Ausaperung ist es am einfachsten, diese Stelle möglichst nah an den Felsen des Mittelhorns zu überqueren. Der Weiterweg führt in Richtung Rosenegg (3470 m), vorher biegen wir links ab und steigen über steilere Hänge und einen kurzen Firngrat zum Vorgipfel. Über den unschwierigen Felsgrat geht es zuletzt in wenigen Minuten zum Gipfel des ❷ Rosenhorns (3689 m).

Dusche: Beim Anstieg zur Glecksteinhütte wird man nass.

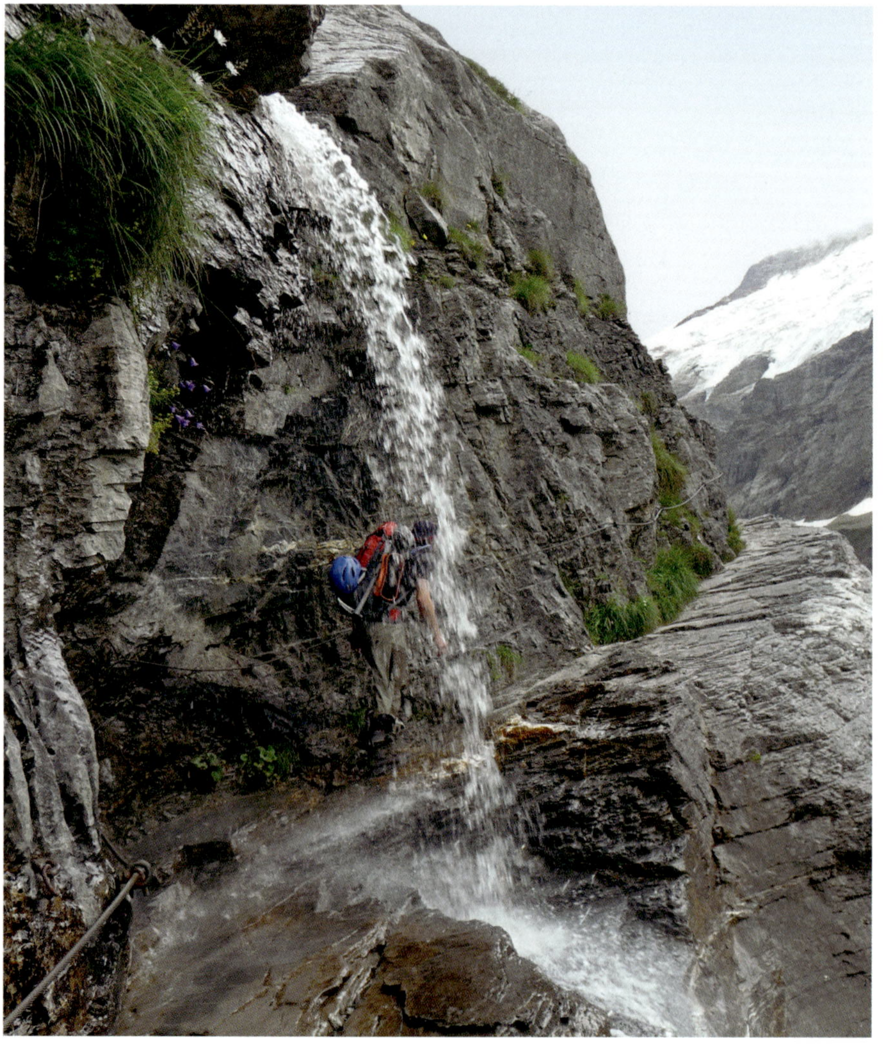

Die Aussicht auf Schreckhorn und Lauteraarhorn, die wir bereits den ganzen Aufstieg bestaunen konnten, entschädigt für die Aufstiegsmühen. Besonders schön sind der Eiger mit dem Mittellegigrat und das gegenüberliegende Mittelhorn. Die weitere Abstiegsroute zum Dossen ist vom Gipfel aus gut sichtbar.

Abstieg zur Dossenhütte Am Anstiegsweg gehen wir zurück zum Rosenegg, danach zweigen wir links ab und wandern über mäßig steile Firnhänge direkt auf den Dossen zu. Dabei weichen wir zwei Spaltenzonen aus. Meistens leitet eine gute Spur unter den Gipfel des Dossen zu einem Steinmann in der Nordwestflanke. Von hier führt ein markantes, ausgesetztes Band (Bohrhaken) in den Dossensattel. Die Umgehung des Dossens ist nur empfehlenswert, wenn das Band aper ist, ansonsten steigt man über das Firnfeld auf den ❸ Dossen (3138 m). Über den Nordgrat (III-) gelangt man ebenfalls in den Dossensattel. Ist der Dossenfirn unter dem Sattel nicht vereist oder ausgeapert, empfiehlt sich ein Abstieg über das steile Schneefeld (ca. 40 Grad). Den Felsriegel umgehen wir rechts und erreichen relativ problemlos die ❹ Dossenhütte (2663 m). Diese thront wie ein Adlerhorst auf den Felsen und wurde zuletzt erweitert. Ist der Dossenfirn nicht begehbar, sollte man über den Dossengrat abklettern, dieser ist blau markiert und mit Drahtseilen, Stiften und Abseilstellen ausgerüstet. Nach dem langen Gipfelanstieg empfiehlt es sich, hier nochmals eine Nacht zu verbringen, da der Abstieg noch einiges an Konzentration erfordert.

Abstieg nach Rosenlaui Bereits von der Hütte aus können wir das Hotel Rosenlaui sehen. Der drahtseilversicherte Steig mit seinen zwei Leitern ist nicht besonders schwierig, aber wie schon beschrieben fordert er nochmals Konzentration. Ist erst einmal der Gletscherbach erreicht, können wir ein wenig entspannen und zur Hütte und zum eindrucksvoll zerrissenen Rosenlauigletscher zurückblicken. An der Rosenlauischlucht vorbei gehen wir weiter zum Endpunkt der grandiosen Tour, dem Hotel Rosenlaui (1328 m). Vom Hotel bringt uns der gemütliche Grindelwaldbus zurück zum Hotel Wetterhorn.

Zerrissen: der Rosenlauigletscher beim Abstieg von der Dossenhütte

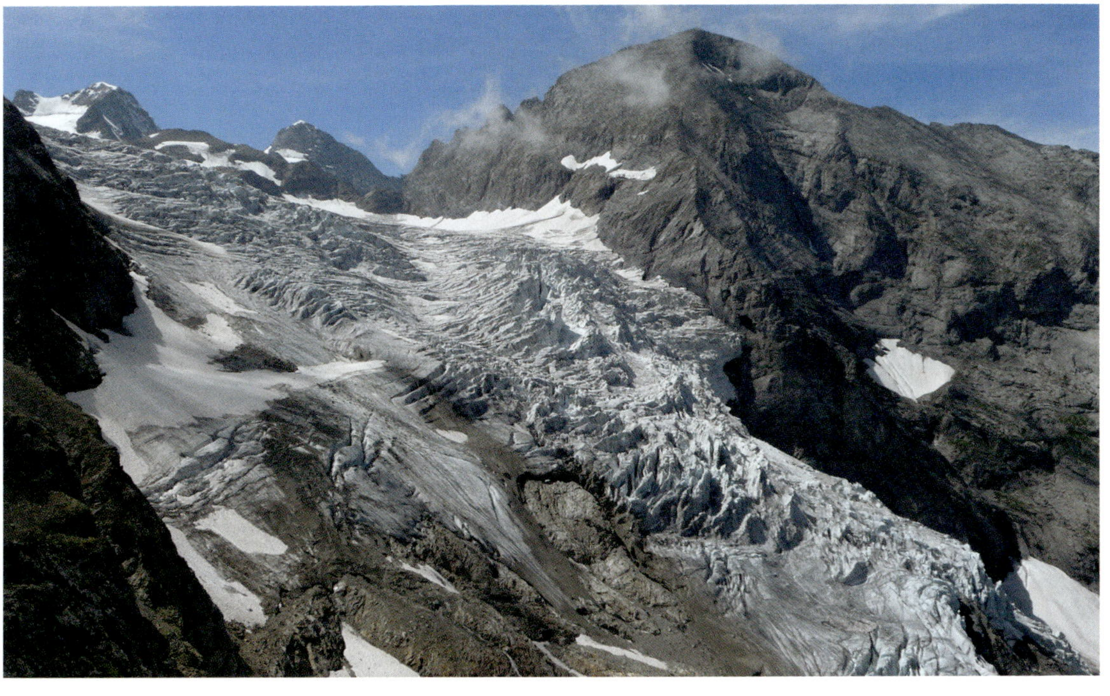

39

Vom Jungfraujoch auf den Mönch

Kurz, aber nicht zu unterschätzen

● WS+ 7:30 Std. 710 Hm

Tourencharakter:
Schwere Hochtour. Kombinierte Grat-Tour mit Fels bis II. Schwierigkeitsgrad. Effiziente Seilhandhabung und Klettern mit Steigeisen sind Voraussetzung. Schmaler Gipfelgrat.

Höchster Punkt:
Mönch (4107 m)

Ausgangs-/Endpunkt:
Jungfraujoch (3454 m), Bergstation der Jungfraubahn

Anfahrt:
Auto: An Bern vorbei bis nach Interlaken, dort ab nach Grindelwald und mit der Jungfraubahn zum Jungfraujoch
Bahn: Mit dem Zug direkt über Bern nach Grindelwald und mit der Jungfraubahn zum Jungfraujoch

Gehzeiten:
Jungfraujoch–Mönchsjochhütte 1 Std., Mönchsjochhütte–Mönch 3:30 Std., Mönch–Jungfraujoch 3 Std.

Übernachtung:
Mönchsjochhütte (3657 m), Genossenschaft Mönchsjochhütte, Tel. 0041/(0)33/971 34 72, www.moenchsjoch.ch

Karte:
Topografische Landeskarte der Schweiz, 1:25 000, Blatt Nr. 1249 »Finsteraarhorn«

Tourismus-Info:
Grindelwald Tourismus, CH-3818 Grindelwald, Tel. 0041/(0)33/854 12 12, www.grindelwald.swiss

Ausrüstung:
Gletscherausrüstung, Helm

Die Tour ist kurz und kann von gut akklimatisierten Bergsteigern als Tagestour durchgeführt werden. Nach einer Nacht auf der Mönchsjochhütte ist ein früher Start empfehlenswert. Trotz seiner guten Erreichbarkeit darf der Mönch nicht unterschätzt werden. Es handelt sich um eine kombinierte Tour mit Fels im II. Grad und einem sehr luftigen Firngrat.

Der **Mönch** gehört zum berühmten Dreigestirn Eiger, Mönch und Jungfrau. Er wurde am 15. August 1857 erstbestiegen. Durch die Nähe zur Jungfraubahn ist die Besteigung über den Südostgrat (Normalweg) oder aber auch den Westgrat sehr beliebt. Dabei vergisst man häufig, dass man nur den oberen kleineren Teil eines wirklich großen Berges besteigt.

Zur Mönchsjochhütte Nach Ankunft auf dem Jungfraujoch (3454 m) folgen wir den Schildern »Mönchsjochhütte« zum Ausgang aus der Bergstation. Über den mit Stangen markierten Weg am Gletscher erreichen wir nach einer Stunde die ❶ Mönchsjochhütte (3657 m), wo wir uns akklimatisieren. Unternimmt man die Tour als Tagestour, zweigt man kurz vor der Hütte zum Südarm des Ostgrates ab.

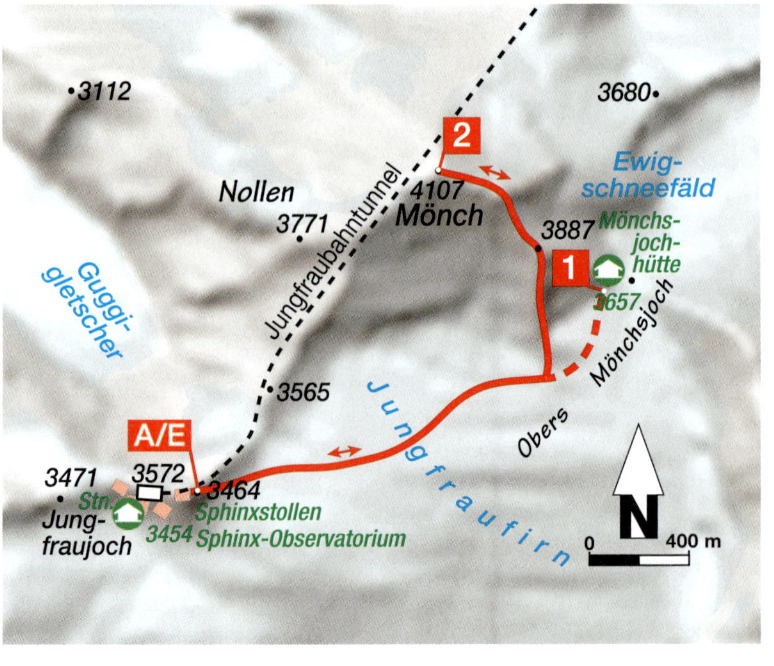

Zum Mönch Am nächsten Morgen wandern wir über den Gletscher ein paar Meter zurück Richtung Jungfraujoch. An den Felsen beginnt ein deutliches Steiglein, das uns über leichte Felsen am Südwestgrat zu einem ersten Firnabschnitt hinaufführt. Der anschließende, flache Gratabschnitt ist im Sommer meist ausgeapert. Nach einem weiteren kurzen Firnabschnitt folgen steilere Felsen (II, Sicherungsstangen), über die wir zu den steilen Firn- oder Eisrücken unter dem Vorgipfel kommen. Dieser Abschnitt ist ebenfalls mit Eisenstangen gesichert, die benutzt werden sollten. Zum Hauptgipfel des ❷ Mönchs (4107 m) zieht ein schmaler Firngrat hinüber. Die Spur prüfen wir aufgrund der häufig vorhandenen Wechten genau, eventuell müssen wir in die steile Südflanke ausweichen. In den letzten Jahren gab es hier immer wieder Unfälle. Entsprechende Vorsicht ist angebracht.

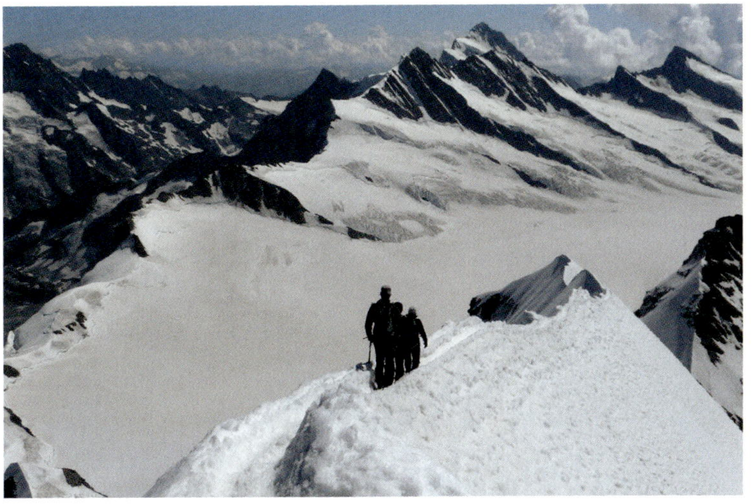

Nicht ungefährlich: der schmale Gipfelgrat des Mönchs

Am Gipfel staunen wir über die beeindruckende Aussicht, vor allem zu den umliegenden Gipfeln: Jungfrau, Eiger, Finsteraarhorn, Aletschhorn, aber auch ins grüne Tal nach Grindelwald.

Abstieg Der Abstieg erfolgt auf dem Anstiegsweg hinab zum breiten Weg und hinüber zum Jungfraujoch (3454 m). Gerade beim Abstieg ist auf ein sorgfältiges Sichern zu achten.

Entschlossen: am Anstieg zum Mönch

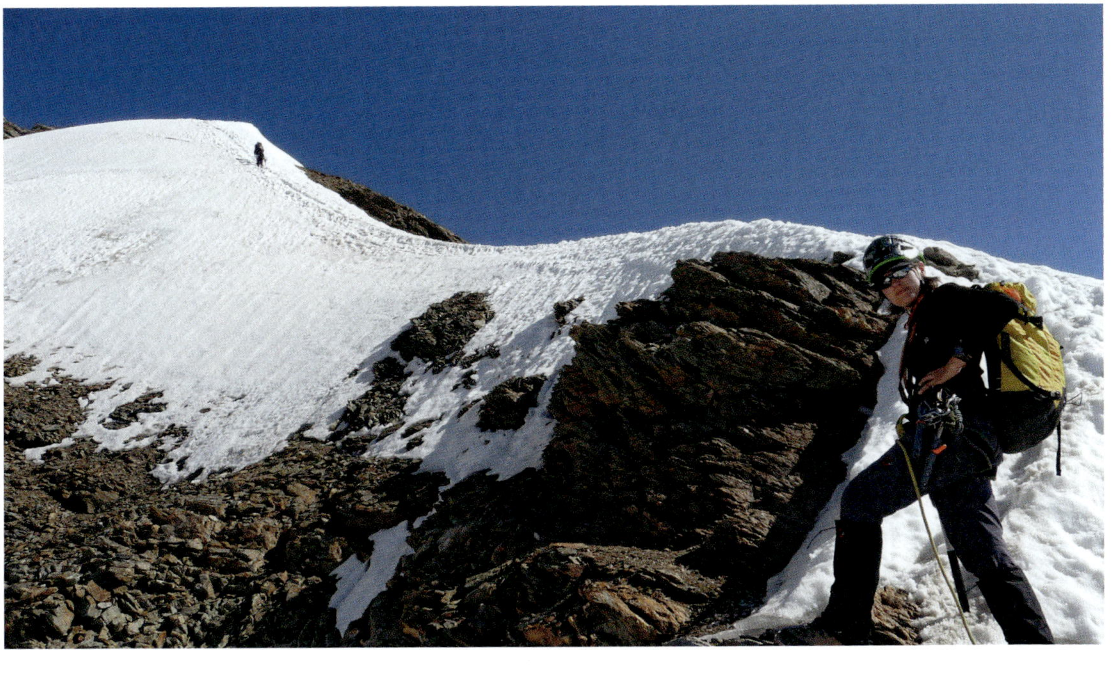

40 Über den Zackengrat zum Balmhorn

Höchster Gipfel über Kandersteg

WS– 11:15 Std. 1900 Hm

Tourencharakter:
Mittelschwere Hochtour. Der Zustieg zum Grat erfolgt im Frühsommer über einen steilen, stark abgeschmolzenen Gletscher, im Spätsommer über Schutt. Der Zackengrat ist in der Regel problemlos, gute Kondition erforderlich.

Höchster Punkt:
Balmhorn (3698 m)

Ausgangs-/Endpunkt:
Bergstation Sunnbüel, Kabinenbahn von Kandersteg (1934 m)

Anfahrt:
Auto: An Bern vorbei, bis man bei Spiez nach rechts abzweigt.
Bis nach Kandersteg, dort nach links zur Seilbahn.
Bahn: Direkt über Bern bis nach Kandersteg

Gehzeiten:
Sunnbüel–Berghotel Schwarenbach 1:15 Std., Schwarenbach–Balmhorn 6 Std., Balmhorn–Sunnbüel 4 Std.

Übernachtung:
Berghotel Schwarenbach (2060 m), privat,
Tel. 0041/(0)33/675 12 72,
www.schwarenbach.ch

Karte:
Topografische Landeskarte der Schweiz 1:25 000,
Blatt Nr. 1267 »Gemmi«

Tourismus-Info:
Kandersteg Tourismus,
CH-3718 Kandersteg,
Tel. 0041/(0)33/675 80 80,
www.kandersteg.ch

Ausrüstung:
Gletscherausrüstung, Helm

Die interessante Hochtour auf das Balmhorn ist durch die zunehmende Ausaperung des Schwarzgletschers in den letzten Jahren mühsamer geworden. Trotzdem ist sie immer noch sehr lohnend und beliebt. Im Frühjahr bei Schneeauflage ist der Aufstieg zum Grat aber recht zahm. Der Zackengrat, der zum Gipfel führt, gleicht einem Gang über den Wolken.

Das **Balmhorn** ist der höchste Gipfel der westlichen Berner Alpen und damit der höchste Gipfel um Kandersteg. Als Stützpunkt dient das gut geführte Berghotel Schwarenbach, das bereits 1742 erbaut wurde. Es ist von der Bergstation Sunnbüel in eineinviertel Stunden auf einem gemütlichen Wanderweg erreichbar.

Zum Berghotel Schwarenbach An der Bergstation Sunnbüel (1934 m), zu der uns die Seilbahn von Kandersteg heraufbringt, starten wir unseren Anstieg zum Berghotel Schwarenbach. Wir wandern auf breitem Weg hinab zur Spittelmatte. Von deren Ende führt der Weg gemütlich hinauf zum ❶ Berghotel Schwarenbach (2060 m). Das große Hotel bietet neben einigen Zimmern auch Matratzenlager für die Bergsteiger an.

Zum Balmhorn Am nächsten Morgen gehen wir 500 Meter am Anstiegsweg zurück zu einem Absatz (P. 2057). Dort zweigt ein mit Steinmännchen markierter Steig ab, der an der Nordflanke des Chli Rinderhorns entlang-

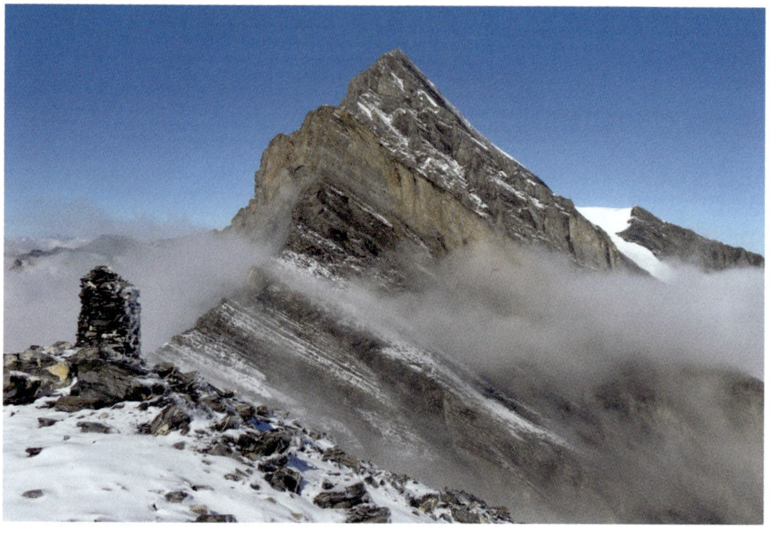

Nachbar: Blick zum Rinderhorn, ein ebenfalls lohnender Gipfel von Schwarenbach

führt. Diese Abzweigung haben wir am besten am Vorabend bereits erkundet, da sie in der Dunkelheit schwer zu finden ist, und man dann nur unnötig umherirrt. Der nun folgende, auch bei Dunkelheit gut erkennbare Steig, ist in der Schweizer Landeskarte eingezeichnet und quert die Flanke des Chli Rinderhorns in östlicher Richtung. Anschließend biegt er nach Südosten ab und bringt uns zur westlichen Seitenmoräne des Schwarzgletschers. Nun führt uns das Steiglein weiter bis zum Gletscherbach, den wir direkt überqueren. Hier müssen wir aufpassen, denn ab hier verläuft der Steig leicht abwärts parallel zum Bach. Ist man nicht achtsam, kann es passieren, dass man entlang des Baches aufsteigt und in ziemlich unwegsames Gelände kommt. Der richtige Weg fällt wie beschreiben leicht ab, wechselt dann auf die Rückseite der Moräne und zieht dort weiter nach oben zum Biwakplatz auf 2485 Metern. Von dort folgen wir den Steinmännern direkt hinauf zum Schwarzgletscher. Bei firnbedecktem Gletscher gelangen wir problemlos zum ❷ **Zackengrat** (ca. 3100 m) hinauf. Bei starker Ausaperung kann der Grat über einen kleinen, sehr steilen Schuttrücken erreicht werden. Achtung auf Steinschlaggefahr. Hier oben angekommen, genießen wir erst einmal die grandiose Aussicht auf die Walliser Alpen im Süden. Sehr gut können wir Weißhorn, Matterhorn und Dent Blanche sehen.

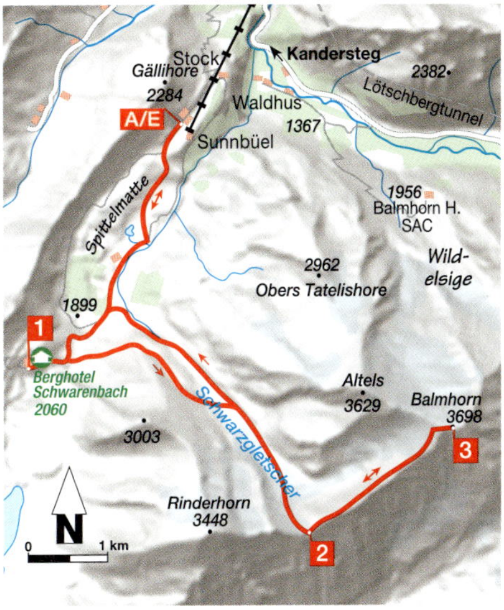

Der Zackengrat ist ein aussichtsreicher Panoramaweg ohne Schwierigkeiten. Die Länge der Tour macht sich aber hier oben bereits bemerkbar, der Grat zieht sich auch noch ziemlich dahin. Nach fast eineinhalb Kilometern Gratlänge stehen wir vor der firnigen Flanke des Vorgipfels (Vorsicht bei Vereisung). Die Flanke wirkt kürzer, als sie ist, nach 350 weiteren Höhenmetern erreichen wir den Vorgipfel, von dem aus es nur noch wenige Minuten zum bereits sichtbaren Gipfelkreuz des ❸ **Balmhorns** (3698 m) sind. Die Aussicht auf die Walliser Viertausender, den Mont Blanc und die nahen Berner Gipfel ist sehr beeindruckend. Am Gipfel treffen sich mehrere Anstiege auf diesen schönen Berg. Unser Anstieg über den Zackengrat ist der einfachste Aufstieg und die Normalroute. Ebenfalls häufig begangen ist der Wildelsigengrat von der Balmhornhütte, der aber schwieriger und steinschlaggefährlicher ist. Sehr interessant ist der Gitzigrat (Südostgrat), eine Kletterroute, die von der Lötschenpasshütte heraufführt. Spannend sieht der Übergang zum benachbarten Altels aus, aber auch dieser ist schwerer als der Normalweg auf das Balmhorn.

Abstieg Da alle anderen Routen schwerer sind, steigen wir wieder auf dem Anstiegsweg ab. Deshalb gehen wir über den ❷ **Zackengrat** (ca. 3100 m) zurück bis zur Einschartung vor dem Rinderhorn. Nach dem Gletscher ist es wichtig, unbedingt die Moräne wieder zu erreichen, auf der wir abwärts wandern. Auf etwa 2200 Metern zweigt der Anstiegsweg nach links zum Gletscherbach und weiter nach Schwarenbach ab. Diesen Umweg sparen wir uns aber und folgen einem Steig weiter ins Tal hinab. An einer geeigneten Stelle an der Spittelmatte müssen wir den Schwarzbach überqueren, um zum breiten Wanderweg zu gelangen. Von dort wandern wir gemütlich wieder zurück nach Sunnbüel (1934 m). Mit der Seilbahn schweben wir ins Tal zurück nach Kandersteg.

Rinderhorn

Als zweite beliebte Hochtour bietet sich das Rinderhorn (3448 m) vom Berghotel Schwarenbach an. Der Normalanstieg führt über Geröll und auf Steigspuren zum Rindersattel (2909 m). Der Schlussanstieg erfolgt über den steilen Firnhang. Dieser kann spät im Jahr manchmal vereist sein und erfordert dann erhöhte Vorsicht. Die Hochtour ist ebenfalls mittelschwer. Der Anstieg von Schwarenbach zum Gipfel dauert viereinhalb Stunden. Will man die Tour unternehmen, gibt der Schwarenbachwirt gerne Auskunft über Tour und aktuelle Verhältnisse.

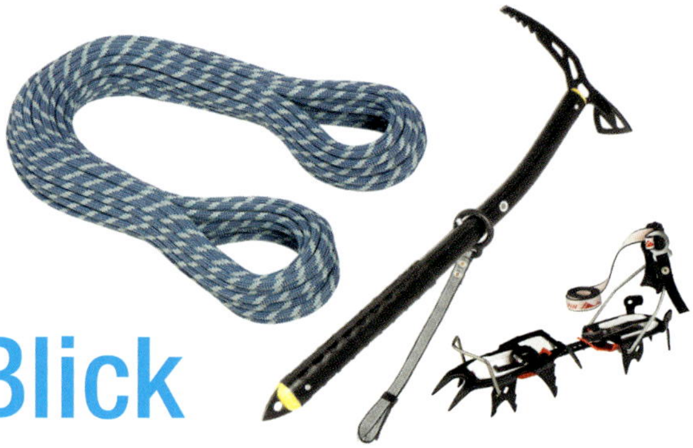

Alle Touren auf einen Blick

1	●	Hoher Dachstein	13:00	2220	•		oo				
2	●	Hochalmspitze	9:30	1720	•		oo			•	
3	●	Großvenediger	12:30	2240	•		oo	•			
4	●	Gr. Wiesbachhorn	8:00	1530	•		oo			•	
5	●	Klockerin	10:00	1920/2240	•		oo	•			•
6	●	Zugspitze	8:00	2200	•		o				
7	●	Schwarzenstein	14:00	2140	•	•	o	•			
8	●	Olperer	9:00	1670	•		oo		•	•	
9	●	Schrammacher	10:30	1660	•		o			•	•
10	●	Hochfeiler	10:00	1830	•		o			•	
11	●	Marmolada	6:00	850	•	•	o			•	
12	●	Habicht	8:30	1510	•		o			•	
13	●	Turmscharte	10:00	1400	•		oo		•	•	
14	●	Lüsener Spitze	9:30	1620	•		o	•			•
15	●	Wilder Freiger	12:30	2130/2350	•		o			•	
16	●	Wilder Pfaff	11:00	1500	•		oo	•			
17	●	Breiter Grieskogel	9:30	1650	•		o	•			
18	●	Sonklarspitze	10:00	1600	•		o		•	•	
19	●	Luibiskogel	10:30	1950	•		o				•
20	●	Nördlicher Ramolkogel	10:00	1640	•		o	•			
21	●	Fluchtkogel	11:30	1680	•		o	•			
22	●	Similaun und Fineilspitze	14:45	2500	•		oo			•	

Nr.		Tour	Gehzeit	Höhenunterschied (in m)	öffentliche Verkehrsmittel	Seilbahn	objektive Gefahren	reine Gletschertour	Felspassagen	kombiniertes Gelände	abgelegenes Gelände, Wildnis
23	●	Weißseespitze	10:30	1600	●		○	●			
24	●	Dreiländerspitze und Piz Buin	18:30	1170/1560	●		○○		●	●	
25	●	Piz Sesvenna	9:30	1720	●		○			●	
26	●	Hoher Angelus und Vertainspitze	9:30	1510	●	●	○○			●	
27	●	Dritte Veneziapitze	7:30	1300	●		○○	●			●
28	●	Zufallspitze	10:30	1700	●		○			●	
29	●	Palòn de la Mare	9:00	1600	●		○○	●			
30	●	Cevedale und Palòn de la Mare	11:30	1900	●		○○			●	●
31	●	Piz Tschierva	11:00	1750	●		○	●			
32	●	Piz Kesch	9:00	1200	●		○○		●	●	
33	●	Piz Medel	10:00	1600	●		○	●			
34	●	Ofenhorn	15:30	2650	●		○	●			
35	●	Blinnenhorn	10:30	1600	●		○	●			
36	●	Gwächtenhorn und Sustenhorn	13:00	1800	●		○	●			
37	●	Oberaarhorn	11:00	1390	●		○	●			
38	●	Rosenhorn	15:00	2670/2540	●		○○	●			
39	●	Mönch	7:30	710	●	●	○		●	●	
40	●	Balmhorn	11:15	1900	●	●	○			●	

Piktogramme erleichtern den Überblick:

- **Gehzeit**
- **reine Gletschertour**
- **Höhenunterschied (in m)**
- **Felspassagen**
- **öffentliche Verkehrsmittel**
- **kombiniertes Gelände**
- **Seilbahn**
- **abgelegenes Gelände, Wildnis**
- **objektive Gefahren**
- ○ **wenig** / ○○ **mäßig** / ○○○ **stark**

● **Leicht:** Reine Gletschertouren mit wenig steilen Firnhängen; dennoch gilt es, auf Gletschern die Spaltensturzgefahr zu beachten.

● **Mittel:** Im Fels meist Gehgelände sowie einfache, kurze Kletterstellen bis zum II. Grad, im Firn mäßig steile Hänge; Trittsicherheit und Seilsicherung in Fels und Firn nötig.

● **Schwer:** Im Fels längere exponierte und/oder kombinierte Passagen, steilere Firnhänge. Routinierter Umgang mit Seil in Fels und Firn sowie eine gute Einschätzung der Bedingungen und Erfahrung punkto Routenfindung nötig.

P.S.

Wem die 40 vorgestellten leichten Hochtouren noch nicht reichen, für den gibt es hier noch ein paar weitere Anregungen.

Hochalmspitze

Die Überschreitung der Tauernkönigin ist eine grandiose Tour. Der Klettersteig über den Detmolder Grat ist ein würdiger Aufstiegsweg zu diesem großartigen Tauerngipfel. Der Abstieg über den Rudolstädter Weg ist auch einzigartig und nicht zu unterschätzen.

Wilder Freiger

Eine nicht zu schwere Hochtour über einen grandiosen Aufstiegsweg. Mit zwei hochgelegenen Hütten, umgeben von den Gletschermassen des Übeltalferners. Tolle Zutaten für ein wunderbares Hochtourenwochenende!

Weißseespitze

Von Süden über die Weißkugelhütte ein relativ unbekannter Anstieg. Großartig ist der Ausblick vom Richterweg zur Weißkugel, aussichtsreich der Gang über den Gletscher mit seinen versteckten Spalten. Vom Gipfelkreuz bietet sich dann ein umfassendes Panorama zu den höchsten Gipfeln der Ötztaler Alpen.

Hoher Angelus und Vertainspitze

Immer wieder besonders – die beiden Gipfel über der gemütlichen Düsseldorfer Hütte. Inzwischen geht es eisfrei auf den Angelus, es folgt ein spannender Übergang über den weiten Laaser Ferner. Besonders begeistert der Blick zum Dreigestirn Königspitze, Ortler und Zebru.

Ofenhorn

Eine tolle Runde im stillen Teil der Walliser Alpen. Von einer gemütlichen Hütte geht es auf das mächtige Ofenhorn. Hinter dem Joch wird dann nur noch Italienisch gesprochen. Eine ganz schöne Umstellung, aber irgendwie auch schön. Über einen weiteren Pass geht es am nächsten Tag zurück ins Wallis, der Endstation dieser traumhaften Runde.

Balmhorn

Ein herausragender Berg. Der Zustieg zum Grat ist etwas mühsam. Aber dann beginnt er – der Gang über den Wolken, der lange Zackengrat auf das Balmhorn. Müde, aber glücklich setzt man sich neben das Gipfelkreuz und genießt die Berge des Berner Oberlands.

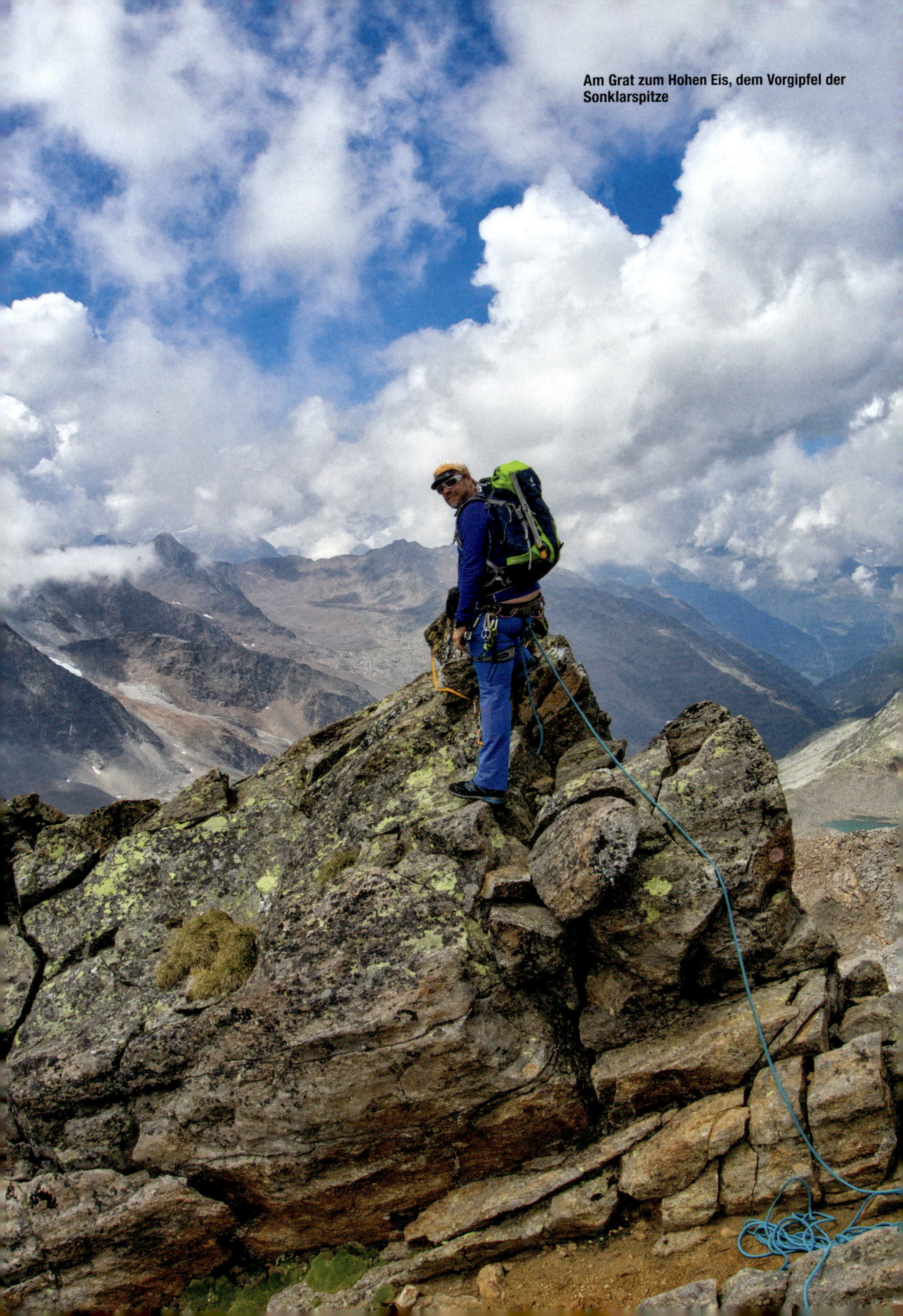

Am Grat zum Hohen Eis, dem Vorgipfel der Sonklarspitze

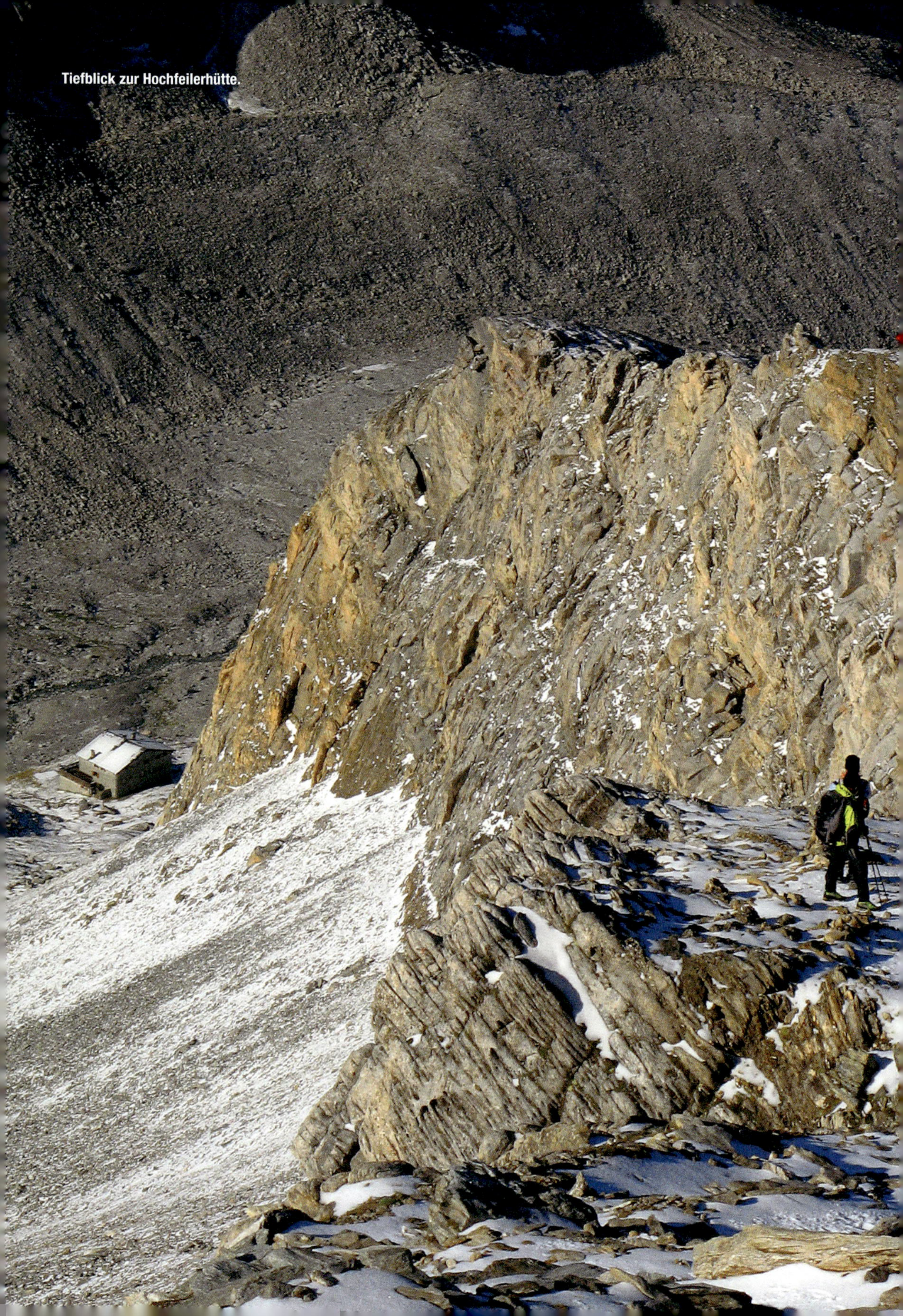
Tiefblick zur Hochfeilerhütte.

Register

Ebenfalls erhältlich ...

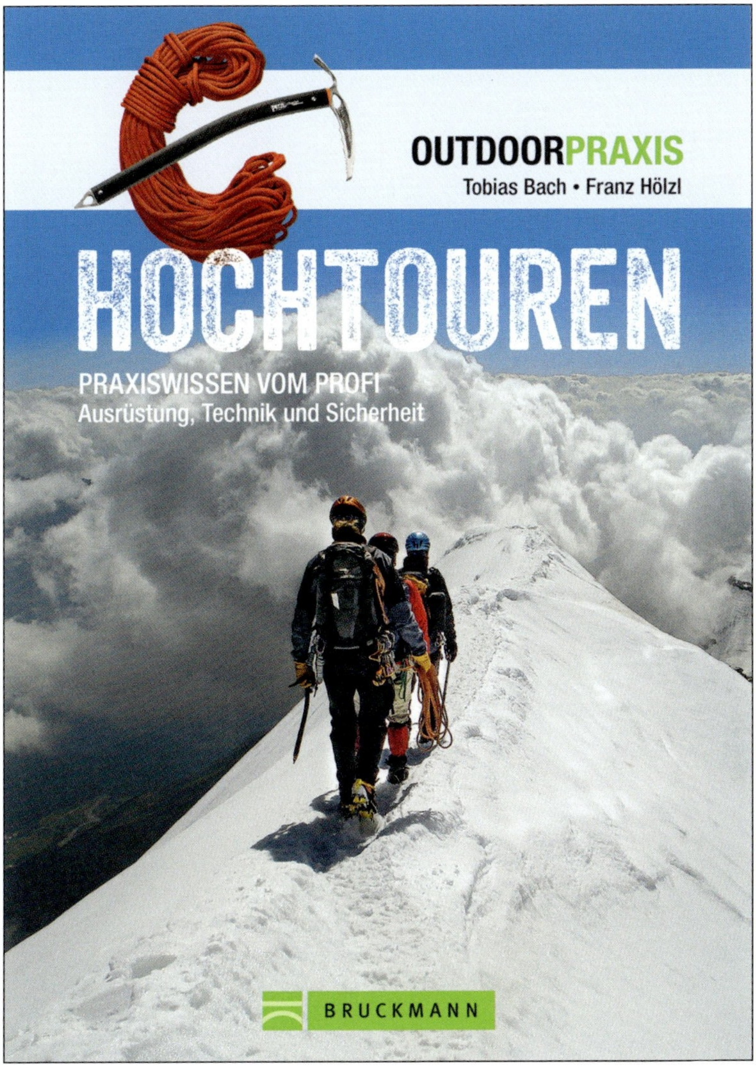

ISBN 978-3-7654-5003-7

Allzeit sicher im Hochgebirge unterwegs. Alles Wichtige zur Vorbereitung und Durchführung einer Hochtour, weiß dieses topaktuelle Praxishandbuch.

Impressum

Verantwortlich: Dr. Johannes Abdullahi
Lektorat: Daniela Hansjakob
Layout: David Popp
Repro: Cromika/LUDWIG:media
Kartografie: Heidi Schmalfuß, München
Herstellung: Alexander Knoll
Printed in Slovenia by Florjancic

★★★★★

Sind Sie mit diesem Titel zufrieden? Dann würden wir uns über Ihre Weiterempfehlung freuen. Erzählen Sie es im Freundeskreis, berichten Sie Ihrem Buchhändler, oder bewerten Sie bei Onlinekauf. Und wenn Sie Kritik, Korrekturen, Aktualisierungen haben, freuen wir uns über Ihre Nachricht an Bruckmann Verlag, Postfach 40 02 09, D-80702 München oder per E-Mail an lektorat@verlagshaus.de.

Unser komplettes Programm finden Sie unter www.bruckmann.de

Alle Angaben dieses Werkes wurden von den Autoren sorgfältig recherchiert und auf den neuesten Stand gebracht sowie vom Verlag geprüft. Für die Richtigkeit der Angaben kann jedoch keine Haftung übernommen werden, weshalb die Nutzung auf eigene Gefahr erfolgt. Insbesondere bei GPS-Daten können Abweichungen nicht ausgeschlossen werden. Sollte dieses Werk Links auf Webseiten Dritter enthalten, so machen wir uns die Inhalte nicht zu eigen und übernehmen für die Inhalte keine Haftung.

In diesem Buch wird aus Gründen der besseren Lesbarkeit das generische Maskulinum verwendet. Weibliche und anderweitige Geschlechteridentitäten werden dabei ausdrücklich mitgemeint, soweit es für die Aussage erforderlich ist.

Autorenempfehlung
Sie sind auf der Suche nach weiterführender Literatur? Dann empfehlen wir Ihnen den Titel »Hohe Ziele. Die besten 3000er für Wanderer in den Ostalpen« von Markus und Janina Meier und Ernst Aigner. Oder Sie werfen einen Blick in die Zeitschrift »Bergsteiger«. Hier werden Sie bestimmt fündig.

Ihre Janina und Markus Meier

Bildnachweis: Alle Bilder im Innenteil stammen von den Autoren, außer:
Familie Fankhauser (Franz-Senn-Hütte) S. 15, 61o.; Stefan Ranz S. 18; Manfred Kostner S. 4, 19, 49; Martin Hainz S. 27, 29, 45u, 97, 98, 99, 117u, 118, 125; Helmut Kober S. 30; Thomas Zanker S. 35, 36, 37; Sebastian Friedlein S. 6, 42, 43, 69, 70; Barbara Plaschka S. 57; Rolf Wizgall S. 9, 123; Melanie Rossi S. 31, 156; Rolf Syring S. 100; Susanne Weiß S. 101; Benni Zimmermann S. 14, 83, 84; Shutterstock: R. Sedlack S. 2, Filip Rejman S. 50/51, SGPICS S. 94/95, aquapix S. 120/121
Umschlagvorderseite: ein Traumtag auf der Zufallspitze (Tour Nr. 28)
Umschlagrückseite: auf dem Grat des Olperers (Tour Nr. 8)

Die Deutsche Nationalbibliothek verzeichnet diese Publikation in der Deutschen Nationalbibliografie; detaillierte bibliografische Daten sind im Internet über http://dnb.d-nb.de abrufbar.
Aktualisierte und erweiterte Neuauflage des Titels »Leichte Hochtouren in den Alpen«

3. Auflage 2022

ISBN 978-3-7343-1203-8